Lb⁵ 58

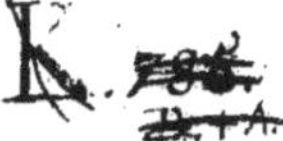

RELATION

DU

SIÉGE DE TURIN

EN 1706.

RELATION

DU

SIÉGE DE TURIN

EN 1706.

LIBRAIRIE MILITAIRE D'ANSELIN,

RUE DAUPHINE, N° 9.

RELATION

DU

SIÉGE DE TURIN

EN 1706

RÉDIGÉE D'APRÈS DES DOCUMENS ORIGINAUX INÉDITS

PAR G. MENGIN

CAPITAINE DU GÉNIE.

AVEC TROIS PLANS ET DES PIÈCES JUSTIFICATIVES.

PARIS

DE L'IMPRIMERIE ROYALE.

M DCCC XXXII.

RELATION

DU

SIÉGE DE TURIN

EN 1706.

INTRODUCTION.

Les revers sont en général plus instructifs que les succès; et pour éviter des malheurs dans l'avenir, rien n'est plus utile que la connaissance des causes qui ont amené les malheurs passés.

Sous ce point de vue, le siége de Turin, en 1706, est digne d'un intérêt particulier; c'est un des événemens du siècle dernier qui ont été les plus désastreux pour la France. Ce siége est remarquable d'ailleurs, non-seulement par son issue malheureuse, mais encore par les circonstances dont il a été accompagné, par les détails de l'attaque, par la longue durée de la défense, et par l'intelligence des assiégés.

A la vérité, l'art des attaques a fait depuis quelques progrès; mais les revers éprouvés par les assiégeans doivent être attri-....es moins à leur inhabileté dans l'exécution des travaux qu'aux fautes qui furent commises par leurs chefs dans la direction générale des opérations : ainsi on verra qu'une des principales

1

causes du mauvais succès du siége a été, suivant l'expression de Vauban (57) [1], *le mauvais et obstiné choix des attaques*, et que ce mauvais choix a été dû à ce que l'opinion des chefs de l'armée, Vendôme et la Feuillade, a prévalu sur celle de Vauban et des ingénieurs.

Cette cause, qui s'est reproduite bien des fois depuis le siége de Turin, se reproduira probablement encore dans la suite : il est naturel, en effet, que des généraux favorisés par la fortune, ou même habiles dans la plupart des opérations de la guerre, prétendent avoir sur les siéges une manière à eux, qui aura peut-être réussi dans quelque circonstance particulière; il peut enfin arriver que, rebutés par les longueurs et les fatigues inséparables d'un siége en règle, ils veuillent tenter quelque méthode abrégée, et qu'ils ne consentent pas à s'en rapporter assez à l'opinion des ingénieurs leurs subordonnés, quoique ceux-ci aient fait de cette branche spéciale et positive de l'art de la guerre l'objet constant de leurs études. En vain ces derniers allégueront, comme Vauban (14), *des règles consacrées par une longue expérience, et dont il n'est plus permis de douter;* ils seront accusés de routine, de vues étroites, de manque d'ardeur; *ils ne pourront résister aux contradictions qu'ils auront à essuyer de la part du tiers et du quart* (Vauban, 1), et des idées réputées neuves et plus brillantes prévaudront encore sur tous leurs raisonnemens, et presque toujours au grand détriment de la chose publique.

« Ayez confiance en moi; vous vous en trouverez mieux que « de tous les ingénieurs du monde (11). — Les gens qui ont ex-« cellé dans certaines professions n'approuvent jamais ce qu'ils « n'ont pas pensé les premiers (21). — Que votre Majesté me fasse « couper le cou, si je ne prends Turin contre les règles (25). »

---

[1] Ces chiffres, ainsi que tous ceux que l'on trouvera de la même manière entre parenthèses, dans le courant de cette relation, désignent le numéro d'ordre des pièces justificatives rassemblées à la fin, auxquelles se rapportent les citations ou les assertions du texte.

Voilà ce qu'écrivaient la Feuillade et Vendôme; mais Turin n'a pas été pris, et il s'en est suivi pour les Français la perte de toute l'Italie.

Cette relation n'est point simplement une compilation de celles qui ont été publiées jusqu'ici : Quincy et Rousset, qui ont donné un détail des opérations jour par jour, n'ont fait que copier littéralement le *Journal historique du siége*, imprimé à Amsterdam en 1708, et attribué au comte Solar de la Marguerite, qui commandait l'artillerie dans la place; cependant on conçoit que ce journal, quoique très-précieux, et excellent pour faire connaître les opérations de la défense, doit être assez inexact et sur-tout fort incomplet pour ce qui concerne les attaques. Un grand nombre de documens originaux inédits, qui font partie des collections des dépôts de la guerre, et que nous avons été à même de consulter, nous ont permis de compléter le *Journal historique*, d'en rectifier les inexactitudes, et de dresser un plan détaillé des attaques, indiquant nuit par nuit le travail des tranchées. Nous avons aussi consulté avec fruit la correspondance militaire du prince Eugène pendant l'année 1706, qui a été insérée dans le *Journal militaire de Vienne*, et nous avons compulsé la plupart des auteurs connus qui ont parlé du siége [1].

Au milieu de cette foule de documens, dont beaucoup sont

[1] Voici les ouvrages qui ont été consultés :

Journal historique du siége de Turin, la Haye, 1701; Quincy, *Histoire militaire de Louis le Grand*; Saint-Simon, *Mémoires*, édition de 1829; Feuquières, *Mémoires*; Dumont et Rousset, *Histoire militaire du prince Eugène et du duc Marlborough*; *Histoire du prince Eugène de Savoie*, petit in-octavo; *Histoire de François Eugène, prince de Savoie et de Piémont*, Londres, 1739; *Mémoires du prince Eugène, écrits par lui-même*, Weymar, 1809; d'Artanville, *Mémoires pour servir à l'histoire du prince Eugène*; *Mémoires de la dernière guerre d'Italie*, par M. D., Cologne, 1728; Saint-Hilaire, *Mémoires*; Follard, *Commentaires*; Voltaire, *Siècle de Louis XIV*; Alexandre de Saluces, *Histoire militaire du Piémont*; Coste de Beauregard, *Mélanges tirés du porte-feuille d'un militaire*, Turin, 1817; *Journal militaire de Vienne*, en allemand, années 1813 et 1818; Tarizzo, *Ragguaglio storico*; Ottieri, *Istoria delle guerre per la successione della monarchia della Spagna*; Umicaglia, *Memorie della guerra trà la casa d'Austria e la casa di Borbone*.

contradictoires, nous nous sommes appliqués à démêler les faits; nous rapportons le résultat de nos investigations, en nous abstenant soigneusement de présenter d'une manière affirmative aucune supposition hasardée; et dans des notes jointes au texte, nous exposons les principales difficultés que nous avons eues à résoudre, et des inductions à l'aide desquelles nous sommes parvenus à remplir quelques lacunes.

Le texte est suivi de trois planches : la planche n° 1, qui représente la ville et ses environs avec tous les travaux d'attaque, a été copiée sur une très-belle carte manuscrite, faite peu d'années après le siége, par un ingénieur piémontais; on y a seulement fait quelques additions, et remplacé par des hachures les ombres qui indiquaient le figuré du terrain : les deux autres planches, relatives aux détails des travaux, ont été composées à l'aide des nombreux croquis envoyés pendant le siége par les ingénieurs assiégeans.

L'ouvrage est divisé en quatre parties.

La première a pour objet de faire connaître toutes les discussions qui ont influé sur la détermination du projet des attaques.

La deuxième donne le détail journalier des opérations de l'attaque et de la défense; c'est le journal complet du siége.

La troisième présente le récit de l'attaque des lignes de l'armée assiégeante par le prince Eugène, précédé d'une analyse des opérations militaires en Lombardie; elle est suivie d'une notice sur les démonstrations qui avaient été faites dès 1705 pour assiéger Turin.

Enfin la quatrième partie comprend les documens originaux ou pièces justificatives; on y trouvera en entier un mémoire de Vauban, relatif au projet du siége, et un grand nombre de lettres inédites et fort curieuses du roi, du duc d'Orléans, du ministre Chamillart et des principaux chefs qui ont figuré dans cette campagne.

Nous appellerons principalement l'attention sur la catastrophe finale, c'est-à-dire, sur l'attaque des lignes, qui fait l'objet de la troisième partie. Les circonstances qui ont accompagné cet événement ont été rapportées d'une manière fort inexacte par la plupart des historiens, qui n'ont fait qu'adopter sans examen les bruits les plus accrédités. A l'aide des pièces originales, nous avons pu rétablir la vérité des faits; ce qui était ici d'autant plus important, que cette action a été souvent citée dans les discussions relatives aux lignes d'investissement, qu'elle l'a été presque toujours à faux, et que les erreurs de fait ont donné lieu à des erreurs de doctrine. A cette occasion, nous avons transcrit, à la suite de nos propres observations, un passage des mémoires de Napoléon, où cette question des lignes se trouve traitée avec détail et présentée sous son véritable jour.

PREMIÈRE PARTIE.

EXPOSÉ

DES DISCUSSIONS RELATIVES AU PROJET D'ATTAQUE.

———

Nous commencerons par une description succincte de la position de Turin et de ses fortifications.

La ville de Turin (planche n° 1) est située sur la rive gauche du Pô, un peu au-dessus du confluent de la Doire Suzine. Le terrain présente, sur cette rive, une vaste plaine ; sur la rive droite, il s'élève au contraire immédiatement à partir du fleuve, de manière à former une suite de hauteurs très-accidentées ; la sommité la plus élevée, dite *la Superga,* paraît avoir au-dessus du Pô à-peu-près la même élévation que le mont Valérien, près de Paris, au-dessus de la Seine.

Vers l'époque du siége, l'enceinte de la place (y compris les deux fronts extérieurs de la citadelle) était défendue par dix-neuf bastions revêtus, avec demi-lunes et chemins couverts. Sa forme alongée dans le sens perpendiculaire au Pô, était très-favorable à la défense ; car les deux longs côtés presque en ligne droite, dont l'un était en outre couvert par la Doire, étaient difficilement attaquables ; le petit côté opposé au Pô était renforcé par une seconde enceinte et par une bonne citadelle ; et celui qui longeait ce fleuve était protégé, sur la rive droite, par trois forts non revêtus qui occupaient la butte dite *des Capucins* et deux autres sommités voisines et dominantes. Ces forts étaient enveloppés par un retranchement continu flanqué de redoutes, qui descendait de part et d'autre jusqu'au fleuve. Enfin un autre ouvrage en terre, c'est-à-dire sans revêtement, formé de deux fronts bastionnés, enveloppait le faubourg du Pô, et couvrait le pont qui servait à la communication des deux rives.

La citadelle de Turin, qui subsiste encore aujourd'hui [1], passait avec raison pour une des meilleures de l'Europe. C'est un pentagone à-peu-près régulier, d'environ 170 toises de côté extérieur, chaque front couvert par une demi-lune avec réduit, l'un et l'autre revêtus et précédés d'un chemin couvert. Depuis que la place était menacée, ses fortifications avaient reçu différentes améliorations : des voûtes avaient été jetées au-dessus des flancs bas des bastions, pour en agrandir l'espace intérieur, et procurer en même temps des casemates ; les deux bastions du côté de la campagne avaient été renforcés par des contregardes en terre, par un avant-chemin couvert et par de nombreuses galeries de mine. Le duc de Savoie avait amélioré en même temps les fortifications de la ville. A la droite de la citadelle, il avait fait élever un ouvrage à cornes en terre, pour protéger cet angle de l'enceinte et battre la vallée de la Doire dite *la vallée d'Occa* ou *le Valdoc*, qui est inférieure au reste de la plaine, dont elle est séparée par un ressaut de terrain d'environ 24 pieds de hauteur; à cet ouvrage s'appuyait un retranchement flanqué de redoutes, qui s'étendait jusqu'à la Doire, et tenait à couvert le faubourg du Ballon. Ce faubourg avait été fortifié aussi sur son front, et deux têtes de pont, établies en avant sur la rive gauche de la Doire, assuraient aux assiégés le passage de cette rivière [2].

Enfin, sur la rive droite du Pô, le duc de Savoie avait fait élever une ligne de retranchemens qui formait une position

[1] Les fortifications de la ville ont été démolies par les Français vers l'année 1800, et n'ont point été rétablies depuis.

[2] L'idée de ces améliorations avait été probablement donnée par Vauban, qui, après la

fortifiée, appuyée par sa gauche à l'enceinte des forts, et faisant face vers le bas Pô. (Voyez la planche 1re.)

Tel était l'état des fortifications de Turin à la fin de l'été de 1705. A cette époque, le duc de la Feuillade, gendre du ministre de la guerre Chamillart, était venu, après la prise de Chivas, camper autour de la place, dans l'intention d'en faire immédiatement le siége; il avait même commencé les lignes : mais, au moment d'ouvrir la tranchée, les préparatifs avaient paru insuffisans et les troupes trop peu nombreuses, et, à cause de l'avancement de la saison, cette importante entreprise avait été remise à la campagne suivante. Le duc de Savoie mit à profit cet intervalle de temps pour améliorer encore les fortifications de la place.

A la rive droite du Pô, les ouvrages qui défendaient le faubourg, la butte des Capucins et les mamelons voisins, furent augmentés, réunis par de nouveaux retranchemens, et garnis d'un triple rang de palissades.

Le côté opposé à la Doire, entre la citadelle et le Pô, fut renforcé par l'addition de quelques ouvrages en terre, et par un avant-chemin couvert garni de flèches.

Les fronts extérieurs de la citadelle ne reçurent pas de moindres améliorations : les trois contre-gardes en terre des fronts extérieurs furent exhaussées de manière à dérober entièrement les revêtemens des bastions aux vues de la campagne; des flèches furent entreprises dans tous les saillans de l'avant-chemin couvert, et les galeries de contre-mine reçurent une extension considérable.

A la droite de la citadelle, deux flèches avec chemins couverts

paix de 1668, était allé en Piémont avec le ministre Louvois, et avait donné au duc de Savoie des dessins pour Verrue, Verceil et Turin.

[1] Voyez, à la fin de la troisième partie, les détails relatifs à ces premières démonstrations de siége.

au-devant furent commencées peu de temps avant le siége, l'une
en avant du bastion de gauche de l'ouvrage à cornes, l'autre en
avant de la porte Suzine.

Enfin les fronts dits *de la Fourche*, entre le Pô et la basse
Doire, furent renforcés par l'addition de quatre lunettes.

Vers la fin de 1705, les Français se trouvaient maîtres de
tout le pays en-deçà de l'Adige et de la rive droite du Pô,
ainsi que de toutes les places importantes du Piémont, à l'exception de Turin; mais la prise de cette capitale était nécessaire pour anéantir les espérances des alliés, et pour assurer
au petit-fils de Louis XIV la possession des états de la couronne
d'Espagne en Italie : aussi rien ne fut négligé de la part des
Français pour le succès du siége, non plus que du côté du
duc de Savoie et des impériaux pour faire échouer cette entreprise.

Avant de commencer le récit des opérations, nous allons
exposer les différens projets d'attaque qui avaient été présentés,
et les discussions auxquelles ils avaient donné lieu.

Le maréchal de Vauban, consulté par le roi, avait remis,
pendant l'été de 1705, un projet dont nous allons donner l'a-
nalyse [1].

Vauban commence par supputer la force de la garnison qui
pourra se trouver dans la place; et après l'avoir évaluée à 12 ou
15 mille hommes, y compris les bourgeois armés, il demande
pour le siége 40 à 42 mille hommes de troupes, dont 12 mille
de cavalerie, 90 pièces de gros canon, 44 mortiers ou pierriers,
et le reste du matériel en proportion; il ajoute que les 42 mille
hommes de troupes seraient insuffisans sans *la facilité particulière à l'attaque qu'il doit proposer.*

Il recommande de faire des lignes de contrevallation et de

Ce projet est inséré en entier au commencement de la quatrième partie (pièce n° 1).

circonvallation, *bonnes et point négligées,* de manière à investir complètement la place, et il prescrit de s'emparer du fort des Capucins et des autres ouvrages en terre de la rive gauche, pendant le travail des lignes.

Passant au choix du point d'attaque, il n'en trouve que trois qui puissent être *mis en considération,* savoir : 1° la citadelle; 2° la tête du Pô vers l'amont, du côté du Valentin; 3° la tête du Pô du côté d'aval, ou les fronts embrassés par *la fourche de la Doire.*

Il pense que les attaques de la citadelle seraient difficiles et de longue discussion, d'autant que la ville, ne souffrant pas, fournirait à tous les besoins de la citadelle. La deuxième attaque, par les fronts de la ville du côté du Valentin et du haut Pô, lui paraît moins mauvaise; mais il préfère de beaucoup l'attaque par la fourche entre le Pô et la Doire, 1° parce que les défenses seront mieux enfilées par les hauteurs de la rive droite, 2° parce que les attaques pourront être *escortées* par les tranchées à faire de part et d'autre de la fourche, le long des bords du Pô et de la Doire, tranchées qui seront hors de portée des sorties de l'ennemi, d'où il résultera qu'il faudra peu de monde pour les garder. La ville prise, on attaquera la citadelle du côté qui paraîtra le plus avantageux, suivant les travaux que l'assiégé aura pu exécuter, en ayant soin d'occuper les bastions voisins de l'esplanade, ce qui favorisera beaucoup les attaques[1].

Vauban, à la fin de son mémoire, désigne les sieurs Filley et Dupuys-Vauban, ingénieurs, comme les plus propres à bien seconder et même à remplacer au besoin l'ingénieur Lapara, qu'il suppose devoir être chargé de la direction des attaques, et il termine par cette observation :

« Le mal qu'il y a à cela, c'est que tous tant qu'ils sont (les

---

[1] Voyez la planche 1re, où les attaques de Vauban sont indiquées en traits ponctués.

« ingénieurs) n'ont pas la tête assez forte pour résister aux contra-
« dictions qu'ils auront à essuyer de la part du tiers et du quart,
« à moins qu'ils ne soient fortement appuyés de l'autorité de
« M. de Vendôme. »

Ce projet fut envoyé au duc de la Feuillade, qui avait le
commandement en Piémont sous le duc de Vendôme, et qui
devait être chargé du siége : mais ce général rejeta bien loin
les propositions de Vauban ; il répondit qu'il prendrait Turin
avec moins de troupes et en moins de temps, parce qu'il se
dispenserait de faire l'investissement, et que, moyennant qu'il
attaquerait par la citadelle, il n'aurait qu'un siége à faire au lieu
de trois. Il ajouta qu'il assiégerait la place à la *Cöhorn*, en ruinant
immédiatement toutes les défenses avec une grande quantité de
pièces d'artillerie tirant à-la-fois. « Ayez confiance en moi, écri-
« vait-il au ministre Chamillart ; vous vous en trouverez mieux, et
« le roi aussi, que de tous les ingénieurs du monde (11). »

Cependant, sur l'invitation de Chamillart lui-même, Vauban
écrivit au duc de la Feuillade pour essayer de le faire changer
de sentiment (14 et 15). Il lui présenta avec de nouveaux déve-
loppemens les raisons qu'il avait déjà exposées dans son mémoire,
lui conseillant sur-tout de ne pas attaquer à la *Cöhorn*, parce que
cette méthode ne servirait qu'à lui faire consommer toutes les
munitions du siége en peu de jours, et à lui faire perdre en
deux ou trois actions le tiers de son infanterie. « Tâchez, lui di-
« sait-il, de surmonter la répugnance que vous avez à attaquer le
« fort des Capucins ; quand vous serez maître de la ville, la cita-
« delle ne vous échappera pas, et vous aurez le plaisir d'en faire le
« siége avec peu de monde. Il n'y a rien de tel que de se renfermer
« dans les règles, qui, une fois bien observées, ne trompent jamais. »

En faisant passer cette lettre de Vauban au duc de la Feuillade,
le ministre engageait son gendre à y donner une sérieuse attention, lui faisant observer qu'il serait bien désagréable, *en atta-*

2.

quant la citadelle contre les règles, de ne pas réussir (18). Peu de
temps après, le roi lui-même, en écrivant au duc de la Feuillade
pour lui ordonner de remettre le siége à l'année suivante, lui
prescrivit positivement de le conduire conformément aux règles
et à l'avis du maréchal de Vauban (20).

Cependant le duc de Vendôme, au contraire, se prononça
fortement et avec jactance en faveur de l'attaque par la citadelle. Il écrivit au roi (19 et 25) que le siége était impossible par la ville, à cause de la grande difficulté de s'emparer
du fort des Capucins; que, quoi qu'en pût dire M. de Vauban,
il ne voyait pas de quelle importance il était qu'une place fût
bien ou mal investie quand l'ennemi avait mis dedans tout ce
qu'il pouvait y mettre; que, si sa majesté avait consulté M. de
Vauban, on n'aurait ni Verrue ni Chivas. « Ces places n'en ont pas
« moins été prises, ajoutait-il, quoiqu'on les ait attaquées contre
« les règles; et je réponds sur ma tête que Turin le sera aussi. »
Enfin le duc de Vendôme insistait pour que l'on fît le siége de
cette capitale dès cette même année 1705, et il offrait de s'en
charger. Il consentait que sa majesté lui fît couper le cou s'il
ne prenait Turin contre les règles, ajoutant qu'il se croirait bien
soulagé lorsqu'il n'aurait que cette ville à prendre, malgré que
ce qu'il faisait en ce moment en Lombardie pût paraître peu
de chose [1]; qu'au surplus, en attaquant une place, il ne pouvait
arriver d'autre inconvénient que d'être obligé de lever le siége,
et qu'il n'en était pas de même d'une bataille, qui décidait
presque toujours de la destinée de plusieurs états.

Le lieutenant général Lapara, qui était l'ingénieur le plus
en réputation après Vauban, se rangea à l'avis d'attaquer par
la citadelle, quoiqu'il eût émis précédemment une opinion
différente (2).

---

[1] Il était chargé de défendre le passage de l'Adige.

Le maréchal de Villeroy, qui commandait en Flandre, écrivait à la cour dans le même sens (34).

Le duc de la Feuillade insista aussi de son côté : dans une lettre au roi, sous la date du 3o septembre, il écrivit, comme le duc de Vendôme, qu'il garantissait sur sa tête la réussite de l'entreprise, et il alla jusqu'à dire, en parlant de Vauban, que les gens qui avaient excellé dans certaines professions n'approuvaient jamais ce qu'ils n'avaient pas pensé les premiers (21). Enfin un mémoire en forme de lettre, d'un certain baron Palavicini, officier piémontais réfugié au service de France, fit décidément prévaloir à la cour l'opinion opposée à celle de Vauban. Dans ce mémoire (34), Palavicini, qui disait bien connaître par lui-même Turin et ses fortifications, prétendait d'abord, comme le duc de la Feuillade, qu'il serait extrêmement long et difficile de s'emparer des Capucins et des autres forts de la rive droite : d'où il concluait qu'il fallait renoncer à l'attaque de la ville, puisqu'elle ne pouvait être conduite avec espérance de succès qu'après la prise des hauteurs. Examinant ensuite l'attaque de la citadelle, il représentait, en faveur de cette attaque, que les maçonneries du corps de place n'étaient pas solides, les anciens murs délabrés ayant été seulement depuis peu revêtus d'une chemise ; que le terrain de la plaine tombait en glacis vers la place, dont les ouvrages avaient peu de commandement sur la campagne ; qu'il n'y avait pas d'autres souterrains que les casemates des flancs des bastions, dont les voûtes n'étaient pas capables d'une grande résistance, et seraient facilement enfoncées par les bombes ; enfin, que la petitesse des polygones rendrait inutile le grand nombre de pièces d'artillerie que le duc de Savoie avait réunies dans la place. « Quel avantage plus grand voulez-vous, disait-il, que « de réduire votre ennemi à défendre par un petit front ce que « vous attaquez par un grand, et de l'accabler de feu pendant qu'il

« est resserré dans un petit espace de terrain où les bombes le
« vont, dès le second jour, mettre hors d'état d'agir. » Par toutes
ces raisons, il concluait en faveur de l'attaque par la citadelle.

Le roi et le ministre furent persuadés; néanmoins, ils com-
muniquèrent à Vauban le mémoire de Palavicini, et procu-
rèrent même à ce dernier une entrevue avec le maréchal,
duquel ils desiraient obtenir l'approbation : mais celui-ci
persista dans son sentiment, et en exposa de nouveau les raisons par écrit, dans une lettre au ministre, du 16 janvier
1706 (35). Dans cette lettre, il insiste pour l'attaque préalable
des forts de la montagne, en s'attachant à détruire les prétendues difficultés qu'y trouvait Palavicini, et il fait voir de
nouveau tous les inconvéniens qu'entraînerait l'attaque par la
citadelle. « Il ne me paraît pas, dit-il, que le roi doive écouter de
« semblables propositions, qui n'iraient à rien moins qu'à manquer
« la place et à ruiner son armée; après quoi, que deviendraient
« les affaires d'Italie? » Que si, au contraire, on attaque comme
il l'a proposé, il estime, en supposant même les ouvrages de la
montagne aussi bien fortifiés qu'on les représentait, qu'en moins
de trois semaines on sera maître de la montagne (que l'on pourrait attaquer avec toute l'armée et avant de commencer les
lignes); que douze ou quinze jours après on sera établi devant
Turin; que dans quinze ou seize la ville capitulera; enfin qu'un
mois après la citadelle en fera autant. « Tout cela ira donc à
« quelques quatre-vingts ou quatre-vingt-dix jours; ce qui n'arri-
« verait pas en quatre mois par la citadelle, avec plus d'appa-
« rence de la manquer que de la prendre. Il y a encore une
« différence à observer; c'est que le siége de cette place sera peu
« sanglant, en prenant le parti de la montagne, et que, dès que
« la ville sera prise, on pourra envoyer la moitié de la cavalerie à
« M. de Vendôme et un grand détachement d'infanterie, avantage
« que l'on est loin de pouvoir espérer en attaquant par la plaine. »

Enfin, comme il avait été question de lui donner le commandement de l'armée de siége, il représente que, n'ayant jamais commandé d'armée en campagne, si *voisin de l'âge décrépit*, il ne peut pas raisonnablement s'en charger (il avait alors soixante-treize ans); que, quant à la conduite des attaques, il croyait, malgré ses infirmités, pouvoir encore satisfaire aux fatigues d'un siége ou deux; mais que la dignité dont le roi l'avait revêtu l'embarrassait....

Les raisonnemens de Vauban ne purent prévaloir, et le duc de la Feuillade reçut l'autorisation de conduire les attaques de la manière qu'il l'entendait. Nous ne pouvons mieux faire connaître ses vues qu'en transcrivant ici la plus grande partie de la lettre qu'il écrivit au ministre, son beau-père, le 25 février 1706.

« A l'égard de l'attaque, je n'en connais d'autre possible, à
« mon sens, que celle de la citadelle par l'endroit que j'ai
« marqué à M. de Vendôme, et qu'il a toujours approuvé (le
« front de la porte de Secours). Le front de M. de Lapara (à
« gauche du précédent, vers le haut du Pô), serait d'une trop
« grande étendue; elle serait beaucoup plus vue par les flancs
« que l'autre, puisque l'autre ne peut l'être que par l'ouvrage à
« cornes en terre qui est à la gauche de l'attaque, lequel sera
« très-aisé à ruiner. En attaquant la citadelle et la ville en même
« temps, les ennemis auront du moins un front de canon égal
« au nôtre, et nous ferons une très-grande consommation de
« poudre inutilement, ce que vous ne pourriez nous remplacer
« à temps avec toute la puissance du roi. Il est certain que,
« n'embrassant que le polygone qui sort dans la campagne,
« nous l'écraserons avec une artillerie supérieure à celle qui
« peut nous être opposée; et c'est le canon, quoi qu'on en puisse
« dire, qui prend les places. Fournissez-nous seulement une
« grande abondance de canonniers, de bombardiers et de

« mineurs. Il ne me reste qu'à répondre à l'objection que
« vous me faites, en me représentant comme un avantage de ce
« que, en attaquant la ville et la citadelle en même temps, les
« troupes des ennemis seront plus partagées : il est bien sûr
« que deux attaques les partageront plus qu'une, quoiqu'elles
« soient si voisines que cela ne fait quasi aucune différence ;
« mais il n'y a aucune proportion entre la fatigue à laquelle
« notre infanterie serait obligée, avec celle de l'infanterie de
« M. le duc de Savoie, qui sera soulagée, dans une infinité de
« travaux, par les bourgeois de Turin; il aura plus de 11 mille
« hommes d'infanterie, nous n'en aurons pas plus de 25 mille.
« Si, outre les travaux des lignes, qui sont indispensablement
« nécessaires et qu'on ne peut faire trop bonnes, nous acca-
« blons notre infanterie d'un travail ennuyeux, lequel néces-
« sitera encore une grosse garde, elle périra en un mois de
« siége, étant impossible qu'elle ait seulement une nuit de bon ;
« de plus, en attaquant la ville en même temps que la cita-
« delle, je soutiens que le flanc droit de la tranchée de la ville
« ne peut être assuré. En attaquant, au contraire, le polygone
« de la citadelle qui sort dans la campagne, il sera très-aisé
« d'assurer entièrement les flancs de notre tranchée et de cam-
« per quelques-uns de nos bataillons quasi à la queue. Jugez,
« outre cela, s'il serait possible, en faisant deux attaques, de
« porter, comme je le prétends, 18 bataillons à Montcallier,
« avec un corps de cavalerie au moins égal à celui des enne-
« mis; ce qui est pourtant le seul mouvement qui puisse em-
« barrasser M. le duc de Savoie.

    « Pour conclure, je vous dirai que je suis convaincu que la
« réussite de l'entreprise dépend d'attaquer le polygone ci-des-
« sus, de faire des lignes dont le fossé soit large et profond,
« qui soient suffisamment flanquées et même palissadées dans
« des endroits, afin de les pouvoir garder avec peu de monde;

« de faire une tranchée large et profonde avec de belles places
« d'armes, d'en bien assurer les flancs; de ne point tirer de
« canon ni de bombes que toute l'artillerie ne puisse être servie
« en même temps; de ruiner les défenses par un feu supérieur;
« et quand elles seront une fois ruinées, d'entretenir seule-
« ment un feu de canon ordinaire, et de ménager les munitions
« jusqu'à ce que l'on ait avancé les batteries sur le chemin
« couvert pour battre en brèche. Il faut beaucoup de mineurs
« pour rendre les mines des ennemis inutiles; et quand il s'a-
« gira de coups de main, je suis convaincu qu'en ne faisant
« que des attaques bien mûres et bien disposées, M. de Savoie
« n'a point d'infanterie qui puisse me résister à la tête de celle
« de sa majesté[1]. »

Après ces préliminaires, nous allons passer au détail des
opérations du siége.

[1] Le duc de la Feuillade ajoute à la fin de sa lettre : «Après ce long raisonnement,
« si le roi ou M. de Vendosme m'envoient des ordres différens, je ferai de mon mieux
« pour les exécuter dans ce qui dépendra de moi : mais je demande que M. de Lapara
« soit seul chargé de la conduite du siége et de l'événement; je n'aurai attention qu'à
« la subsistance de l'armée, à tâcher que les troupes fassent leur devoir, et à les animer
« par mon exemple. »

DEUXIÈME PARTIE.

JOURNAL DU SIÉGE.

Au printemps de 1706, l'armée de siége, aux ordres du duc de la Feuillade, fut rassemblée dans les environs de Chivas; elle était forte d'environ 40,000 hommes; savoir :

    63 bataillons d'infanterie de près de 500 hommes chacun, en-
        semble.. 31,000.
    73 escadrons de cavalerie, faisant........................... 8,000.
    2 bataillons de Royal-artillerie............................. 1,000.
                                                                 ____
                                                                 40,000.

sans compter deux compagnies de mineurs, qui furent bientôt renforcées d'une troisième[1]. Le parc de siége se composait de 110 pièces de canon de gros calibre et de 49 mortiers, avec quantité de munitions et d'approvisionnemens : une grande partie de ce matériel avait été tirée à grands frais des places de Flandre[2].

Quarante-huit ingénieurs, divisés en huit brigades, étaient attachés à l'armée. Lapara, lieutenant général, devait avoir la direction des attaques; mais cet ingénieur ayant été tué, le 15 avril, au siége de Barcelone, fut remplacé par un nommé Tardif[3]. Les principaux ingénieurs sous ses ordres étaient

---

[1] Quincy porte l'armée de siége à 68 bataillons et 80 escadrons, sans l'artillerie; mais plusieurs documens officiels donnent la composition ci-dessus.

Le duc de la Feuillade avait sous lui 8 lieutenans généraux, 8 maréchaux-de-camp, 12 brigadiers d'infanterie et 13 brigadiers de cavalerie.

[2] On trouvera à la fin de ce journal un extrait du tableau, donné par Quincy, du matériel qui a été amené, consommé ou abandonné devant la place.

[3] L'ingénieur Tardif, qui n'avait été chargé jusque-là que des siéges de quelques petites places en Bavière, ne jouissait pas d'une grande réputation. Les généraux rejetèrent dans la

Villars-Lugein et Lorrières d'Astier. Villars-Lugein eut le titre de commandant en second : il avait dirigé les attaques de Barcelone après la mort de Lapara, et ce ne fut qu'après la levée du siége de cette place qu'il partit pour Turin, où il arriva quelques jours après l'ouverture de la tranchée.

L'artillerie était commandée par le sieur d'Houville, lieutenant d'artillerie et brigadier, ayant sous lui les sieurs Chantelou et de Saint-Perrier, avec un grand nombre d'officiers.

Les mineurs eurent à leur tête le sieur Vallière, officier d'une grande réputation.

Le duc de Savoie avait réuni à Turin 14,770 hommes de troupes régulières; savoir :

6 régimens d'infanterie impériale, composés de soldats aguerris, mais réduits par les campagnes précédentes au nombre de	1,500.
17 bataillons piémontais, composés en grande partie de soldats de nouvelle levée, ensemble...............	6,670.
700 cavaliers impériaux démontés, et 370 piémontais, ensemble.	1,070.
TOTAL pour le service de l'infanterie........	9,240.
Cavalerie impériale et piémontaise.................	4,500.
Enfin 256 canonniers et 774 hommes de différens corps, destinés au service de l'artillerie, ensemble.........	1,030.
TOTAL [1].................	14,770.

Quatorze ingénieurs et vingt élèves étaient chargés de la conduite des travaux de défense, sous la direction d'un avocat nommé Bertola, qui fit fonction d'ingénieur en chef, et dont les historiens piémontais exaltent beaucoup les talens et le courage[2].

Le 12 mai, l'armée de siége passa la Sture, et vint camper

suite sur lui et sur le commandant de l'artillerie une partie des retards et des malheurs du siége. (Voyez, au sujet de ces deux officiers, les lettres nᵒˢ 4, 69, 85 et 91.)

[1] Tarizzo, *Ragguaglio storico, etc.*, pages 7, 28 et 34, et Ottieri, page 223.

[2] A la fin du siége, Bertola accepta du duc de Savoie le titre de son premier ingénieur, mais il refusa un grade militaire que ce prince voulait y joindre. (COSTE DE BEAUREGARD.)

devant Turin, dans l'espace entre la Doire, la Sture et le Pô.
Le duc de Savoie, qui tenait la campagne avec sa cavalerie, se
retira à son approche, et fit rompre les ponts de la Doire,
après avoir repassé cette rivière.

Le 14, le duc de la Feuillade fit commencer les lignes de
contrevallation entre la Doire et le bas Pô. Cette partie des lignes
était très-importante pour couvrir les communications de l'armée avec le Milanais, ainsi qu'avec Chivas et Crescentino, où l'on
avait réuni une partie des approvisionnemens de l'armée : huit
mille paysans furent employés à ces travaux.

Le duc de la Feuillade ordonna aussi de jeter trois ponts
sur la Doire, savoir, un vis-à-vis le château de Lucengo, à
une demi-lieue au-dessus de la ville, et deux autres à deux
lieues plus haut, près de Pianezza.

Le 15 mai, le duc de Savoie fit passer sur la rive droite du
Pô, au-dessous de la ville, un détachement de 300 hommes,
avec 4 pièces de canon; le feu de ces pièces contraignit la gauche
de l'armée de siége à s'écarter un peu des bords de la rivière.

Cependant les Piémontais s'occupaient à compléter leurs
moyens de défense. Ils travaillèrent à une coupure antérieure-
ment commencée dans l'intérieur de la citadelle, derrière les
deux fronts qui font face au dehors; à terminer l'avant-chemin
couvert et les flèches; enfin à mettre les contre-mines en état,
et à ouvrir de nouvelles galeries.

Le 19 mai, le duc de Savoie fit sortir 12 pièces de canon,
soutenues par un détachement de dragons, pour contrarier la
construction du pont de Lucengo : ces pièces détruisirent quelques pontons qui avaient été déposés dans la prairie, près de
la rivière, ce qui retarda un peu l'établissement du pont.

Le 20, un des ponts de Pianezza étant achevé, le duc de
la Feuillade fit passer la Doire à un détachement de cavalerie,
qui chargea et repoussa les avant-postes ennemis.

Rien ne s'opposant plus à l'achèvement des deux autres ponts, ils furent terminés le 21 ; et l'armée passa sur la rive droite, à la réserve de quelques bataillons qui restèrent pour perfectionner et pour garder les retranchemens entrepris : on y ajouta de bonnes redoutes, bien palissadées, placées à petite portée de fusil les unes des autres. Ces ouvrages ne furent complètement terminés que dans les premiers jours de juin. La garde en fut confiée alors à un détachement de cinq hommes par compagnie, pris dans cinquante bataillons qui devaient rester au siège, et ce détachement fut relevé tous les jours de prêt.

Pour faciliter et assurer la communication des quartiers séparés par la Doire, le duc de la Feuillade fit jeter un second pont sur cette rivière, près de Lucengo, dont le château fut mis en état de défense, et occupé à poste fixe par un bataillon.

La nuit du 22 au 23 mai, l'armée de siége commença les lignes de contrevallation entre la Doire et le haut Pô.

Le 23, le duc de Savoie fit établir une batterie de 4 pièces de canon sur une hauteur de la rive droite du Pô, vis-à-vis du Valentin, pour interdire aux assiégeans l'entrée de cette maison de plaisance. Il commença aussi à faire abattre une partie des arbres qui, de ce côté, pouvaient favoriser les approches.

Le 24, les Piémontais mirent jusqu'à 24 pièces de canon en batterie sur la rive droite du Pô, près de Cavoretto, pour en éloigner les assiégeans : ceux-ci parvinrent néanmoins à pousser la droite de leurs retranchemens jusqu'à 250 toises du fleuve, et à placer dans quelques couverts des carabiniers dont le feu ôta aux assiégés l'usage du chemin qui longeait l'autre bord.

Le 25, les lignes de contrevallation furent à-peu-près achevées, et les assiégeans s'occupèrent à les palissader : leur profil présentait un fossé de 12 pieds de largeur sur 7 à 8 de profondeur.

Le même jour furent commencées les lignes de circonvallation.

La nuit du 26 au 27, le duc de la Feuillade fit ouvrir une grande tranchée ou parallèle, à 5 ou 600 toises de la citadelle, avec des communications en arrière. Les assiégés datèrent de cette nuit l'époque de l'ouverture de la tranchée.

Les jours suivans, jusqu'au 2 juin, les assiégeans continuèrent à s'établir en face de la citadelle et de la double enceinte de la ville; ils retranchèrent et réunirent toutes les cassines qui se trouvaient dans cette partie, et les firent servir pour différens établissemens ou magasins : la plus considérable, dite la Porporata, située sur le chemin de Rivoli, fut destinée à servir de magasin pour le matériel de l'artillerie.

Pour assurer la gauche des attaques, le duc de la Feuillade fit creuser, au pied de l'escarpement du Valdoc, un fossé dans lequel on jeta les eaux d'un naviglio ou canal de dérivation; on les fit ensuite déverser dans la prairie, qui se trouva bientôt recouverte d'un blanc d'eau, et difficilement praticable en beaucoup d'endroits.

Tous ces travaux avaient été exécutés à-peu-près sans le concours des ingénieurs. Le 2 juin, qui fut le jour de l'ouverture régulière de la tranchée, le duc de la Feuillade, après avoir expliqué ses intentions à l'ingénieur en chef, lui déclara qu'il devait prendre et continuer désormais la conduite des travaux d'attaque.

1ʳᵉ Nuit (du 2 au 3 juin[1]).

La nuit du 2 au 3 juin, la tranchée fut ouverte dans les formes par 3,000 travailleurs, soutenus par 10 bataillons, 15 compagnies de grenadiers et 800 chevaux. On entreprit la première parallèle avec des communications en arrière : cette parallèle, distante d'environ 250 toises de l'avant-chemin couvert, avait à-peu-près 1,100 toises de développement; sa droite s'ap-

---

[1] Cette nuit serait la 8ᵉ, en rapportant, comme les assiégés, l'ouverture de la tranchée à la nuit du 26 au 27 mai.

puyait à une cassine fortifiée, et sa gauche au ressaut qui tombait sur la prairie du Valdoc.

Les assiégés s'aperçurent du travail vers la fin de la nuit; mais ils se bornèrent à tirer quelques coups de canon sur les travailleurs, et les assiégeans n'eurent que deux hommes tués et deux blessés.

Au jour, le duc de Savoie fit camper 1,000 hommes dans les dehors. La garde des bastions de la nouvelle enceinte fut confiée à la bourgeoisie.

2ᵉ Nuit (du 3 au 4 juin).

Les assiégeans perfectionnèrent les ouvrages de la veille, et y ajoutèrent un boyau de communication.

La tranchée fut montée par le même nombre de troupes que la première nuit.

Les assiégés redoublèrent d'activité pour mettre les ouvrages menacés en bon état de défense : ils réunirent par un retranchement les murs de la vieille enceinte de la ville avec la citadelle, et travaillèrent à terminer les flèches de la citadelle, de la porte Suzine, et de l'ouvrage à cornes : ces flèches étaient déjà armées de petites pièces de canon, qui tiraient à mitraille sur les assiégeans. Les assiégés jetèrent en outre, pendant la nuit, un détachement de carabiniers à quelques pas en avant du chemin couvert de l'ouvrage à cornes, pour faire feu sur les attaques, en se postant à l'abri derrière le rideau du Valdoc.

3ᵉ Nuit (du 4 au 5 juin).

Les assiégeans commencèrent deux redoutes en avant de la gauche et du centre de la première parallèle; ils fortifièrent la cassine où aboutissait son extrémité droite, et ouvrirent une nouvelle communication en arrière; enfin, ils commencèrent, dans la parallèle, une batterie de douze mortiers destinée à imposer un peu au gros feu du canon des flèches.

Le duc de la Feuillade fit tirer un retranchement entre les

lignes de circonvallation et de contrevallation, à hauteur de
la droite des attaques, de manière à former comme une espèce
de réduit dans l'intérieur des lignes. Il comptait sur la protection que ce travail devait donner aux opérations du siége,
pour se porter à Moncaglieri avec un fort détachement, afin
de couper au duc de Savoie ses communications avec le haut
Piémont, qui reconnaissait encore son autorité.

Cependant le duc de Savoie, et le comte Daun, commandant en chef des troupes impériales en Piémont, s'occupaient
sans relâche des moyens de défense. Le comte de la Roche
d'Alleri, qui s'était distingué, l'année précédente, à la défense
de Verrue, avait été nommé commandant de la citadelle, et
le commandement de la ville fut donné au marquis de Carail,
qui venait d'acquérir de la réputation en Piémont, par la défense du château de Nice[1]. Le comte Daun, qui avait le titre
de gouverneur, s'appliqua à pousser avec activité les travaux
commencés, et à compléter les approvisionnemens de la ville
et de la citadelle. Il établit un guet sur plusieurs clochers, tant
pour observer de loin les manœuvres des assiégeans, que pour
avertir, par le son des cloches, les quartiers voisins de la chute
des bombes ; il fit dépaver les rues en toute diligence ; il ordonna que la ville fût éclairée toutes les nuits par des lan-
ternes, et qu'il y eût des vaisseaux remplis d'eau dans toutes
les maisons ; il désigna, pour chaque quartier, des personnes
de qualité qui eurent sous leurs ordres, pour éteindre le feu,
un certain nombre d'ouvriers, porteurs d'eau, maçons, charpentiers ; enfin (dit le *Journal historique*) il n'oublia pas la
moindre précaution pour maintenir *un bon ordre* pendant tout
le cours du siége. Les marchands qui demeuraient depuis la

---

[1] Il avait rendu ce château au maréchal de Berwick, le 6 janvier 1706, après vingt-
trois jours de siége. Les Français trouvèrent cependant qu'il n'y avait pas donné grande
preuve de capacité.

citadelle jusqu'à la place du château, furent avertis de déménager, et le duc de Savoie leur offrit des emplacemens dans son palais pour y retirer leurs marchandises.

4ᵉ Nuit (du 5 au 6 juin).

On continua à perfectionner la parallèle et les redoutes commencées la veille, et l'on établit une communication entre les deux cassines de la droite.

Redoublement d'activité de la part des défenseurs pour terminer les flèches de la porte Suzine et de l'ouvrage à cornes.

5ᵉ Nuit (du 6 au 7).

On commença une nouvelle redoute, avec sa communication en avant de l'extrémité droite de la première parallèle.

Les assiégés travaillèrent avec beaucoup d'ardeur pour achever leurs embrasures et armer leurs ouvrages, afin d'être en mesure de répondre immédiatement, de toutes leurs batteries, au feu des assiégeans, que les déserteurs français annonçaient devoir bientôt s'ouvrir.

A la fin du jour suivant, ils eurent 130 pièces de canon et 24 mortiers en état de tirer : sur les 130 canons, il y en avait 75 dans les ouvrages de la citadelle et 55 dans ceux de la nouvelle enceinte; des 24 mortiers, il en fut placé 5 dans l'avant-chemin couvert, dont 2, de 14 pouces de diamètre, étaient destinés à lancer des pierres dans les tranchées[1]. Le commandement en chef de l'artillerie avait été donné au lieutenant général comte Solar de la Marguerite[2], ayant sous ses ordres

[1] Les assiégés, dans la suite, ne tirèrent pas tout le parti possible de cette nombreuse artillerie, faute d'une quantité de poudre suffisante. A l'époque du 22 juin, avant l'ouverture du feu des grandes batteries, il ne se trouvait dans la place que 363 milliers de poudre (23,850 rubbi, mesure piémontaise); et les quantités qui y furent fabriquées ou introduites pendant le courant du siége ne s'élevèrent pas à plus de 103,000 livres. (Voyez le détail à la fin du journal.)

[2] C'est à ce général qu'est attribué le *Journal historique du siége*, imprimé à Amsterdam en 1708.

4

un grand nombre d'officiers expérimentés formés dans les siéges précédens, et environ mille canonniers ou soldats pour le service des pièces.

6ᵉ Nuit (du 7 au 8 juin).

On déboucha de la première parallèle à droite et à gauche de la batterie de mortiers.

Au jour, un parlementaire se présenta dans la place au nom du duc de la Feuillade; ce général faisait offrir, de la part du roi, des passe-ports aux princesses pour sortir de Turin; mais le duc de Savoie, qui avait la porte du Pô à sa disposition, répondit qu'il remerciait le roi de son honnêteté, et que les princesses n'avaient pas besoin de passe-ports[1].

7ᵉ Nuit (du 8 au 9 juin).

La batterie de mortiers commença à jeter quelques bombes dans la citadelle. On ouvrit une portion de la deuxième parallèle réunissant les deux boyaux avancés qui embrassaient le front de la citadelle : cette parallèle fut tracée à la fascine, comme les tranchées précédentes; mais les ingénieurs jugèrent qu'il faudrait désormais travailler à la sape.

Les ennemis ne s'aperçurent du travail de la deuxième parallèle que quand les travailleurs furent presque à couvert; aussi le grand feu de mousqueterie qu'ils firent alors de l'avant-chemin couvert, n'occasionna aux assiégeans qu'une perte de six hommes tués ou blessés. Au point du jour, ils amenèrent de petites pièces de canon dans l'avant-chemin couvert pour tirer contre les tranchées, sans discontinuer cependant le feu d'artillerie des flèches, qui n'avait point été interrompu depuis le commencement du siége, et qui dura jusqu'à l'ouverture du feu de canon des ouvrages en arrière.

---

[1] Les relations des assiégés ajoutent que le parlementaire demanda qu'on lui fît connaître le quartier de S. A. R., afin qu'il fût respecté par les bombes, et que ce prince répondit qu'il aurait son quartier par-tout où sa présence serait nécessaire.

La garde des ouvrages extérieurs de la citadelle fut renforcée de 300 hommes, pour la nuit seulement.

Au matin, toute la batterie de 12 mortiers fut terminée et employée à bombarder la ville et les ouvrages. La place répondit avec deux batteries à bombes placées dans les nouveaux ouvrages de la porte Suzine.

8ᵉ Nuit (du 9 au 10).

On fit une communication derrière le centre de la nouvelle parallèle; la batterie de mortiers continua à jeter des bombes dans la ville, où elles firent un dégât considérable; tous les habitans de la vieille ville furent contraints de la déserter et d'aller se réfugier au-delà de la place du château.

9ᵉ Nuit (du 10 au 11).

A partir du centre de la deuxième parallèle, on creusa deux boyaux de 70 toises chacun dans l'emplacement destiné aux batteries. Le matin, les ennemis firent sortir, par la porte Neuve (sur la gauche de la citadelle), trois pièces de canon soutenues par un détachement de 30 grenadiers et de 30 cavaliers : ces pièces, établies sur le flanc droit des attaques, incommodèrent beaucoup les tranchées avancées, dont le travail fut même un instant interrompu; mais, au bout d'une heure environ, et après qu'elles eurent tiré une centaine de coups, il fallut les faire rentrer dans la place, parce que les assiégeans se trouvaient en mesure de les enlever.

10ᵉ Nuit (du 11 au 12 juin).

On commença deux batteries de 20 pièces de 24 chacune dans les boyaux qui avaient été ouverts la nuit précédente, pour contrebattre directement les faces des bastions et des contre-gardes du front de la citadelle; on prolongea la tranchée par la gauche pour établir une batterie de 6 pièces destinée à tirer à boulets rouges, et l'on commença à la droite une nouvelle redoute avec sa communication. Cette redoute avait pour but d'assurer le

4.

flanc droit des batteries, que menaçaient sans cesse les assiégés qui occupaient des postes en dehors de la place du côté de *la Crocetta*.

A cette époque, l'armée assiégeante n'avait encore à l'hôpital que 130 blessés et 330 malades.

11ᵉ Nuit (du 12 au 13).

On prolongea la deuxième parallèle par la droite et par la gauche; à son extrémité gauche, on commença une nouvelle redoute.

Les assiégés firent sortir, pendant la nuit, 3 petites pièces de canon avec une escorte de 50 grenadiers : ces pièces furent établies à 150 pas de l'avant-chemin couvert, sur la gauche de la flèche du bastion Amédée, d'où elles tirèrent à mitraille sur les travailleurs ; elles ne rentrèrent dans la place qu'à la pointe du jour, sans avoir gêné l'action simultanée de l'artillerie et de la mousqueterie de l'avant-chemin couvert. Cette artillerie tira environ mille coups dans la nuit; néanmoins, les assiégeans n'eurent que 2 hommes tués et 17 blessés.

La même manœuvre, répétée par les ennemis les nuits suivantes, fit éprouver aux assiégeans une perte de 20 à 25 hommes tués ou blessés chaque nuit.

12ᵉ Nuit (du 13 au 14).

On prolongea les tranchées du centre pour établir deux nouvelles batteries de 10 pièces chacune contre la demi-lune, et une batterie de 24 mortiers ou pierriers destinée à remplacer l'ancienne batterie de 12 mortiers, qu'on trouvait trop éloignée de la place.

Les assiégés firent un grand feu de mousqueterie et de pierriers pendant toute la nuit.

Dans la journée, le comte d'Estaing, lieutenant général, passa le Pô à Chivas, avec un détachement formant l'avant-garde d'un corps que le duc de la Feuillade voulait porter sur la rive droite du fleuve.

13e Nuit (du 14 au 15 juin).

On entreprit une nouvelle redoute, avec sa communication sur la droite, en avant de la deuxième parallèle.

Au jour, le duc de la Feuillade laissa la conduite du siége au comte de Chamarande, lieutenant général, avec 50 bataillons (dont les 2 d'artillerie) et 21 escadrons; il alla passer le Pô à Chivas, avec le reste des troupes, et rejoignit le comte d'Estaing sur la rive droite, à Montalto, où il se trouva à la tête d'une petite armée de 15 bataillons et 52 escadrons, dont 19 de dragons (environ 7,500 hommes d'infanterie et 6,000 de cavalerie).

14e Nuit (du 15 au 16).

On continua le travail des batteries, et l'on fit une nouvelle communication en arrière de la troisième redoute de la droite. Comme avant le départ du duc de la Feuillade, la tranchée fut montée chaque jour par 9 bataillons, sous le commandement de deux officiers généraux, ou d'un officier général et d'un brigadier.

Au jour, les assiégeans commencèrent à lancer quelques boulets de la batterie à boulets rouges qui était à l'extrémité gauche des grandes batteries en construction.

Cette même journée, le duc de Savoie fit sortir de Turin les princes et princesses de sa famille. Comme beaucoup de personnes voulaient profiter du départ de la cour pour s'éloigner, le gouverneur fit défense à qui que ce fût de quitter la ville sans sa permission, et même beaucoup de ceux qui s'étaient déjà éloignés auparavant reçurent l'ordre de rentrer.

15e Nuit (du 16 au 17).

Les ingénieurs étaient d'avis de perfectionner les tranchées et les redoutes avant d'aller plus avant, à cause de la faiblesse de l'armée assiégeante, et afin d'assurer les batteries et de leur donner le temps de s'achever : en conséquence, on se borna à prolonger la parallèle sur la gauche, jusqu'au rideau du Valdoc. La batterie de 24 mortiers fut achevée dans la nuit.

Le duc de Savoie, qui avait déjà fait camper hors de la place presque toute sa cavalerie, ne voulait pas lui-même s'y laisser renfermer. Ayant tout disposé pour son départ, il fit assembler la noblesse et les bourgeois, pour les exhorter à se défendre courageusement et jusqu'à la dernière extrémité. Il leur cita l'exemple récent des Catalans, qui, par leur fermeté, disait-il, venaient de faire lever le siége de Barcelone, et promit non-seulement des récompenses à ceux qui feraient bien leur devoir, mais encore des indemnités à ceux qui éprouveraient quelque dommage dans leurs propriétés; enfin il leur déclara qu'il allait, de son côté, exposer sa vie pour leur salut, à la tête de ses troupes, harceler les ennemis, et travailler à faciliter l'arrivée des secours sur lesquels ils pouvaient compter pour leur délivrance. Ce discours, qui fut rendu public dès le lendemain, fit un effet merveilleux sur l'esprit du peuple : on ne parlait que de s'ensevelir sous les ruines de la ville [1].

Ce prince sortit ensuite de Turin, après avoir laissé le commandement supérieur au comte Daun, et il alla joindre sa cavalerie, forte d'environ 4,000 chevaux, à Moncaglieri; mais il s'éloigna bientôt après, à l'approche du duc de la Feuillade, pour se retirer à Cherasco. Il laissait dans la place 23 bataillons, formant environ 8,000 hommes, dont environ 6,500 Piémontais, presque tous (comme nous l'avons dit) de nouvelle levée; 1,000 cavaliers démontés, 500 chevaux, et un millier d'hommes pour le service de l'artillerie et des mines : le tout faisant à-peu-près 10,500 hommes de troupes régulières, auxquels se joignirent 8 bataillons de milices bourgeoises [2].

[1] *Histoire du prince Eugène.*

[2] Quincy porte la garnison à 11,500 hommes de troupes régulières, et le *Journal historique* à 10,000 : la force et la composition que nous avons rapportées sont données avec détail par Tarizzo et Ottieri, historiens piémontais contemporains.

16ᵉ Nuit (du 17 au 18 juin).

On dirigea un boyau vers la flèche de l'ouvrage à cornes, sur la gauche, et l'on prolongea la parallèle des batteries sur la droite.

Le gouverneur de la place, de concert avec les autres chefs, s'occupa de la distribution du service et de la répartition des troupes. Huit bataillons furent répartis dans la ville, en divers couvens de religieux; 3 furent logés au faubourg du Ballon sur la Doire, et 12 furent campés dans les forts de la rive droite du Pô.

Le comte Daun, pour ménager la garnison, ne lui fit faire d'abord de service journalier que dans les dehors attaqués. Les bourgeois, pleins de zèle et bien disciplinés, se chargèrent de monter une grosse garde aux remparts et aux portes de la ville; ces portes (suivant le *Journal historique*) restèrent ouvertes comme à l'ordinaire pendant tout le siége.

Il fut réglé que, chaque nuit, les troupes qui occupaient les dehors de la citadelle seraient renforcées de 600 hommes, destinés à faire feu sur les approches.

17ᵉ Nuit (du 18 au 19 juin).

On prolongea le nouveau boyau de la gauche, dans l'intention d'y établir une batterie contre l'ouvrage à cornes et la flèche en avant, dont on commençait à craindre les revers pour les travaux ultérieurs; on prolongea aussi les tranchées par la droite. La nouvelle batterie de 24 mortiers ou pierriers commença un feu soutenu contre la place, qui riposta avec la même vigueur. L'ancienne batterie de 12 mortiers de la première parallèle fut supprimée.

Les nuits précédentes, les ennemis avaient exécuté quelques petites sorties, de 30 ou 40 hommes chaque fois, pour retarder les travaux.

18ᵉ Nuit (du 19 au 20).

On déboucha à la sape sur les capitales des bastions, et sur celle de la demi-lune ; on attendait impatiemment l'ouverture du feu des grandes batteries, et les ingénieurs regardaient comme une chose étonnante d'être si avancés sans qu'elles eussent tiré.

Les assiégés firent encore sortir cette nuit un petit détachement, qui parvint à renverser quelques gabions dans les tranchées de la droite.

Les bombes et les pierres furent lancées de part et d'autre avec la même violence que la veille.

Le duc de la Feuillade, après s'être emparé de Chieri, se rendit à Moncaglieri, où il fit jeter un pont sur le Pô, pour faciliter ses communications avec les troupes du siége.

A cette époque, il n'y avait encore à l'hôpital de l'armée de siége que 173 blessés.

19e Nuit (du 20 au 21).

On poussa en avant les cheminemens des deux bastions de la citadelle et de l'ouvrage à cornes ; mais on cessa de travailler aux cheminemens de la demi-lune, de crainte d'offusquer les batteries. Continuation du feu de mortiers et de pierriers des deux côtés. Les assiégés firent cette nuit un détachement de 600 hommes, pour aller abattre les arbres du parc du Valentin, sur la rive gauche du Pô, au-dessus de la ville. Ces arbres furent entièrement rentrés dans la place en peu de jours, une partie transportée par la cavalerie, le reste sur des chariots.

Une réserve de 6 compagnies de grenadiers, aux ordres d'un major allemand, fut établie dans la citadelle, et une autre réserve de 5 compagnies, sous le commandement d'un major piémontais, fut établie à la porte Suzine ; l'une et l'autre ne devant être relevées que tous les deux jours, il fut réglé, en outre, que 500 hommes de renfort garniraient chaque nuit les dehors, sur la droite de la citadelle.

Cependant, comme les bourgeois étaient exposés à être bientôt

d'autant plus fatigués du service, qu'un grand nombre d'entre
eux, pour s'y soustraire, abandonnaient successivement la ville,
le gouverneur fit publier défense à qui que ce fût d'en sortir
désormais, sous peine de la vie.

La garnison fit encore cette nuit une petite sortie, qui tomba
sur une des têtes de sape, où elle culbuta plusieurs gabions ;
les assiégeans y perdirent quelques hommes, dont un ingénieur,
qui fut tué.

20ᵉ Nuit (du 21 au 22 juin).

On continua à cheminer sur les capitales des bastions, et
l'on ouvrit, sur la droite, une nouvelle communication avec la
deuxième parallèle, afin de dégager les batteries.

Continuation des feux de mortiers et de pierriers. Pendant
la nuit, les ennemis firent une petite sortie de 10 hommes,
pour effrayer et retarder les travailleurs. Au jour, entre trois et
quatre heures, ils exécutèrent simultanément deux autres sorties,
de 50 hommes d'élite avec 50 travailleurs chacune. L'un des détachemens sortit par la porte Suzine, et se jeta sur la gauche
des attaques ; l'autre sortit par la porte de Secours, et s'élança
sur la droite. Des deux côtés ils réussirent à culbuter quelques
gabions, à chasser les travailleurs, et à tuer quelques hommes ;
mais au bout d'une demi-heure ils furent obligés de rentrer
dans la place, avec perte d'une vingtaine d'hommes : ils avaient
été protégés, pendant toute l'action, par un grand feu d'artillerie
partant des flèches et de l'avant-chemin couvert.

A cette époque, suivant une lettre du duc de Savoie, du 14
juillet, il n'y avait dans la place que 363 mille livres de poudre
23,850 rubbi, mesure piémontaise).

21ᵉ Nuit (du 22 au 23).

On prolongea de quelques toises la sape de droite, et l'on fit
un crochet à celle de l'extrême gauche, sur le haut de l'escarp-
pement du Valdoc. On déboucha en avant de la redoute de

l'extrême droite, dans l'intention de gagner le prolongement du front d'attaque, pour y établir une batterie à ricochet.

Le feu des mortiers et des pierriers eut lieu de part et d'autre avec une grande violence, comme les jours précédens : il ne paraît pas que ces projectiles aient fait éprouver aux ennemis une perte de plus de 10 à 12 hommes par nuit ; mais les assiégeans avaient souffert davantage. La 18° nuit, ils eurent jusqu'à 47 hommes tués ou blessés.

22° Nuit (du 23 au 24 juin).

On fit marcher encore de quelques toises la sape en capitale du bastion Amédée, et l'on prolongea le boyau commencé en avant de la redoute de droite, jusque dans l'emplacement destiné à la batterie à ricochet.

Les assiégés firent cette nuit plusieurs sorties, qui, bien que composées seulement d'un petit nombre d'hommes, inquiétèrent beaucoup les travailleurs en jetant des grenades dans les sapes.

Au jour, commença enfin le feu des batteries de canon auxquelles les assiégeans travaillaient depuis la huitième nuit. Elles étaient composées de 66 pièces, dont 60 de 24 et de 34 mortiers, dont 29 de 12 pouces (y compris les 24 mortiers qui avaient tiré précédemment). Tous les mortiers et 56 pièces de canon, déduction faite d'une batterie de 10 pièces de 24, qui ne fut prête que le lendemain, ouvrirent ensemble leur feu à la pointe du jour. Le commandant de l'artillerie d'Houville attachait beaucoup d'importance à ce qu'elles ne tirassent que toutes à-la-fois. « C'est la plus belle ligne de feu que j'aie encore « établie (écrivait-il la veille au ministre), et il n'y a pas une seule « de ces batteries dont on ne doive attendre un grand effet. »

Dès que le feu des assiégeans fut ouvert, les assiégés désarmèrent les flèches ainsi que les barbettes de 2 pièces qu'ils avaient laissées aux saillans des bastions de l'attaque, *pour flanquer*

à droite et à gauche; ensuite, toute leur artillerie étant prête
depuis long-temps, ils n'eurent qu'à démasquer leurs embrasures pour riposter bientôt après avec un nombre de pièces à-
peu-près égal à celui des assiégeans.

Ce combat d'artillerie parut, au bout de quelques heures,
tourner à l'avantage des ennemis, et, à midi, une de nos batteries, composée de 10 pièces, avait 6 canons démontés par l'effet
du feu de 24 pièces concentré sur elle ; cependant, le feu de
la place s'étant ensuite ralenti, à cause de la grande quantité de
bombes que les assiégeans jetaient dans les ouvrages, le combat
continua avec assez d'égalité pendant le reste de la journée.

Le duc de la Feuillade était revenu momentanément au
siége, pour être présent à l'ouverture du feu des batteries. Il
avait laissé la majeure partie de ses troupes devant Cherasco,
après avoir envoyé un détachement d'infanterie aux ordres du
comte d'Estaing, pour s'emparer d'Asti. Le duc de Savoie avait
quitté Cherasco, où il avait laissé garnison, et s'était retiré
dans le pays de Mondovi. La Feuillade se proposait de l'y poursuivre, dans l'espérance de le chasser entièrement du Piémont
et de détruire ou dissiper sa cavalerie. « Il s'agit, écrivait-il au
« ministre le 25 juin (45), de détruire cette hydre promptement,
« sans quoi il pourrait bien repousser quelque tête. »

La cour, cependant, montra peu de confiance dans le résultat de toutes ces courses; et le ministre répondit au duc de la
Feuillade, sous la date du 2 juillet (49), qu'il ne devait pas
perdre de vue que son principal objet était la prise de Turin,
et qu'après avoir éloigné le duc de Savoie, établi des postes
convenables pour l'empêcher de communiquer avec la place, et
levé des contributions dans le Mondovi, il fallait revenir au
siége et le presser le plus vivement possible.

23ᵉ Nuit (du 24 au 25 juin).

A l'attaque du bastion de droite (Amédée), on fit une espèce

5.

de crochet pour y établir le mineur ; et à l'extrême droite, on entreprit une nouvelle redoute derrière l'emplacement de la batterie à ricochet; sur la capitale du bastion de gauche (Saint-Maurice), on profita d'un léger pli de terrain qui facilitait l'avancement des sapes, et l'on déboucha, sur la gauche de cette capitale, par une sape de quelques toises formant l'amorce d'une nouvelle parallèle.

Au jour, le feu de la place fut beaucoup moins considérable que la veille; de 5o pièces qui avaient tiré de dessus le front d'attaque, il n'y en eut que 15 environ qui recommencèrent à faire feu: ce ralentissement provenait des dégâts causés par les bombes et des réparations qu'ils exigeaient. Les assiégeans, au contraire, firent jouer toute leur artillerie; mais leurs batteries de plein fouet furent à-peu-près de nul effet contre les défenses, à cause du peu de relief des ouvrages de la place les uns au-dessus des autres. Les boulets ne faisaient qu'effleurer les parapets ou passer par-dessus : le plus grand nombre allaient porter sur la ville; ils perçaient les maisons, enfilaient les rues en bondissant, et tuèrent un grand nombre d'habitans; quelques coups même portaient jusqu'au-delà du Pô.

« Ces sortes de massacres (dit le *Journal historique*), qui ne « feront pas rendre la place aux Français une heure plus tôt, « semblent imprimer quelque tache à leur valeur, et l'inutilité « de leur feu ne fait pas moins de tort à l'opinion que l'on a « de leur expérience dans la guerre; car, avec tout leur bruit, « ils n'apportent pas, le long du jour, plus de dommage à nos dé- « fenses que celui qu'on peut réparer la nuit en fort peu d'heures. » Toute la population se réfugia dans les quartiers du Pô ; les troupes furent retirées de leurs logemens, et campées pour la plupart dans les fossés, hors de portée des attaques.

24e Nuit (du 25 au 26).

Les mineurs attaquans commencèrent à travailler dans la

tranchée en capitale du bastion de droite (celle du bastion Amédée), à environ 25 toises de distance du saillant de l'avant-chemin couvert : on prolongea les amorces de la troisième parallèle, à droite et à gauche de la capitale du bastion Saint-Maurice, et l'on poussa des sapes le long du rideau de la gauche contre l'ouvrage à cornes.

Les bombes continuaient à endommager beaucoup les ouvrages de la citadelle, principalement les contre-gardes, dont le talus extérieur était revêtu en fascinage dans toute la partie remblayée au-dessus du sol. Cependant, et malgré la chute non interrompue d'une grêle de pierres, les assiégés, en portant le nombre des travailleurs à 300 hommes chaque nuit, parvinrent à réparer au fur et à mesure tous les dommages : aussi, à la pointe du jour, l'artillerie de la place tira avec la même vivacité que dans les premiers momens; elle reprit de nouveau la supériorité sur celle des assiégeans, démonta 15 à 20 pièces, et blessa ou tua un grand nombre de canonniers; une bombe de la place fit sauter un magasin de batterie.

La consommation de l'artillerie des assiégeans, dans les vingt-quatre heures, fut de 6,800 boulets et de 1,503 bombes.

25ᵉ Nuit (du 26 au 27).

Les assiégeans perfectionnèrent leur redoute derrière la batterie à ricochet; ils poussèrent une nouvelle sape sur la droite pour envelopper de plus près l'angle du polygone attaqué, continuèrent le travail des cheminemens en capitale du bastion Saint-Maurice et vers l'ouvrage à cornes, et prolongèrent la troisième parallèle commencée entre ces cheminemens. Ils relevèrent les pièces qui avaient été démontées, et réparèrent le désordre que l'artillerie de la place avait causé dans les batteries, de manière qu'au jour leur feu recommença avec plus de vigueur que la veille.

Les assiégés, au contraire, tirèrent très-peu des batteries

qu'ils avaient sur le front de la citadelle ; mais ils démasquèrent, dans le rentrant de la ville attenant, deux nouvelles batteries, qui tirèrent d'écharpe sur celles des assiégeans, avec beaucoup de succès. « Nous ne voyons pas, écrivait le comte « de Chamarande, qui commandait le siége en l'absence de la « Feuillade, comment nous pourrons contrebattre ces nouvelles « batteries. »

Une désertion considérable se manifestait parmi les troupes de la garnison ; depuis trois jours les assiégeans avaient reçu plus de 100 déserteurs.

Cependant, le moment allait arriver de faire usage des contremines, sur lesquelles on comptait beaucoup dans la place pour la prolongation du siége. Voici quelle était la disposition de ces ouvrages souterrains. (Voyez planche 3.)

Les deux fronts extérieurs de la citadelle avaient chacun des galeries principales dirigées sous les capitales des bastions et des demi-lunes, ainsi que sous celles des places d'armes rentrantes.

Aux bastions et aux demi-lunes, les galeries capitales étaient à double étage, depuis la contrescarpe de ces ouvrages jusque sous les saillans des flèches où se terminaient les galeries supérieures ; celles-ci avaient leur entrée dans les arrondissemens de contrescarpe et de plain-pied avec le fossé ; et près de chaque entrée se trouvait un escalier pour établir la communication des galeries supérieures avec les galeries inférieures, qui étaient à-peu-près à trois toises au-dessous. Ces galeries basses prenaient naissance, savoir, celles des demi-lunes derrière les courtines, celles des bastions dans les galeries qui réunissaient les casemates des flancs de chaque bastion ; elles traversaient les fossés, et se prolongeaient jusqu'à une douzaine de toises au-delà des saillans de l'avant-chemin couvert.

Les galeries hautes des bastions, dont l'entrée était à la gorge

des contre-gardes, s'abaissaient un peu pour passer sur les fossés
de ces ouvrages.

De ces galeries hautes et basses sortaient, de chaque côté,
plusieurs rameaux ou écoutes, et celles de l'étage supérieur
étaient réunies par une galerie transversale continue régnant
sous le milieu du chemin couvert; cette dernière recevait aussi
les galeries capitales des places d'armes rentrantes qui se prolongeaient un peu en arrière, de manière à déboucher au niveau du fossé.

Des galeries capitales basses partaient d'autres galeries trans-
versales qui s'étendaient sous les faces des demi-lunes et des
contre-gardes, et donnaient les moyens de faire sauter les logemens qui pourraient être établis sur ces ouvrages.

Indépendamment de ces galeries de contre-mines en maçonnerie, qui existaient avant le siége, les assiégés avaient travaillé,
depuis l'investissement, à de nouvelles dispositions. A la fin de
mai, ils avaient achevé des galeries et des rameaux en bois sous
les chemins couverts de l'ouvrage à cornes et de la nouvelle
enceinte, à droite de la citadelle; vers la mi-juin, ils avaient
terminé, sous chacune des 5 flèches menacées, 3 fourneaux
(un sous chaque face et un sous le saillant), dont les rameaux
se réunissaient dans un puits ouvert au centre de chaque flèche;
le saucisson, en sortant de ce puits, rejoignait le chemin couvert dans un auget enterré sous le sol de la double caponnière
qui servait à la communication des flèches avec la place.

Ces travaux terminés, et les chambres de poudre les plus
avancées dans les grandes galeries mises en état d'être chargées,
les mineurs assiégés avaient commencé des puits en avant des
flèches, dans les saillans des avant-chemins couverts, pour pousser
encore des fougasses sous l'avant-glacis; mais il ne paraît pas
qu'ils aient donné suite à ces derniers travaux, ailleurs qu'en
avant de la flèche de l'ouvrage à cornes, où cela était d'autant

plus utile, qu'il ne s'y trouvait point de galeries comme à la citadelle [1].

Les assiégés s'étaient occupés, en même temps, des préparatifs nécessaires pour le service de ces nombreuses galeries. Une troupe de maçons et de charpentiers, qui avait été attachée aux travaux de mine dès le commencement du siége, était destinée à seconder les mineurs; des approvisionnemens d'outils et de sacs à terre avaient été réunis à portée des points menacés; chaque galerie ou rameau avait été marqué d'un chiffre qui devait servir à les désigner, et des lampes y avaient été disposées de distance en distance, pour faciliter la circulation; enfin, pour éviter toute surprise, on avait établi une garde de grenadiers en dedans de chacune des portes des galeries capitales, dans le fossé, et l'on tenait nuit et jour des mineurs aux écoutes dans les saillans les plus avancés. Aussi les assiégés s'aperçurent-ils immédiatement des travaux souterrains de leurs adversaires.

26° Nuit (du 27 au 28 juin).

On prolongea la sape de l'extrême droite pour embrasser l'angle du bastion Amédée; on poussa aussi les cheminemens de l'ouvrage à cornes et du bastion Saint-Maurice, ainsi que la troisième parallèle; de plus, on reprit le travail sur la capitale de la demi-lune.

Au jour, le feu des batteries de l'attaque recommença comme précédemment. Les bombes continuèrent à bouleverser les remparts et les parapets; mais le feu de canon ne produisit pas plus d'effet qu'auparavant. « On ne peut prendre cette place que par « la sape et par la mine », écrivit le comte de Chamarande (48); tandis que le commandant de l'artillerie écrivait, quelques jours auparavant, en parlant des grandes batteries : « Il n'y a pas une « seule de ces pièces dont on ne doive attendre un grand effet. —

---

[1] Les assiégés, faute de poudre, ne firent usage que d'une petite partie de leurs contre-mines.

« C'est le canon, quoi qu'on en puisse dire, qui prend les places, »
avait écrit avant le siége le duc de la Feuillade[1].

La batterie à ricochet, composée de 13 pièces de canon,
commença son feu dans l'après-midi.

Les assiégés discontinuèrent presque entièrement de répondre
au feu du canon des attaques.

27e Nuit (du 28 au 29 juin).

Continuation des sapes de la nuit précédente.

On prit le parti de ralentir considérablement le feu des
batteries de plein fouet, parce qu'elles consommaient en pure
perte une immense quantité de munitions. Quelques jours après,
le feu de ces batteries cessa même tout-à-fait, pour ne pas gêner
les cheminemens et la parallèle en avant, et l'on se reposa, pour
inquiéter les défenses et protéger les travaux, sur les bombes
et les pierres et sur le tir à ricochet. La batterie à ricochet,
qui avait commencé son feu la veille, avait fait immédiatement
beaucoup de mal aux assiégés[2] : aussi ces derniers voulurent-ils
user de représailles et faire concourir à la défense les avantages
de cette espèce de tir ; en conséquence, ils entreprirent dans
la prairie, près de la Doire, en avant des retranchemens du
Valdoc, une batterie de 6 pièces, destinée à battre d'écharpe
et d'enfilade les travaux d'attaque.

28e Nuit (du 29 au 30).

On prolongea les tranchées à l'extrême droite, et l'on avança
un peu les cheminemens vers la demi-lune et le bastion Saint-
Maurice. On ferma la portion de la troisième parallèle entre les
cheminemens de Saint-Maurice et ceux de l'extrême gauche ; de

---

[1] Lettre du 25 février, page 15.

[2] Ces pièces, chargées avec une petite quantité de poudre, ne laissent pas de porter à haute volée, dans nos ouvrages, leurs boulets qu'on appelle *sourds*. Ceux-ci font,
« après leur chute, plusieurs bonds avec si peu de bruit qu'il est fort difficile de s'en garantir. » (*Journal historique*, page 48.)

ce côté, on s'approcha assez près du chemin couvert de la flèche pour que les assiégés jetassent à la main des grenades dans la tranchée. Les cheminemens sur les capitales n'allaient que fort lentement, et les sapeurs n'y pouvaient travailler que de nuit, à cause du canon de la place, qui agissait avec d'autant plus de liberté, qu'il n'y avait plus que 3o pièces de canon tirant contre les défenses, indépendamment des 13 pièces de la batterie à ricochet.

Les défenseurs commencèrent cette nuit à éclairer leurs glacis avec des artifices; et à la lueur d'un grand nombre de pains de goudron enflammés, ils firent un feu très-vif de mousqueterie et de pierriers, qui gêna beaucoup les travaux des assiégeans et leur fit éprouver une perte de 85 tués ou blessés (dont un ingénieur tué).

Au matin, le mineur qui travaillait depuis plus de quatre jours sur la capitale du bastion Amédée, n'était encore qu'à 7 ou 8 toises de l'ouverture : il disait que l'ébranlement causé par le canon et les bombes faisait couler les terres, qui étaient d'une nature sablonneuse, ce qui retardait beaucoup l'ouvrage.

Vers deux heures après midi, les ennemis exécutèrent une sortie par la flèche de l'ouvrage à cornes, avec 100 grenadiers et autant de travailleurs; 2 bataillons avec de la cavalerie sortirent en même temps des retranchemens du Valdoc, et s'avancèrent dans la prairie, menaçant la gauche des attaques. Mais cette sortie, la première un peu considérable que tentèrent les assiégés, leur réussit assez mal : quelques hommes seulement pénétrèrent dans les tranchées, où ils furent tués; le reste fut repoussé avec beaucoup de perte; en outre, plusieurs soldats qui étaient dans les postes avancés profitèrent du désordre de l'action pour déserter, et les Français reçurent ce jour-là 48 déserteurs.

Pendant les quatre jours précédens, la perte des assiégeans

avait été de 304 hommes mis hors de combat, dont 72 tués.

 29ᵉ Nuit (du 30 juin au 1ᵉʳ juillet).

A la lueur du goudron, comme la nuit précédente, les assiégés firent un feu si violent, que les travailleurs jugèrent à propos d'employer, pour se couvrir, des sacs à terre au lieu de gabions; par ce moyen, on prolongea la tranchée de l'extrême droite et les cheminemens en capitale de la demi-lune et du bastion Saint-Maurice, et l'on commença la troisième parallèle au pied de l'avant-glacis de la citadelle.

Cette même nuit, on travailla à exhausser une partie des batteries de plein fouet, dans l'espérance qu'après avoir été relevées elles agiraient plus efficacement contre les ouvrages : aussi, au jour, le feu de ces batteries ne recommença point comme les jours précédens; mais les batteries à ricochet et les mortiers furent servis avec d'autant plus de vivacité, et une bombe fit sauter un des magasins de batterie de la place.

Le matin, les mineurs commencèrent à travailler dans la sape, près de la flèche de l'ouvrage à cornes : on avait renoncé à approcher davantage de cette flèche à ciel ouvert, à cause des grenades que les assiégés jetaient dans la tranchée.

La perte des assiégeans, dans les vingt-quatre heures, fut de 53 hommes, dont 17 tués.

 30ᵉ Nuit (du 1ᵉʳ au 2 juillet).

Malgré le grand feu de mousqueterie de la place, on poussa un peu les sapes de la demi-lune et du bastion Saint-Maurice, ainsi que la troisième parallèle ouverte au pied de l'avant-glacis; sur la gauche, on prolongea le logement qui enveloppait le saillant du chemin couvert de la flèche, et l'on travailla à escarper davantage le talus du ressaut du Valdoc, pour mettre les attaques en sûreté contre les troupes qui pourraient déboucher dans la prairie. Sur la droite, on commença une nouvelle batterie à bombes, en avant de la batterie à ricochet.

6.

Perte des assiégeans, 64 hommes, dont 18 tués.

31ᵉ Nuit (du 2 au 3 juillet).

Continuation des cheminemens en capitale et de la troisième parallèle.

Le feu de mousqueterie des assiégés reprit à l'entrée de la nuit et continua jusqu'au jour, comme à l'ordinaire.

Par la quantité de poudre qui avait été distribuée chaque soir, on calcula, dit un historien du siége[1], qu'il avait été tiré, chaque nuit, 30 mille coups de mousquet; aussi personne dans les tranchées ne pouvait élever la tête au-dessus des parapets sans être à l'instant frappé. Pour répondre à cette mousqueterie, et pour s'en garantir, les attaquans couronnèrent de sacs à terre les parapets de leurs tranchées. De plus, à cette époque du siége, ils donnèrent beaucoup d'activité au feu de leurs mortiers, pierriers et canons à ricochet : ils firent éprouver ainsi aux assiégés une perte assez considérable; car, suivant l'auteur du *Journal historique*, elle alla à une soixantaine d'hommes en deux nuits.

Pendant le jour, le feu cessait presque entièrement de part et d'autre; mais lorsque les assiégeans voulaient pousser leurs sapes en avant, le canon de la place leur faisait bientôt abandonner l'ouvrage.

Les chefs de l'armée française, mécontens du mauvais succès des batteries et de la lenteur qui se manifestait déjà dans les travaux souterrains, commençaient à se plaindre des difficultés du siége, se félicitant seulement du manque de vigueur qu'ils croyaient reconnaître dans les assiégés (52).

Cette même nuit (31ᵉ), les défenseurs, à cause de la proximité des assiégeans, rentrèrent dans le chemin couvert les mortiers, qu'ils avaient tenus jusque-là dans l'avant-chemin couvert,

[1] Tarizzo.

à l'exception de deux, qu'ils laissèrent dans la flèche, au-devant de la demi-lune Saint-Lazare : ces deux mortiers furent employés avec succès pour tourmenter la batterie à ricochet et toute la droite des attaques.

D'un autre côté, la batterie à ricochet du Valdoc, tirant à boulets perdus, incommodait aussi beaucoup les tranchées, mais seulement pendant le jour, parce que la nuit on faisait rentrer les pièces dans les retranchemens, de peur qu'elles ne fussent enlevées par les assiégeans.

La désertion était toujours très-considérable dans la garnison, parce que les troupes piémontaises comptaient un grand nombre de soldats de nouvelle levée, que le duc de Savoie avait fait traîner de force à Turin, et qui désertaient toutes les fois qu'ils en trouvaient l'occasion : il en arrivait moyennement 30 ou 40 par jour.

Les mineurs allaient toujours fort lentement; celui de la droite s'était avancé de 12 toises, celui de la gauche de 6.

La perte des assiégeans fut de 10 hommes tués et 38 blessés.

52ᵉ Nuit (du 3 au 4 juillet).

Continuation de la troisième parallèle. Elle avança beaucoup, malgré le feu redoublé et meurtrier des assiégés, qui, à la lueur des artifices, « ne manquaient pas de profiter des momens « où les travailleurs se découvraient pour poser leurs gabions[1]. »

Une nouvelle batterie à ricochet, de 7 pièces, fut commencée sur la droite.

Au matin, 8 pièces d'une des anciennes batteries de canon qui venait d'être exhaussée, ouvrirent de nouveau leur feu contre la place.

Vers midi, les mineurs assiégeans, qui se dirigeaient sous la flèche de l'ouvrage à cornes, chargèrent leur mine et y don-

---

[1] *Journal historique.*

nèrent le feu dans la crainte du camouflet, parce qu'ils entendaient travailler les ennemis : cette mine, qui était à plusieurs toises de la palissade, ne fit aucun mal aux assiégés ; après l'explosion, les mineurs s'enfoncèrent dans l'entonnoir pour recommencer une nouvelle galerie ; mais ce travail, dans des terres fraîchement bouleversées, présenta encore plus de difficultés qu'auparavant.

La perte des assiégeans fut de 16 hommes tués et 40 blessés.

33ᵉ NUIT (du 4 au 5).

On continua les sapes sous un feu violent de mousqueterie et de grenades ; mais on ne put fermer la troisième parallèle.

On commença, sur sa droite, une nouvelle batterie à bombes.

Au jour, les boulets de la batterie à ricochet des ennemis vinrent fréquemment bondir dans les tranchées, qui en furent fort incommodées.

Perte des assiégeans, 9 hommes tués, 50 blessés.

34ᵉ NUIT (du 5 au 6).

On avança un peu le travail des sapes, mais sans pouvoir parvenir à fermer la troisième parallèle.

Cependant, les mineurs se plaignaient de manquer d'air au fond de la galerie en capitale du bastion Amédée, où les lumières ne brûlaient plus que difficilement ; et comme ils entendaient travailler les ennemis, ils se hâtèrent de charger leur mine et d'y donner le feu. L'explosion, qui eut lieu à six heures du soir, forma, à dix toises de la palissade, un entonnoir que les sapeurs couronnèrent immédiatement ; la galerie des assiégés ne fut nullement endommagée par cette explosion.

Au jour, le duc de la Feuillade revint au siége, de sa personne seulement. Nous avons vu que ce général faisait assiéger par un détachement le château d'Asti, et qu'il s'était porté, avec le reste de ses troupes, devant Cherasco, dont il voulait aussi s'emparer ; mais, après avoir ouvert la tranchée, il avait renoncé à son entreprise, l'ayant trouvée plus difficile qu'il ne se l'était imaginé. Il était entré alors dans le Mondovi, d'où, après avoir mis le pays à contribution, il se proposait de poursuivre le duc de Savoie, espérant forcer ce prince, qui s'était retiré sous Coni, à sortir du Piémont par le Col de-Tende.

La Feuillade était revenu au camp devant Turin pour y recevoir le duc d'Orléans, qui devait y passer en allant prendre le commandement de l'armée d'Italie, auquel il était appelé en remplacement du duc de Vendôme.

Cependant, Chamillart commençait à avoir des inquiétudes au sujet du siége; il écrivit de nouveau au duc de la Feuillade qu'il devait en faire son unique occupation. « Il est certain, « lui mandait-il, que le duc de Savoie et le prince Eugène met- « tront le tout pour le tout pour secourir cette place... Et, d'un « autre côté, M. de Vauban mande à tous ses amis, et dit à qui « veut l'entendre, qu'il veut qu'on lui coupe le cou si l'on prend « Turin par l'endroit où on l'a attaqué (53)[1]. »

35ᵉ Nuit (du 6 au 7 juillet).

On ferma la troisième parallèle, et l'on fit une communication avec le couronnement de l'entonnoir dans lequel le mineur fut établi de nouveau.

Vallière, commandant des mineurs, venait d'arriver au siége avec une troisième compagnie de mineurs forte de 50 hommes; cet officier, qui avait beaucoup de réputation dans son service, proposa d'ouvrir à-la-fois, sur chaque point, deux galeries parallèles à peu de distance l'une de l'autre, de les pousser en avant de 10 ou 12 toises, le plus qu'il serait possible, et de faire jouer la mine simultanément à chaque extrémité; après quoi on recommencerait le même travail.

Par suite de cet avis, on ouvrit deux puits sur la capitale de

---

[1] Nous n'avons pas pu nous procurer l'état des pertes de la 34ᵉ nuit.

la demi-lune, où l'on croyait n'être plus qu'à 7 ou 8 toises de la palissade, quoique la distance fût au moins du double.

Les travaux souterrains présentaient toujours beaucoup de difficultés, à cause de la nature des terres; il fallait les soutenir de demi-pied en demi-pied par des châssis, ce qui exigeait beaucoup de temps et de travail : néanmoins, les chefs de l'armée française jugeaient qu'il n'était pas possible de pousser plus avant les tranchées sans avoir fait fouiller le terrain par les mineurs, et qu'il serait encore plus dangereux de tenter des coups de main contre des avant-chemins couverts que l'on savait être contre-minés (54 et 55).

Perte des assiégeans : 14 hommes tués, 40 blessés.

A cette époque, la consommation de munitions des Français, depuis le commencement du siége, était déjà de 357,260 livres de poudre, 34,606 boulets de 24, 6,682 bombes de 12 pouces, 1,487 bombes de 9 pouces et 6,000 grenades [1].

36° Nuit (du 7 au 8 juillet).

On travailla à ajouter plusieurs traverses tournantes dans la partie gauche de la troisième parallèle, pour s'y préserver des coups de la batterie à ricochet du Valdoc; et comme on savait, par les déserteurs, que les pierres incommodaient beaucoup les ennemis, on travailla, dans la troisième parallèle, à de nouvelles batteries pour 15 ou 20 mortiers ou pierriers.

Les assiégés firent, sur la droite des attaques, une petite sortie de 30 hommes qui brûlèrent et culbutèrent quelques gabions.

Les mineurs de la place s'étant aperçus du travail souterrain des assiégeans sur la capitale de la demi-lune, se mirent en mesure de les prévenir.

Perte des assiégeans : 12 hommes tués, 46 blessés.

---

[1] Suivant un état envoyé par le commandant de l'artillerie.

57ᵉ Nuit (du 8 au 9).

On commença de nouveaux cheminemens en avant de la troisième parallèle, vers la flèche dite de la porte Suzine (entre la citadelle et l'ouvrage à cornes); on continua à marcher en capitale du bastion Saint-Maurice; on ouvrit une nouvelle tranchée sur la droite de la capitale du bastion Amédée, et un boyau sur la gauche de la capitale de la demi-lune, pour se procurer une communication plus commode que celle des zig-zags déjà exécutés.

Le duc d'Orléans, qui était arrivé le 8 au soir, alla le lendemain examiner les retranchemens des assiégés sur la rive droite du Pô; il les trouva plus forts qu'il ne s'y était attendu, et jugea qu'il était impossible d'entreprendre une nouvelle attaque de ce côté, comme M. de Chamillart le proposait (53), parce que les troupes présentes au siége étaient à peine suffisantes pour soutenir les attaques commencées : elles ne se composaient que de 45 bataillons déjà fort affaiblis; la garde de tranchée était toujours de 9 bataillons, auxquels on ajoutait 4 ou 5 compagnies de grenadiers, et les troupes avaient tout au plus trois nuits consécutives de repos (55).

Les assiégés firent deux petites sorties sans résultat.

Perte des assiégeans : 12 hommes tués, 26 blessés.

Il y avait déjà dans les hôpitaux plus de 900 blessés et de 1,100 malades.

38ᵉ Nuit (du 9 au 10).

On commença une nouvelle batterie de 5 mortiers à droite de la capitale du bastion Amédée, et une batterie de canons en avant de la troisième parallèle, pour battre directement la face gauche de la demi-lune; un crochet fut formé à droite de la capitale du bastion Amédée; on ouvrit une tranchée vis-à-vis la flèche Saint-Maurice, dans l'intention d'y établir un mineur; enfin, on continua les cheminemens vis-à-vis la flèche de la porte Suzine.

Grand feu de mortiers et de pierriers contre la place.

Au jour, les assiégés firent jouer trois fougasses sous le glacis de la flèche de l'ouvrage à cornes, pour détruire la galerie des assiégeans : mais celle-ci n'en fut que légèrement endommagée; le seul effet de cette triple explosion fut de briser quelques châssis et de bouleverser une portion de tranchée, sans blesser personne.

Perte des assiégeans : 9 tués, 31 blessés.

Le duc de la Feuillade quitta de nouveau le siége, avec l'autorisation du duc d'Orléans, pour rejoindre sa petite armée, qu'il avait laissée aux ordres du comte d'Aubeterre, maréchal-de-camp, et dans le dessein de faire une nouvelle tentative pour surprendre et entamer le duc de Savoie. Ce prince, après avoir eu un engagement assez vif avec le comte d'Aubeterre, sous les murs de Saluces, était allé s'établir dans une excellente position à Bubiana, au débouché de la vallée de Luserne. La Feuillade l'y poursuivit avec sa cavalerie, laissant presque tout ce qui lui restait d'infanterie pour assiéger le château de Ceva, dont il lui semblait important de se rendre maître, pour s'opposer à l'arrivée des secours que les alliés menaçaient d'envoyer par mer en Italie.

Le comte d'Estaing continuait toujours, avec son détachement, le siége du château d'Asti.

39ᵉ Nuit (du 10 au 11 juillet).

Continuation de la sape et commencement du travail du mineur vis-à-vis du bastion Saint-Maurice; on ouvrit de nouveaux cheminemens vers la flèche de la porte Suzine.

L'artillerie des assiégeans jetait dans les bastions et dans les contre-gardes de la citadelle une grande quantité de bombes qui endommageaient beaucoup les terrassemens de ces ouvrages : néanmoins les assiégés, en portant à 500 le nombre des travailleurs, réussissaient chaque nuit à remettre tout en état; ils parvinrent même à compléter les revêtemens en fascines de la contre-garde Saint-Maurice, mais non sans perte d'un grand nombre de travailleurs tués ou blessés.

Au jour, ils augmentèrent leurs batteries de 6 gros pierriers qui venaient d'être fondus dans la place, et dont l'un avait 18 pouces de diamètre.

Le duc d'Orléans, sur le point de quitter le siége pour se rendre en Lombardie, réunit avant son départ les ingénieurs et les principaux officiers, pour délibérer sur les opérations ultérieures. Dans ce conseil, il fut résolu de continuer les attaques sur le front de la citadelle, et de ne pousser en avant sur la gauche, vers l'ouvrage à cornes et l'enceinte attenante de la ville, qu'autant qu'il serait nécessaire pour n'en pas être incommodé.

Ce prince, en rendant compte des travaux du siége, écrivit qu'on ne devait point se flatter de *pouvoir mettre la citadelle en état d'être emportée* avant le 15 septembre (55).

Perte des assiégeans : 8 hommes tués, 34 blessés.

40ᵉ Nuit (du 11 au 12 juillet).

On travailla à toutes les têtes de sape, mais sans avancer beaucoup l'ouvrage, à cause du feu meurtrier de la place, qui mit cette nuit 95 hommes hors de combat (26 tués, 69 blessés).

41ᵉ Nuit (du 12 au 13).

A huit heures du soir, les assiégeans, à l'attaque de l'ouvrage à cornes, firent jouer, sous l'angle saillant du chemin couvert de la flèche, un fourneau de mine qui enleva les palissades et plusieurs hommes des ennemis. Aussitôt, le chemin couvert et la flèche furent assaillis par 3 compagnies de grenadiers; 30 grenadiers, qui formaient l'avant-garde, entrèrent dans le chemin couvert par l'entonnoir, puis pénétrèrent dans la flèche par la gorge, après en avoir coupé les palissades : ils furent soutenus bientôt par le reste des assaillans. Les ennemis, qui étaient au

nombre de 65, dont 40 dans la flèche, se retirèrent presque
sans résistance. Un feu violent, partant de l'ouvrage à cornes
et de son chemin couvert, fut alors dirigé contre la flèche :
bientôt après, 150 grenadiers se présentèrent pour la reprendre ;
mais, après des efforts inutiles, ils furent obligés de se retirer
avec beaucoup de perte[1].

Après cette action, les assiégés, renonçant à la possession de
la flèche, y firent jouer successivement deux fougasses : l'une
prit feu vers onze heures du soir, au saillant de l'ouvrage, et
ne fit qu'enterrer un ingénieur, qui fut retiré sans aucun mal ;
l'autre joua vers la pointe du jour, dans l'ouvrage même, et n'at-
teignit personne, parce que le logement commencé dans l'intérieur n'était pas encore en état. On en avait, à la fin de la nuit,
retiré les grenadiers et les travailleurs. En résultat, les assiégeans
ne parvinrent, cette nuit, qu'à s'établir dans l'angle du chemin
couvert, où ils avaient été garantis, par le relief de la flèche,
des feux de l'ouvrage à cornes ; au jour, ils ne laissèrent que
10 hommes dans ce logement.

Ils travaillèrent, la même nuit, aux sapes de la demi-lune et
du bastion Saint-Maurice.

La perte des assiégeans, pendant les 24 heures, fut de 140
hommes, dont 30 tués et 110 blessés. Sur ce nombre, 66 hommes,
dont 6 officiers, avaient été tués ou blessés à l'attaque de la flèche,
quoique la première action pour l'enlèvement de l'ouvrage n'en
eût coûté que 7 à 8. La perte des assiégés, due en grande partie
à leurs efforts pour reprendre la flèche, fut de 64 hommes tués,
blessés ou prisonniers ; ils eurent en outre, cette nuit et la suivante, 80 déserteurs.

Généralement, la moitié des hommes mis hors de combat parmi

---

[1] Cette action est détaillée dans deux lettres, dont l'une est écrite par le colonel de
tranchée. Ces lettres s'accordent pour en fixer l'époque à la nuit du 12 au 13, tandis
que les relations imprimées la rapportent à la nuit précédente.

les assiégeans avaient été atteints par les pierres ; aussi les assiégés,
informés du grand effet de leurs pierriers, en augmentèrent encore le feu ; mais ils diminuèrent celui de leur canon, afin de
ménager la poudre.

Le comte d'Estaing s'empara, ce jour-là, du château d'Asti,
dont la garnison, composée d'un faible bataillon, fut prison-
nière de guerre.

42ᵉ Nuit (du 13 au 14 juillet).

Les assiégeans se logèrent dans la flèche de l'ouvrage à cornes,
étendirent leur logement dans le chemin couvert de cet ouvrage,
et le relièrent avec les tranchées en arrière; ils travaillèrent aux
sapes devant la citadelle.

Au matin, ils firent jouer successivement deux fourneaux en
capitale du bastion Amédée, mais sans endommager la galerie
des assiégés. Après l'explosion, ils travaillèrent à couronner les
entonnoirs avec des sacs à laine, sans pouvoir terminer entièrement
ce travail dans la journée, à cause du grand feu de la place.

Les défenseurs, inquiets du travail des mineurs assiégeans en
avant de la flèche de la demi-lune, donnèrent le feu au fourneau qu'ils avaient préparé à la pointe de leur galerie capitale
basse, à 6 toises et demie sous terre. L'explosion produisit un
entonnoir de plus de 10 toises de diamètre, creva les deux
galeries des assiégeans, étouffa un de leurs mineurs, bouleversa
quelques gabions, et enterra 6 grenadiers, mais sans leur faire
aucun mal. Immédiatement après, les assiégés firent sur ce point
une sortie de 60 grenadiers, qui réussirent à endommager un
peu les tranchées; quelques hommes pénétrèrent même jusque
dans la batterie de mortiers qui était dans la troisième parallèle.

Les mineurs de la place étant rentrés dans la galerie capitale de la demi-lune une heure après l'explosion, n'y trouvèrent
d'abord aucune mauvaise odeur ; les lampes étaient même encore
allumées contre l'étançonnement : mais, une heure et demie plus

tard, ceux qui voulurent y rentrer furent aussitôt asphyxiés, et, deux ou trois jours après, il n'était point encore possible de pénétrer dans cette galerie.

Les mineurs assiégeans se remirent à l'ouvrage, pour réparer le désordre de leur galerie; mais leur travail se trouvait retardé de plusieurs jours.

Perte des assiégeans, 19 hommes tués, 65 blessés.

43ᵉ Nuit (du 14 au 15 juillet).

On travailla à étendre et à perfectionner le logement des assiégeans dans la flèche de l'ouvrage à cornes, ainsi que la communication en arrière; et de chaque côté de cette communication, on ouvrit une tranchée pour une nouvelle batterie. On poussa en avant les cheminemens vers la flèche de la porte Suzine, et l'on prolongea les sapes, à droite et à gauche de la capitale du bastion Amédée, et à gauche de la capitale du bastion Saint-Maurice. Enfin, on commença une nouvelle batterie sur le bord de l'escarpement, à la gauche de la première parallèle, pour contrebattre la batterie à ricochet des assiégés, qui incommodait toujours beaucoup les tranchées.

Perte des assiégeans : 18 hommes tués, 66 blessés.

44ᵉ Nuit (du 15 au 16).

On continua les sapes contre l'ouvrage à cornes, et l'on commença 3 nouvelles batteries destinées contre cet ouvrage, une de mortiers et une de canons sur la droite de la communication de la flèche, et une autre de mortiers sur la gauche, près de l'escarpement. On poussa les cheminemens vers la flèche de la porte Suzine, et l'on prolongea, dans l'intention de rejoindre ces cheminemens, la tranchée ou demi-place d'armes, à gauche de la capitale du bastion Saint-Maurice.

Les assiégés reçurent cette nuit, par la porte du Pô, un convoi de 28 mulets chargés de poudre.

Perte des assiégeans : 15 hommes tués, 85 blessés.

45ᵉ Nuit (du 16 au 17 juillet).

Les assiégeans perfectionnèrent le cheminement en sape debout, avec traverses tournantes, dirigé vers l'ouvrage à cornes, le long du rideau, et lui firent une communication avec leur logement à la gorge de la flèche; ils continuèrent les cheminemens vers la flèche de la porte Suzine; ouvrirent, à droite de la capitale du bastion Saint-Maurice, une grande tranchée pour une batterie destinée contre la face droite de la demi-lune de secours, et commencèrent une nouvelle batterie de 3 pièces contre l'ouvrage à cornes, à la suite de la batterie de 5 pièces destinée à contrebattre les pièces à ricochet des assiégés.

Cette même nuit, ils conduisirent le canon à la nouvelle batterie, qui devait agir directement contre la face gauche de la demi-lune [1]. Au point du jour, une des pièces s'étant trouvée encore en chemin, on voulut inutilement la cacher avec des fascines; elle fut mise hors de service par le canon et par les bombes de la place, et resta abandonnée dans l'endroit où elle se trouvait.

Les assiégés s'occupaient depuis plusieurs jours à pratiquer des puits pour donner de l'air à leurs galeries de mines. Des criminels, au péril de leur vie, s'employèrent, pour obtenir leur grâce, à retirer les morts qui étaient restés dans la galerie de la demi-lune, étouffés par le mauvais air.

Vers le soir, les mineurs attaquans, faute d'air, et dans la crainte du camouflet, firent jouer un fourneau au bout de leur galerie en capitale du bastion Saint-Maurice, mais sans aucun résultat, car la galerie ennemie n'en fut pas entamée.

Perte des assiégeans : 8 hommes tués, 49 blessés.

46ᵉ Nuit (du 17 au 18).

On prolongea jusqu'à la troisième parallèle les tranchées où

[1] Cette batterie ne commença cependant son feu que beaucoup plus tard (la 56ᵉ nuit), en même temps que celle qui fut élevée contre l'autre face de la demi-lune.

se trouvaient les deux batteries destinées contre la demi-lune de secours : ce travail fut exécuté sous une grêle de pierres et de grenades.

La batterie de 5 pièces, à gauche de la première parallèle, ouvrit son feu, à la pointe du jour, contre la batterie à ricochet du Valdoc.

Les assiégés s'efforcèrent de rendre praticables les galeries en capitale de la demi-lune, en y injectant de l'air avec des soufflets, par le moyen de longs tuyaux en fer-blanc.

Au jour, le duc de la Feuillade revint au siége avec la plus grande partie de ses troupes, sans avoir pu obtenir aucun avantage sur le duc de Savoie. Ce prince, acculé à Bubiana, dans la vallée de Luserne, avait fait mettre pied à terre à sa cavalerie, et avait envoyé ses chevaux au pâturage dans les montagnes; puis, avec le secours de 12 à 15 cents habitans armés, il s'était si bien retranché, que le duc de la Feuillade, presque sans infanterie, n'avait pas jugé à propos de l'attaquer. Ce général ne ramenait devant Turin qu'une partie de ses troupes, 8 bataillons étant restés pour occuper le pays de Saluces et le Mondovi, et pour continuer le siége de Ceva. Il trouva que, pendant son absence, les attaques avaient fait bien peu de progrès; ce qu'il attribuait sur-tout à la lenteur des travaux souterrains. Il écrivit néanmoins au ministre que cette lenteur ne mettait aucune incertitude dans la réussite. « Toutes les fois, ajoutait-il, que les « ennemis ont osé faire des sorties, il paraît beaucoup de mollesse « dans la garnison; mais la défense de l'art fait voir que celui « qui est dedans est fort intelligent, et qu'il a des gens capables « pour l'aider (59). »

Cependant le prince Eugène avait passé l'Adige du 6 au 12 juillet, malgré le duc de Vendôme, qui s'était flatté de le retenir pendant toute la durée du siége sur la rive gauche de cette rivière. Il avait passé ensuite successivement, et sans

coup férir, le canal Blanc, le Tartaro et le Pô (les 14, 15
et 16 juillet), et levé ainsi une partie des obstacles qui pouvaient l'empêcher de se porter au secours des assiégés; aussi,
à la cour, on commençait à concevoir de grandes inquiétudes :
le ministre recommandait de presser davantage les travaux, et
se plaignait des ingénieurs, des officiers d'artillerie et des mineurs, ainsi que du peu de concert qu'ils mettaient dans leurs
opérations (60); on blâmait généralement le duc de la Feuillade
pour avoir inutilement poursuivi le duc de Savoie, au lieu
d'être resté devant la place; et comme Vauban, toutes les fois
qu'il en trouvait l'occasion, ne manquait pas d'écrire [1] sa façon
de penser, toujours peu favorable aux opérations et au succès
du siége, on commençait à croire, un peu tard, qu'il pouvait
bien avoir eu raison. « On ne prendra pas Turin par où on l'at-
« taque, disait-il, si la garnison fait son devoir, chose dont il
« me paraît qu'elle s'occupe assez bien, et l'on aurait bien de la
« peine à réussir présentement par les Capucins, à cause de la
« faiblesse de l'armée. »

Le soir, 40 mulets chargés de poudre furent introduits dans
la place.

Perte des assiégeans : 13 hommes tués; 61 blessés.

47ᵉ Nuit (du 18 au 21 juillet).

Pour appuyer de plus près l'attaque projetée des flèches, on
commença une demi-parallèle vis-à-vis des deux flèches de la
demi-lune de secours et du bastion Saint-Maurice.

Les mineurs continuaient à pousser leurs galeries vers les
saillans, mais seulement sur les capitales de la demi-lune et
du bastion Amédée.

La batterie à la gauche de la première parallèle fit taire
pendant le jour la batterie à ricochet du Valdoc; les assiégés

---

[1] De Dunkerque, où il avait un commandement.

furent même obligés, à la fin de chaque nuit, d'en retirer tout-
à-fait les pièces, et de les faire rentrer dans les retranchemens [1].

Perte des assiégeans : 13 hommes tués, 57 blessés.

48e NUIT (du 19 au 20).

On acheva presque entièrement la demi-parallèle de la veille,
et l'on commença à jeter dans les flèches une grande quantité
de bombes. Le duc de la Feuillade fit travailler à exhausser
et à rétablir deux des anciennes batteries de la première parallèle, pour battre de nouveau directement les bastions et les
contre-gardes.

La galerie de contre-mines en capitale de la demi-lune était
encore tellement infectée, que deux mineurs de la place y pé-
rirent en voulant travailler à un fourneau.

Perte des assiégeans : 12 hommes tués, 48 blessés.

49e NUIT (du 20 au 21).

La demi-parallèle fut complètement fermée.

Pour préparer l'attaque des flèches, on redoubla le feu des
batteries à ricochet et des batteries de mortiers. Ces dernières
jetèrent pendant la nuit 300 bombes et une grande quantité
de pierres; aussi l'artillerie de la place cessa presque entièrement son feu, et les flèches furent tellement bouleversées par
les bombes, qu'au jour elles furent évacuées par les assiégés.

Au matin, les nouvelles batteries de canons et de mortiers
ouvrirent leur feu contre l'ouvrage à cornes, ainsi que les trois
pièces de droite de la batterie à gauche de la première parallèle; les cinq pièces de gauche de cette dernière batterie tirèrent contre les retranchemens du Valdoc, derrière lesquels
étaient campées quelques troupes de la garnison; enfin deux

---

[1] On a vu que, dans les commencemens, cette batterie ne tirait que de jour, et
qu'on faisait, au contraire, rentrer les pièces la nuit, de crainte d'une attaque de vive
force : il paraît que depuis on avait fortifié la batterie de manière à pouvoir y laisser les
pièces la nuit.

des anciennes batteries, réparées et exhaussées, tirèrent contre
les bastions et les contre-gardes.

Perte des assiégeans : 26 hommes tués, 103 blessés.

50ᵉ Nuit (du 21 au 22 juillet).

On continua à tourmenter sans relâche, à force de bombes,
les trois flèches de la citadelle. Il avait été résolu de les enlever de vive force aussitôt après l'explosion qui allait avoir lieu
des deux fourneaux de mine sur les capitales du bastion Amédée et de la demi-lune de secours, et quel que fût l'effet de
ces fourneaux. Ils jouèrent vers minuit ; l'entonnoir de droite
se fit à 5 toises du saillant ; celui du centre enleva les palissades ; mais aucun des deux n'endommagea les galeries de la
place. Bientôt après, au signal de 4 bombes, 12 compagnies
de grenadiers se précipitèrent dans les flèches ; les assiégés,
qui ne voulaient point les défendre de pied ferme, n'avaient
laissé dans chacune qu'un lieutenant et 8 hommes, qui furent
à l'instant pris ou tués. Les ouvrages en arrière firent alors un
feu très-vif de mousqueterie, de pierriers et de canon, sur les
attaquans, ce qui néanmoins ne les empêcha pas d'exécuter
leurs logemens. Il avait été convenu, pour éviter les fourneaux
de mine, que ces logemens seraient établis au-devant de la gorge
des flèches, ce qui fut fait à la droite et à la gauche ; au centre
seulement, on se logea dans l'intérieur de l'ouvrage : enfin les
assiégeans furent assez heureux pour couper immédiatement les
saucissons des fougasses que les ennemis avaient préparées sous
les flèches, ce qui rendit ces fougasses inutiles. Leur perte,
dans cette attaque et pendant toute la nuit, fut de 60 hommes
tués ou blessés, dont 2 ingénieurs.

Les mortiers, les pierriers, la batterie à ricochet et la mousqueterie de la troisième parallèle, ne cessèrent d'agir avec beaucoup de vivacité pendant toute la nuit, et, en ralentissant le
feu de la place, contribuèrent beaucoup à faciliter les logemens.

8.

Le lendemain, à trois heures après midi, les assiégés firent jouer un fourneau sur la gauche de la flèche du bastion Amédée ; ce fourneau bouleversa un boyau attenant à une batterie de petits mortiers, et y enterra plusieurs grenadiers, dont quelques-uns furent étouffés. Aussitôt après l'explosion, 250 grenadiers, avec autant de fusiliers, débouchèrent de la citadelle pour reprendre les flèches ; 8 bataillons étaient postés dans les chemins couverts pour les soutenir, et 400 chevaux sortirent en même temps par la porte neuve (à gauche de la citadelle), et s'avancèrent en menaçant la droite des attaques, pour retenir les assiégeans dans leurs tranchées. A la faveur de la confusion produite par la mine, les assiégés s'emparèrent d'abord des nouveaux logemens de la flèche du bastion Amédée, renversèrent des portions de parapet, brûlèrent quelques gabions, et commencèrent même à s'établir dans la flèche avec des sacs à laine ; mais, au bout d'un quart d'heure, attaqués avec vigueur par les assiégeans, ils furent forcés, après un sanglant combat de deux heures, de se retirer dans la place, et, à l'aide de 100 travailleurs armés, les assiégeans eurent bientôt réparé tout le dommage qui avait été fait dans leurs tranchées.

La perte totale des assiégeans, pendant les vingt-quatre heures, fut de 301 hommes tués ou blessés, dont 18 officiers ; celle des assiégés fut de plus de 100 hommes mis hors de combat.

A cette époque, il ne restait plus dans la place que 121,600 livres de poudre (8,000 rubbi) ; mais, comme la place n'était pas investie, les assiégés comptaient en recevoir par le côté de la montagne ; ils cherchèrent néanmoins à en réduire la consommation journalière[1].

51e Nuit (du 22 au 23 juillet).

On acheva les logemens commencés à la gorge des flèches,

---

[1] Lettre du directeur des finances de Turin au duc de Savoie, du 1er août. (*Journal militaire de Vienne*, 1818, 1re livraison.)

et ces ouvrages furent réunis avec les tranchées en arrière., et
fortifiés à leur gorge de manière à tenir lieu de bonnes redoutes
contre la place. Au jour, les travailleurs trouvèrent dans la
flèche du centre un soupirail de mines d'un pied et demi de
largeur : les ingénieurs en sondèrent avec un plomb la profondeur, qui se trouva être de 3o pieds, d'où ils conclurent que
ce soupirail servait à la galerie basse des ennemis; et comme
on ne voyait pas moyen de s'emparer de cette galerie, on prit
le parti de la crever en y jetant par cette ouverture deux ou
trois bombes et un baril de poudre (61).

Le soir, les assiégés firent jouer un grand fourneau sous
le saillant de l'avant-glacis du bastion Amédée. Ce fourneau
étouffa deux mineurs des assiégeans, qui, partis de l'entonnoir
voisin, dirigeaient de chaque côté un rameau pour percer la
galerie capitale; il bouleversa aussi quelques toises de logement.

Perte des assiégeans : 3o hommes tués et 8o blessés.

52ᵉ Nuit (du 23 au 24).

On amorça une quatrième parallèle en avant de la flèche du
centre, sur 15 toises environ de longueur de chaque côté de la
communication.

Au jour, on recommença le même feu de canon que les jours
précédens, en augmentant encore le nombre des pièces qui
battaient la contre-garde Saint-Maurice; mais il paraît que notre
batterie à ricochet ne fut servie qu'avec beaucoup de lenteur
(suivant le rapport des assiégés).

Après la prise des flèches, les mineurs assiégeans avaient
commencé des puits dans les doubles caponnières qui condui-
saient de la place à ces ouvrages; il avait été décidé qu'on ouvrirait de ces puits à-peu-près de 15 toises en 15 toises, dans
la quatrième parallèle, au fur et à mesure de son avancement,
et qu'après s'être enfoncé par-tout jusqu'au niveau de l'eau, on
cheminerait vers la place de manière à embrasser le système

des contre-mines; chaque puits devait avoir une toise carrée d'ouverture.

Perte des assiégeans : 14 hommes tués , 47 blessés.

53ᵉ Nuit (du 24 au 25 juillet).

On ouvrit la quatrième parallèle sur environ 13 toises de longueur, à gauche de la capitale du bastion Amédée , et sur 20 toises, à droite de la capitale du bastion Saint-Maurice, et on la prolongea d'environ 8 toises de chaque côté de la capitale de la demi-lune; on poussa une nouvelle sape vers l'ouvrage à cornes, et l'on fortifia la flèche occupée en revêtant sa gorge en fascines et approfondissant ses fossés.

Les assiégés, à cause de la proximité des attaques, retirèrent de leurs chemins couverts l'infanterie qui faisait feu sur les approches pour l'établir dans les contre-gardes et dans la demi-lune; ils firent rentrer les pièces qu'ils avaient dans ces chemins couverts, parce qu'ils jugeaient d'ailleurs que celles qui étaient dans les ouvrages pouvaient désormais agir aussi efficacement sur les attaques. Ces dispositions servirent en même temps (dit le *Journal historique*) à rendre plus libre la communication de la place avec les chemins couverts. En outre , les défenseurs palissadèrent les pieds des contre-gardes, coupèrent par des traverses les fossés de la demi-lune et du corps de place, et ouvrirent des meurtrières pour défendre les angles saillans[1]. Enfin , sous terre, indépendamment de plusieurs travaux pour aérer leurs galeries et y préparer des fourneaux, ils commencèrent, à partir de la galerie capitale haute de la demi-lune, un rameau d'écoute pour aller au-devant du mineur assiégeant.

Perte des assiégeans : 13 hommes tués, 50 blessés.

54ᵉ Nuit (du 25 au 26)

Continuation de la quatrième parallèle.

---

[1] (*Journal historique,* page 76.) Ces meurtrières furent probablement ouvertes dans les arrondissemens de contrescarpe, de chaque côté des entrées des galeries de mine.

Les assiégés placèrent un soufflet avec des tuyaux de fer-blanc dans la galerie capitale basse de Saint-Maurice, afin de renouveler l'air dans cette galerie, qui était inhabitable.

Perte des assiégeans : 12 hommes tués, 46 blessés.

55ᵉ Nuit (du 26 au 27 juillet).

Continuation de la quatrième parallèle.

Sur la gauche du front d'attaque, on entreprit la construction d'une nouvelle batterie de 6 pièces destinée contre la demi-lune collatérale dite Saint-Maurice.

Perte des assiégeans : 9 hommes tués, 67 blessés [1].

56ᵉ Nuit (du 27 au 28).

Continuation de la quatrième parallèle ; on ouvrait de nouveaux puits au fur et à mesure qu'elle se prolongeait.

Comme le travail des mineurs, qui allait toujours fort lentement, était la principale cause du peu de progrès des attaques, Gévaudan, officier général, proposa de réunir les eaux qui se trouvaient à la Porporata, de les conduire vers la place, et de s'en servir pour noyer les mines de l'ennemi. Cet expédient fut approuvé, et l'on commença aussitôt une rigole pour amener ces eaux dans le soupirail qui avait été découvert au-devant de la flèche de la demi-lune de secours.

Lorrières d'Astier, un des principaux brigadiers des ingénieurs, après avoir déjà émis précédemment l'avis de négliger les mines de l'avant-glacis, proposa encore de ne pas se laisser arrêter par celles du glacis, et d'attaquer immédiatement le chemin couvert, de vive force, pour en exécuter, aussitôt après, le couronnement sur toute son étendue ; il ajouta qu'on ouvrirait ensuite dans ce couronnement 12 ou 15 puits, pour chercher en diligence les galeries des ennemis, et que, soit qu'on les trouvât ou non, on ferait jouer, à-peu-près au niveau de l'eau,

---

[1] Passé cette époque, les documens originaux ne donnent plus l'état des pertes journalières.

de gros fourneaux, de manière à remuer tout le terrain; après
quoi on pourrait établir en sûreté les batteries de brèche : il
pensait que, dans l'intervalle, il y avait peu de chose à craindre
des contre-mines, par la raison que l'assiégé voudrait probablement attendre que les batteries de brèche fussent armées
pour faire jouer ses fourneaux; qu'en supposant même qu'il les
fît jouer avant qu'on lui en eût ôté la possibilité, les assiégeans y
gagneraient encore, non-seulement du temps, mais des hommes;
parce que l'on perdait plus de monde dans une nuit ordinaire
de tranchée que l'on n'en pouvait perdre par l'effet de la plus
grosse mine.

L'ingénieur en chef Tardif donna bientôt après un avis ana-
logue, en remettant toutefois l'attaque du chemin couvert après
l'achèvement de la quatrième parallèle (63 et 66).

A la pointe du jour, deux batteries nouvelles ouvrirent leur
feu contre la demi-lune de secours : l'une de 7 pièces, contre
la face droite, l'autre de 10 pièces, contre la face gauche.

Quatre grandes batteries de canon de la deuxième parallèle
avaient recommencé à tirer contre les bastions et les contre-
gardes; mais quoique le sol de ces batteries eût été relevé à-peu-
près au niveau du terrain, elles ne paraissaient pas produire
beaucoup plus d'effet qu'auparavant.

Il y avait, à cette époque du siége, 105 pièces de canon et
33 mortiers faisant feu contre la place; les pièces de canon
étaient réparties comme il suit :

> 4 batteries de la deuxième parallèle, tirant aux bastions et aux
> contre-gardes, de 10 pièces chacune; ensemble..... 40 pièces.
> 3 batteries à ricochet; ensemble.................... 20
> 2 batteries contre la demi-lune de secours, l'une de
> 10 pièces, l'autre de 7 pièces; ensemble.......... 17
> Batterie contre l'ouvrage à cornes. 9
> Batterie à la gauche de la première parallèle........ 7
>   105 pièces.

Le duc de la Feuillade revint ce jour-là au siége, dont il s'était absenté depuis quelques jours pour aller conférer avec le duc d'Orléans, au sujet des mesures à prendre contre le prince Eugène, qui était alors du côté de Parme, et semblait vouloir marcher en Piémont par la rive droite du Pô. Par suite de cette conférence, il détacha, au secours du duc d'Orléans, 5o escadrons de cavalerie, et prit le parti de faire lever le siége du château de Ceva et d'abandonner le pays de Saluces et de Mondovi, afin de réunir toute son infanterie devant Turin, où il n'avait alors que 57 bataillons (sur 65); il sentait enfin la nécessité de pousser plus vivement les attaques et même d'investir complétement la place, ce qu'il se proposait de faire avec l'aide des troupes qui allaient revenir au siége.

Depuis le commencement du siége, les assiégeans avaient eu 3,000 hommes tués ou blessés; 5oo blessés étaient morts de leurs blessures, et il y avait dans les hôpitaux 1,800 malades[1].

57e Nuit (du 28 au 29 juillet).

Continuation de la quatrième parallèle, qui se trouve achevée entre la demi-lune de secours et le bastion Saint-Maurice.

Grand feu d'artillerie contre la place pendant toute la nuit.

Les assiégés, au contraire, diminuèrent leur feu pour économiser la poudre, dont ils bornèrent la consommation journalière de 4,5oo à 5,5oo livres (de 3oo à 35o rubbi). Ils firent jouer, sans résultat, un petit fourneau de mine en avant du chemin couvert du bastion Amédée.

58e Nuit (du 29 au 3o).

On continue la quatrième parallèle entre la demi-lune et le bastion Amédée.

Sur la gauche, la tranchée n'était plus qu'à une très-petite distance du chemin couvert de l'ouvrage à cornes; mais on avait

---

[1] Cette évaluation ne comprend ni les déserteurs, ni les pertes faites par les corps que le duc de la Feuillade avait détachés du siége.

suspendu les travaux., parce que le feu de cet ouvrage était complétement éteint , de manière qu'il n'incommodait nullement les attaques.

Les assiégés construisirent, dans les places d'armes saillantes et rentrantes du chemin couvert, des *coffres* ou réduits en charpente *pour pouvoir défendre leur contrescarpe après que les assiégeans se seraient établis le long de la palissade*[1]. Ces réduits étaient en communication immédiate avec le fond du fossé, par le moyen de rampes ou d'escaliers.

Ils travaillèrent aussi à une coupure dans l'ouvrage à cornes.

Au jour, ils firent jouer un fourneau en tête de la galerie capitale basse de Saint-Maurice, sous le saillant de la flèche ; les assiégeans furent surpris de cette explosion, qui eut lieu fort en arrière de leurs travaux avancés : elle n'aboutit d'ailleurs qu'à crever d'anciennes galeries abandonnées, à endommager un peu la tranchée, et à enterrer un soldat qui fut peu après dégagé sans avoir eu aucun mal.

59ᵉ Nuit (du 3o au 31 juillet).

On travailla à perfectionner la quatrième parallèle et à y faire des banquettes.

La cavalerie des assiégés, après avoir fait un fourrage entre Castillon et Saint-Maur, réussit à introduire dans la place plus de 100 mulets chargés de poudre, envoyés de Cherasco par le duc de Savoie.

60ᵉ Nuit (du 31 juillet au 1ᵉʳ août).

On déboucha de la quatrième parallèle par quatre endroits à-la-fois; on s'approcha aussi de l'ouvrage à cornes, en cheminant vers le pied du glacis.

A cette époque (1ᵉʳ août), en raison de la quantité de poudre qui avait été introduite dans la place, et de celle qui y avait été

---

[1] *Journal de Vienne*, 4ᵉ livraison, 1818, page 188.

fabriquée, il s'en trouvait encore dans les magasins 115 milliers, c'est-à-dire, à-peu-près autant que neuf jours auparavant[1].

Le gouverneur écrivit au duc de Savoie que, s'il n'avait pas été forcé de ménager autant les munitions, les ennemis seraient beaucoup moins avancés; qu'il fallait absolument réserver une certaine quantité de poudre pour s'opposer à la construction des batteries de brèche et pour soutenir les assauts; que les brèches ne seraient que trop faciles à ouvrir, parce que les maçonneries étaient de mauvaise qualité; et qu'enfin les contre-gardes seraient d'autant plus difficiles à bien défendre, que leurs parapets, faute de temps, avaient été formés de terres non passées à la claie, qui étaient mêlées de beaucoup de cailloux.

61ᵉ Nuit (du 1ᵉʳ au 2 août).

On continua les sapes de la nuit précédente, et l'on amena 40 mortiers dans la quatrième parallèle.

Les assiégés brûlèrent avec des artifices quelques gabions des tranchées les plus voisines de l'ouvrage à cornes.

Au jour, le mineur qui travaillait au puits ouvert dans la double caponnière de Saint-Maurice, arriva sans obstacle sur la galerie de contre-mines, à 26 pieds environ de profondeur. On fit casser la maçonnerie de la voûte; puis un sergent et un mineur entrèrent dans la galerie, et enlevèrent les saucissons de l'ennemi : à la vérité, il fallut bientôt après les aider à se retirer en toute diligence, à cause du mauvais air; mais ils rentrèrent ensuite, et s'établirent définitivement dans cette partie de la galerie.

Le puits qui avait été ouvert dans la communication du centre n'avait encore que 20 pieds de profondeur, lorsque les mineurs qui y travaillaient reçurent le camouflet : ils en furent étouffés, et leur puits très-endommagé.

Toute l'infanterie qui avait été détachée de l'armée étant de

---

[1] Pendant tout le siége on fabriqua dans la place 64 milliers de poudre (2,800 rubbi), à force de bras, faute d'eau et de machines. (TARIZZO.)

9.

retour au siége, le duc de la Feuillade fit passer sur la rive droite 16 bataillons, qui furent bientôt suivis de 4 autres.

62ᵉ Nuit (du 2 au 3).

A une heure après minuit, les assiégeans attaquèrent le chemin couvert de l'ouvrage à cornes. Cette entreprise, secondée par une démonstration d'attaque sur la citadelle, réussit complètement. Le couronnement fut exécuté avec une perte de 30 à 35 hommes seulement, malgré le grand feu de la place. De cet établissement, ils parvinrent ensuite facilement à brûler les fascines qui formaient le revêtement de l'ouvrage à cornes.

Le même jour, ils firent arriver les eaux venant de la Porporata dans le soupirail ou puits d'aérage qui avait été découvert dans l'intérieur de la flèche de la demi-lune de secours : l'eau, après avoir coulé pendant plusieurs heures, remplit le puits jusqu'au niveau de la tranchée; on arrêta alors l'écoulement, jusqu'à ce que les eaux eussent baissé, ce qui eut lieu bientôt après; puis on les fit couler de nouveau, et ainsi de suite, en continuant la même manœuvre. On espéra que, par ce moyen, on pourrait noyer non-seulement la galerie capitale, qui recevait directement les eaux, mais encore les autres galeries à proximité (67).

Pendant la nuit, les assiégés coupèrent les arbres et les vignes au-devant de leurs retranchemens de la rive droite.

63ᵉ Nuit (du 3 au 4 août).

Continuation des sapes sur les glacis. Les assiégeans transportèrent aux attaques de la citadelle, dans la quatrième parallèle, les mortiers qui étaient vis-à-vis la porte Suzine, et jetèrent pendant la nuit force bombes et pierres dans les ouvrages.

Les ennemis, avec l'aide d'un détachement de la garnison, composé de 100 chevaux et de 200 grenadiers, qui s'était avancé sur la rive droite du Pô jusqu'à Notre-Dame-du-Pilon, avaient encore réussi la nuit précédente à faire entrer dans la place un convoi de 100 mulets chargés d'environ 12 mille livres de poudre

(800 rubbi); mais ce fut le dernier qui put parvenir aux assiégés, parce que les troupes qui étaient passées sur la rive droite, au nombre de 20 bataillons, s'établirent, cette nuit, à proximité des ouvrages, et de manière à leur couper toute communication avec le dehors : après quoi ils commencèrent aussitôt tout autour une ligne de circonvallation formée de retranchemens continus, flanqués de distance en distance par des redoutes, qui furent armées de pièces de campagne. Cette ligne fut appuyée au Pô, de part et d'autre de la place, à Notre-Dame-du-Pilon et à Cavoretto, où des ponts furent établis pour assurer les communications avec la rive gauche.

C'est de ce jour seulement que l'on peut dater l'entier investissement de Turin.

Cependant les mineurs continuaient leur travail dans la quatrième parallèle : indépendamment des trois puits ouverts dans les communications des flèches, ils en avaient entrepris huit autres, dont les profondeurs étaient de 18 à 23 pieds; il n'en restait plus que quatre à ouvrir dans la partie comprise entre la demi-lune de secours et le bastion Amédée. Enfin, on avait commencé un puits dans les tranchées, près de la flèche de la porte Suzine, dans l'intention de diriger un rameau pour faire sauter ce petit ouvrage. En s'enfonçant dans le puits ouvert sur la capitale du bastion Amédée, le mineur arriva dans la galerie basse des assiégés, à 38 pieds de profondeur. Les assiégeans entrèrent dans cette galerie, dont ils enlevèrent le saucisson; mais, arrêtés par une barricade, ils se bornèrent à s'établir derrière un parapet en sacs à terre, qu'ils firent à 5 ou 6 pieds de l'ouverture.

La lenteur des travaux répandait beaucoup de découragement et de mécontentement dans l'armée. Comme il arrive dans les mauvais succès, chacun se plaignait de tous les autres; mais on accusait sur-tout les artilleurs et les ingénieurs. Ceux-ci ne s'accordaient pas entre eux, et n'obéissaient qu'avec répugnance au sieur Tardif, leur chef, qu'ils accusaient de lenteur et d'incapacité; enfin, ils se trouvaient déjà très-fatigués de service, parce que, de 48 qu'ils étaient au commencement du siége, il n'en restait plus que 25 en état de monter la tranchée (69).

« Il ne faut pas croire, écrivait un officier général (64), que les « hommes aient ici la même vigueur de corps dans les grandes « chaleurs, comme ils pourraient l'avoir dans un autre pays moins « chaud, et qu'ils puissent faire les mêmes efforts pendant trois « mois, qu'ils faisaient pendant quinze jours que duraient les an-« ciens siéges. Ajoutez que l'émulation était bien différente dans « les troupes, dans l'artillerie, et parmi les ingénieurs, de ce « qu'elle est aujourd'hui. »

Les assiégés mirent des portes volantes dans leurs galeries basses, qui étaient peu habitables, pour y faciliter le renouvellement de l'air.

64ᵉ Nuit (du 4 au 5 août).

Grand feu de mortiers contre la citadelle; on vit en l'air jusqu'à 20 et 26 bombes à-la-fois, et ces projectiles endommagèrent beaucoup les terrassemens des ouvrages. L'attaque du chemin couvert fut résolue pour le lendemain.

Les assiégeans et les assiégés firent, pendant toute la journée, de grands préparatifs, les uns pour l'attaque du chemin couvert, les autres pour sa défense.

65ᵉ Nuit (du 5 au 6 août).

L'attaque du chemin couvert eut lieu à l'entrée de la nuit. Au signal de cinq coups de canon, 20 compagnies de grenadiers débouchèrent de la quatrième parallèle par des intervalles disposés à cet effet, et ils allèrent se poster contre les palissades, d'où ils firent feu à bout touchant sur les défenseurs du chemin couvert : ceux-ci, après avoir essuyé une double décharge de mousqueterie, abandonnèrent le chemin couvert, et même les réduits des places d'armes saillantes; et les nôtres travaillèrent aussitôt à se loger sur les saillans. Ils furent alors exposés à un feu violent d'artillerie et de mousqueterie, partant des ouvrages, et dirigé à la faveur d'une illumination de goudron; mais la première vivacité de ce feu fut bientôt ralentie par l'effet de la puissante diversion de 36 mortiers ou pierriers, et de 20 pièces à ricochet, qui tirèrent sans discontinuer contre les ouvrages. A deux heures du matin, les ennemis revinrent en force dans les chemins couverts; ils mirent le feu tout du long des palissades, et à quelques gabions du couronnement, et les assiégeans ne parvinrent à se maintenir que sur les deux saillans, au-devant des contre-gardes; cependant, au point du jour, ils réoccupèrent aussi le logement qu'ils avaient ébauché au saillant du chemin couvert de la demi-lune, et ils s'y trouvèrent bientôt à l'abri; mais les communications des trois logemens avec la parallèle n'étaient point terminées.

Cette attaque coûta aux assiégeans 80 hommes tués et 213 blessés. Les ingénieurs furent fort maltraités; il y en eut 2 de tués et 5 de blessés, de manière qu'il n'en resta plus que 18 en état de faire le service. La perte des assiégés fut de plus de 80 hommes tués ou blessés.

Le duc de la Feuillade, encouragé par ce succès, bien qu'il eût été incomplet, écrivit au ministre qu'il serait maître de Turin à la fin d'août, quand même la garnison serait d'humeur à attendre la dernière extrémité; que les contre-gardes n'étaient rien, et qu'on aurait encore beaucoup d'autres facilités. Il annonçait en même temps que l'investissement était fait dans toutes les formes, que les postes des hauteurs étaient déjà inattaquables, et qu'il y avait 7 pieds d'eau dans les lignes de circonvallation de la rive gauche (71).

Pour faciliter la communication des lignes, les assiégeans jetèrent un nouveau pont sur le bas Pô, près du confluent de la Sture.

66ᵉ Nuit (du 6 au 7 août).

A la faveur d'un grand feu de mortiers et de pierriers, on perfectionna les logemens de la nuit précédente; on termina leurs communications avec la quatrième parallèle, et l'on commença, dans le couronnement, deux batteries de brèche de 4 pièces chacune, contre la demi-lune.

Le comte Daun fit brûler, cette nuit, les coffres ou réduits qui étaient dans les places d'armes, de crainte qu'ils ne facilitassent l'établissement des assiégeans sur la contrescarpe, en masquant les feux de l'artillerie qu'il avait conservée sur le corps de place, où se trouvaient plus de 20 pièces tirant sur les attaques. Il ne laissa que trois pièces dans chacune des contregardes attaquées.

Au jour, la batterie de 6 pièces, qui avait commencé la 55ᵉ nuit, commença son feu contre la demi-lune Saint-Maurice; elle découvrait une partie du revêtement de cette demi-lune, et l'on espérait pouvoir y faire brèche. A l'extrémité droite des attaques, une autre batterie de 6 pièces, placée symétriquement, tirait contre la demi-lune Saint-Lazare.

Les mineurs assiégeans abandonnèrent les puits qu'ils avaient ouverts dans la quatrième parallèle, à l'exception des trois qui correspondaient aux galeries capitales, et par le moyen desquels ils cherchaient à pénétrer le plus avant possible dans ces galeries.

Ils continuaient aussi à cheminer sous terre vers la flèche de la porte Suzine. Ils avaient commencé une descente souterraine de fossé à l'attaque de l'ouvrage à cornes.

67ᵉ Nuit (du 7 au 8 août).

Continuation du couronnement; on y commença deux nouvelles batteries destinées à agir contre les épaules des bastions.

Les assiégés disposèrent, sur la demi-lune Saint-Maurice, une batterie de 4 pièces pour répondre à celle qui tirait contre cet ouvrage.

Au jour, les assiégeans parvinrent à mettre le feu, avec des artifices, au revètement en fascines de la contre-garde du bastion Amédée, ainsi qu'aux palissades plantées dans le fossé, au pied du talus de cet ouvrage.

Le soir, les ennemis se laissèrent surprendre dans la galerie capitale basse du bastion Amédée; les mineurs assiégeans, qui avaient pénétré depuis quatre jours dans cette galerie, réussirent à faire sauter la barricade. Ils allaient profiter de ce succès et suivre la galerie qui les aurait conduits jusque dans l'intérieur de la place, lorsque les défenseurs parvinrent à les arrêter et à leur couper le chemin, d'abord en faisant ébouler des terres par un puits qui correspondait avec la galerie supérieure, puis en jetant, par la même ouverture, des artifices et successivement jusqu'à 6 bombes, qui firent crever la galerie basse (73).

68ᵉ Nuit (du 8 au 9).

Continuation du couronnement et du travail des batteries. Feu violent de part et d'autre.

Les mineurs assiégeans pénétrèrent dans la galerie capitale basse de la demi-lune de secours. Les assiégés essayèrent inutilement de les en chasser; après un combat meurtrier, ils furent obligés de se borner à les arrêter au moyen des barricades qu'ils formèrent à la hâte avec des sacs à terre et des sacs à laine.

L'eau coulait toujours dans le puits de la flèche du centre, et les assiégeans trouvèrent dans la galerie basse de la demi-lune, où ils venaient de pénétrer, un saucisson tout mouillé.

Les assiégeans firent jouer un fourneau vers la flèche de la porte Suzine, mais sans aucun résultat; l'entonnoir se trouva à plusieurs toises de distance du chemin couvert de la flèche.

Sur la rive droite du Pô, les troupes du corps d'investissement travaillaient à augmenter les retranchemens de la circonvallation, à les perfectionner et à les garnir de palissades.

69ᵉ Nuit (du 9 au 10 août).

Continuation du couronnement : ce travail n'avançait souvent que de 2 ou 3 toises pendant toute une nuit, à cause du feu de canon de la place, qui, dirigé à la clarté des balles d'artifice, atteignait fréquemment les têtes de sape; on avait d'ailleurs renoncé à les faire marcher pendant le jour.

A l'extrême gauche, les assiégeans ouvrirent une nouvelle tranchée le long de la palissade du chemin couvert de l'ouvrage à cornes.

Les quatre anciennes batteries de la deuxième parallèle continuaient à tirer assez inutilement; la plupart des coups manquaient les parapets, et allaient frapper au hasard dans la ville.

70ᵉ Nuit (du 10 au 11).

Le travail du couronnement fit beaucoup de progrès dans la partie entre le bastion Amédée et la demi-lune; mais celui des batteries de brèche n'avançait que fort lentement, ce qui excitait beaucoup de plaintes contre l'artillerie.

Les assiégeans attachaient beaucoup d'importance à s'établir sur la contrescarpe de la demi-lune, afin de plonger, avec la mousqueterie, dans le fossé de cet ouvrage : la nuit de l'attaque du chemin couvert, ils avaient déjà vainement essayé de se loger dans l'intérieur de la place d'armes saillante; peu après, ils avaient voulu arriver souterrainement jusqu'à la contrescarpe, mais une bombe de la place étant tombée dans le puits qu'ils avaient ouvert à cet effet, les mineurs n'avaient pas voulu y rentrer. Depuis lors, les ingénieurs avaient pris la résolution d'attendre, pour faire de nouveaux efforts, que les batteries auxquelles on travaillait dans le couronnement eussent imposé un peu au feu des assiégés. Cependant, voyant que la construction de ces batteries traînait en longueur, ils cherchèrent à effectuer cette nuit la descente du chemin couvert, en faisant rouler de gros gabions devant les travailleurs; mais cette nouvelle tentative n'eut pas plus de succès que les précédentes, car bientôt la descente, et le logement qui avait été commencé, furent culbutés par le canon de la place.

Les assiégeans, diminuant le tir des bombes, employèrent un plus grand nombre de mortiers à jeter des pierres, dont la grêle incommoda beaucoup les défenseurs des ouvrages. (Il faut remarquer qu'à cette époque, il n'y avait pas encore de pierriers proprement dits, et que les mortiers servaient à lancer des bombes ou des pierres, suivant le besoin.)

Les assiégés ne tiraient plus que fort peu pendant le jour : leurs mineurs commencèrent des galeries dans les bastions d'attaque, pour pousser des fourneaux sous l'emplacement présumé des brèches.

Cette même nuit, on enleva un convoi de 600 bœufs qui cherchait à entrer dans la place par la rive droite; et un bateau armé se saisit, sur le Pô, de 200 milliers de poudre, que le duc de Savoie avait espéré faire parvenir aux assiégés. Ce prince s'était rapproché de la place, du côté de Moncaglieri, avec sa cavalerie, qui était réduite alors à 2,400 chevaux; son voisinage était fort incommode et fatigant pour les assiégeans, à cause de l'étendue des lignes qu'ils avaient à garder.

71ᵉ Nuit (du 11 au 12 août).

Indépendamment de la continuation du couronnement, on commença une batterie de 2 pièces dans le couronnement du bastion Amédée, pour battre l'épaule gauche de la demi-lune.

Plusieurs pièces de canon furent tirées de l'attaque de gauche et conduites dans les batteries de l'attaque de la citadelle.

La désertion devenait de plus en plus considérable parmi les assiégés, et depuis deux jours il était arrivé au camp 157 déserteurs : le gouverneur, voyant qu'elle s'étendait même aux bas-officiers, loin qu'ils cherchassent à maintenir les soldats, prit le parti de mettre des officiers supérieurs dans tous les postes avancés.

10.

72ᵉ Nuit (du 12 au 13).

Continuation du travail des batteries et du couronnement
entre la demi-lune et le bastion Amédée. Les mineurs travaillèrent aussi à faire plusieurs descentes de fossé pour aller aux
contre-gardes.

Au matin, il y eut 4 embrasures ouvertes dans le couronnement de la demi-lune.

Les assiégés continuaient à tirer avec succès contre les travaux
d'attaque; obligés de ménager la poudre, ils suppléaient à la
vivacité du tir par la justesse des coups, dont presque aucun ne
manquait le but, ce qui retardait beaucoup le travail du couronnement et celui des batteries.

73ᵉ Nuit (du 13 au 14 août).

Continuation des travaux précédens; on commença à amener
le canon dans les batteries de brèche de la demi-lune.

Depuis deux nuits, les défenseurs de la flèche de la porte
Suzine n'ayant point tiré, les assiégeans crurent ce petit ouvrage
abandonné, et se présentèrent pour s'en emparer; mais, accueillis
par un feu de mousqueterie très-violent, ils furent obligés de
se retirer.

Il y eut, cette même nuit, un combat de mineurs fort remarquable dans la galerie capitale supérieure de la demi-lune
de secours, dont les assiégeans cherchaient à s'emparer.

Au moment où le mineur attaquant va pénétrer dans cette
galerie, l'ennemi donne le camouflet; la galerie de l'assiégeant
est enfoncée, son mineur tué, et l'explosion forme un grand
trou qui ouvre une communication entre les deux partis; les
nôtres, dont la galerie est la plus élevée, font descendre par le
trou, au moyen d'une corde, un mineur qui, en arrivant, est
tué d'un coup de pistolet; ils essaient ensuite, en jetant des
carcasses et des bombes, d'éloigner les assiégés; mais ceux-ci
se couvrent à la hâte au moyen d'un parapet de sacs à laine,

et 3 hommes, descendus encore successivement dans leur galerie, éprouvent le même sort que le premier; alors, les assiégeans prennent le parti de faire descendre un mineur cuirassé
auquel ils jettent sur-le-champ des sacs à terre, et plusieurs
autres mineurs, se précipitant bientôt derrière, en forment un
épaulement à l'aide duquel ils parviennent enfin à s'établir; un
feu violent s'engage ensuite de part et d'autre, et se continue
jusqu'à ce que la fumée rende la galerie inhabitable[1].

A la fin du combat, les assiégés firent jouer deux petits fourneaux sous les batteries du couronnement de la demi-lune :
comme ils n'étaient chargés que d'une petite quantité de poudre,
ils ne firent guère que crevasser le terrain; il y eut cependant
une pièce enterrée jusqu'à l'essieu, et 6 soldats blessés.

Les assiégeans, attribuant le peu d'effet de ces fourneaux à
l'action de l'eau qui coulait toujours dans la flèche du centre,
se crurent autorisés à s'inquiéter peu désormais des mines de la

[1] Voici comment le *Journal historique* raconte ce combat, page 96 :

« Notre mineur attache le pétard où il entend cogner, et le mineur en est écrasé. Ce pétard
« vient d'ouvrir un assez grand trou par où les ennemis font descendre un de leurs grenadiers
« avec une corde : celui-ci est tué d'un coup de pistolet aussitôt qu'il paraît. Le dépit et la
« rage font acharner les ennemis sur nous; ils nous chargent d'injures, et nous font des me-
« naces. Çà, des bombes, des carcasses! crient-ils; étouffons ces gueux, ces misérables! Nous
« ne perdons point de temps à entasser devant nous des sacs à laine; on fait d'abord avancer
« des grenadiers pour soutenir ce retranchement. Mais voilà une autre victime qu'on dévoue
« pour chercher la mort, et qui ne manque pas de la trouver. Quatre grenadiers des ennemis
« étaient chargés de cette expédition : ils sont dans un étrange embarras; l'honneur les anime
« et la crainte les rebute; ils flottent entre la frayeur et la hardiesse. Auras-tu bien le cœur,
« dit l'un à son camarade, de t'engouffrer dans cet abîme? Et qui pourra me reprocher, lui
« répondit-il, de n'avoir pas eu le courage de le braver? Çà, du vin! dit-il. On lui en apporte;
« il l'avale : j'allais dire, et il descendit; mais il n'était pas descendu qu'on l'assomme. On di-
« rait que la mort a des appas pour eux : le troisième va se jeter entre ses bras, puis le qua-
« trième. Les ennemis enfin mettent en bas un homme armé de pied en cap; celui-ci fraie le
« chemin à plusieurs soldats qui plongent avec lui dans le trou sur des sacs à terre qu'on y
« jette tout d'un temps. Les voilà enfin. Le feu s'allume de part et d'autre : ce sont des coups
« de pistolets, de fusils et de grenades, qui retentissent dans cet antre effroyable. Ce combat
« eût duré plus long-temps, si la fumée, la puanteur, les ténèbres, n'en eussent arrêté la
« fureur. »

place, et ils ne donnèrent pas de suite aux travaux qui avaient été entrepris dans le couronnement, pour la recherche des contre-mines. Une partie des mineurs continua néanmoins à fouiller autour des galeries capitales; les autres étaient employés à faire six descentes de fossé pour les contre-gardes et plusieurs descentes de chemin couvert : ils n'étaient plus qu'au nombre de 100 hommes environ, pour les 3 compagnies.

A onze heures du matin, la 1re batterie de droite, de 4 pièces, commença à tirer et à battre en brèche l'angle d'épaule du bastion Saint-Maurice; mais elle produisit peu d'effet, parce qu'elle eut beaucoup à souffrir du canon des assiégés. Ceux-ci avaient encore plus de 20 pièces en batterie, et auraient pu même en mettre davantage; mais ils se trouvaient obligés de modérer de plus en plus le feu de leur artillerie; car il ne restait plus, à cette époque, que 71,600 livres de poudre (4,711 rubbi) dans les magasins de la place (77).

Les assiégés commencèrent, le même jour, une double caponnière blindée, entre la courtine et la gorge du réduit de la demi-lune, afin de se procurer des feux rasans de mousqueterie pour la défense du fossé.

Le duc de la Feuillade donna ordre de faire évacuer sur Chivas les malades et les blessés, qui étaient au nombre de 500.

Le duc de Savoie, dans une lettre du 14 août au prince Eugène, évaluait à 10,000 hommes, déserteurs compris, la perte totale des assiégeans, depuis le commencement du siége, et cette évaluation ne paraît pas exagérée.

Ce jour-là, le prince Eugène, qui, depuis le passage de l'Adige, n'avait pas cessé de faire des progrès, s'étant emparé de la citadelle de Reggio, se mit aussitôt après en pleine marche pour le Piémont. Le duc d'Orléans, n'espérant pas pouvoir l'arrêter, prit des mesures pour le prévenir devant la place.

74ᵉ Nuit (du 14 au 15 août).

On termina le couronnement du chemin couvert, entre la demi-lune et le bastion Amédée. La batterie de brèche qui avait tiré la veille ne recommença point son feu; on s'occupa à la réparer et à terminer les batteries attenantes : mais ce travail fit peu de progrès, à cause du canon de la place, malgré la protection des pierriers et de la batterie à ricochet, qui tirèrent avec beaucoup de vivacité pendant toute la nuit : les pierriers cependant faisaient perdre beaucoup de monde aux assiégés.

75ᵉ Nuit (du 15 au 16 août).

On prolongea un peu le couronnement entre la demi-lune et le bastion Saint-Maurice, et l'on s'occupa à conduire du canon, tiré des anciennes batteries, dans celles du couronnement, en cherchant à protéger et à dérober cette opération par un feu continu de mousqueterie.

Les assiégés firent jouer un fourneau sous la batterie de 2 pièces, qui était sur le point de tirer contre la demi-lune, au saillant du chemin couvert du bastion Amédée. Une partie des hommes d'une compagnie de grenadiers, qui gardaient la batterie, furent enterrés; mais ensuite la plupart furent dégagés sans beaucoup de mal, à l'exception d'un lieutenant et de 6 hommes, qui ne se retrouvèrent point. Une des deux pièces de canon fut lancée sur les merlons, par l'effet du même fourneau. Aussitôt après l'explosion, les assiégés firent une petite sortie sur le même point, et parvinrent à brûler quelques gabions.

Au jour, les assiégeans, au moyen de flèches enflammées, mirent le feu au revêtement de fascines de la contre-garde Saint-Maurice.

76ᵉ Nuit (du 16 au 17 août).

On travailla à réparer les logemens et les batteries; on lança dans les ouvrages une grande quantité de bombes et de grenades; enfin on continua avec vivacité le feu de la batterie à ricochet, dont un grand nombre de boulets, roulant dans le grand fossé, contrariaient beaucoup la construction de la double caponnière blindée des assiégés.

77ᵉ Nuit (du 17 au 18).

Continuation du travail des batteries.

Des 16 pièces dont devaient se composer les batteries du couronnement de la demi-lune, 11 commencèrent leur feu à la pointe du jour; 4 battaient la face gauche de la demi-lune, les 7 autres battaient les faces des bastions.

Les assiégés préparèrent des fourneaux dans les descentes qui établissaient la communication entre les galeries hautes et les galeries basses.

En avant de l'ouvrage à cornes, ils firent jouer un fourneau qui ruina la descente de fossé, à laquelle travaillaient nos mineurs.

78ᵉ Nuit (du 18 au 19 août).

Les batteries du chemin couvert de la demi-lune, composées de 16 pièces de canon, ouvrirent ensemble leur feu, et commencèrent à battre en brèche la demi-lune et les bastions; mais bientôt le feu d'une partie des pièces se trouva interrompu, tant par suite de la mauvaise construction des embrasures, que par l'effet du canon de la place. On s'aperçut aussi, peu après, que les pièces n'avaient pas une plongée suffisante; le revêtement des batteries n'était vu qu'à 9 pieds environ au-dessous du cordon, et celui de la demi-lune sur une moindre hauteur encore : on continua cependant à tirer; et sur la fin de la journée, la face gauche de la demi-lune commençait à paraître endommagée.

Les assiégés terminèrent leur caponnière blindée; ils déblayèrent les terres et les débris de maçonnerie que les batteries de brèche avaient commencé à faire ébouler dans les fossés : mais ce travail leur coûta bien des hommes tués ou blessés, non-seulement par les bombes et les pierres qui tombaient dans les fossés, mais sur-tout par les coups à mitraille que les assiégeans tirèrent de leurs batteries de brèche sur les travailleurs.

Cette nuit, le duc de Savoie, qui était venu camper sur les hauteurs de Chieri, essaya d'introduire dans la place, par la rive droite du Pô, un convoi composé de 400 cavaliers, portant chacun un sac de 100 livres de poudre, et de 150 chevaux d'artillerie, également chargés de poudre. Cette troupe se présenta le long du fleuve, au-dessous de la place. Elle réussit à traverser les postes de la circonvallation, en répondant *vive France* au cri de *qui vive* : mais elle fut reconnue pour ennemie au moment où elle commençait à traverser le Pô, un peu au-dessus de l'embouchure de la Doire, aux gués de Notre-Dame-du-Pilon. Le poste que les assiégeans tenaient sur la rive gauche pour garder le passage des gués prit aussitôt les armes : le convoi fut coupé, et les cavaliers ennemis obligés de rétrograder et de s'enfuir avec précipitation; la plus grande partie de la poudre qu'ils portaient fut prise ou perdue; 30 cavaliers seulement, qui marchaient en tête, parvinrent à se jeter dans la place. Après cette tentative, le duc de Savoie quitta les environs de Chieri, où il manquait de fourrages, pour retourner dans son ancien camp, au-dessus de Moncaglieri.

A cette époque, les troupes qui occupaient les retranchemens de la rive droite avaient été renforcées successivement, et portées à 28 bataillons.

79ᵉ NUIT (du 19 au 20 août).

On parvint à déboucher à la sape dans les deux places d'armes rentrantes, et à s'y loger près de la contre-escarpe, malgré le grand feu de mortiers, de pierriers et de mousqueterie de la place, et les efforts que firent les assiégés pour brûler les gabions.

Les assiégeans s'occupèrent aussi à réparer les batteries de brèche du saillant de la demi-lune, et à augmenter la plongée des embrasures, en sorte qu'une partie seulement des pièces continua à faire feu. Ils achevèrent de rétablir, sur le saillant du chemin couvert du bastion Amédée, la batterie de 2 pièces qui avait été bouleversée par une mine, et cette batterie recommença son feu contre la face gauche de la demi-lune.

Les assiégés, de leur côté, continuèrent à enlever les terres et les débris de maçonnerie qui tombaient dans les fossés, sous les coups des batteries de brèche. Un corps composé de cavaliers démontés était spécialement employé à cet ouvrage pénible et périlleux, auquel les travailleurs perdaient 10 ou 12 hommes chaque nuit[1].

Cependant la guerre souterraine se continuait sur les capitales : sur celle de la demi-lune, les assiégeans se présentèrent de nouveau dans la galerie haute, dans l'espoir de pénétrer ensuite par celle-ci dans la galerie basse; mais le feu de grenades qui partit de la barricade, et la fumée qui se répandit dans la galerie, les força à renoncer à leur projet.

Enfin les assiégeans, à l'exemple de ce qu'ils avaient fait pour les mines du centre, amenèrent les eaux du petit canal de dérivation dit la *biaillère Suzine*, dans le puits ouvert sur la capitale du bastion Saint-Maurice, dans la double caponnière de la flèche. Ils continuèrent néanmoins à fouiller le terrain près de cette capitale, à proximité du chemin couvert.

Les assiégés, persuadés que les Français chercheraient à solenniser la Saint-Louis prochaine par quelque coup d'éclat, songèrent à les prévenir et à les en empêcher; à cet effet, ils entreprirent, en partant de la galerie d'enveloppe qu'ils avaient sous le chemin couvert, de pousser 4 rameaux sous les batteries du couronnement de la demi-lune, de manière à pouvoir les faire sauter simultanément. Le même jour, les 50 escadrons

---

[1] Ce corps, qui était de 1,070 hommes au commencement du siége, se trouva réduit à la fin au nombre de 280. (OTTIERI.)

de cavalerie qui avaient été détachés pour joindre le duc d'Orléans, revinrent au siége, sans avoir été au-delà de Crémone,
parce que ce prince avait pris le parti de s'y rendre avec son
armée pour y prévenir le prince Eugène.

La Feuillade, pour assurer la défense des lignes, qui se trouvaient exposées à être bientôt attaquées, donna l'ordre de détruire les maisons de plaisance, dites *vignes*, qui en pouvaient
favoriser les accès : cette exécution commença le jour même ;
elle se continua pendant tout le jour suivant, et environ 150 de
ces habitations furent brûlées et détruites à la vue des habitans
que cette mesure rigoureuse jeta dans une grande exaspération.

80ᵉ Nuit (du 20 au 21 août).

Une partie du canon des batteries de brèche tira pendant
toute la nuit ; mais les assiégés parvinrent à déblayer les dé-
combres au fur et à mesure, comme les nuits précédentes : ils
réussirent aussi à empêcher les assiégeans de se loger sur la
contrescarpe, dans la place d'armes saillante de la demi-lune,
en brûlant les gabions avec des artifices, et même en les tirant
dans le fossé, à l'aide de crocs attachés à des cordes.

Deux des anciennes batteries, de 10 pièces chacune, de la
deuxième parallèle, dirigées contre le bastion et la contre-garde
Saint-Maurice, avaient, en plongeant par le fossé du bastion
Saint-Maurice, fait brèche au flanc gauche du bastion collatéral
dit bastion de *Madame;* cette brèche, par laquelle on pouvait
tourner le retranchement extérieur du front d'attaque, inquiétait
tellement les assiégés, qu'ils s'occupèrent à faire un retranchement particulier dans ce bastion.

Ils élevèrent aussi des traverses dans chacune des contre-
gardes attaquées, pour former comme une espèce de réduit à
l'extrémité des faces, et ils fermèrent les fossés des bastions col-
latéraux de Madame et de Saint-Lazare, par une double palissade.

Le brigadier d'Houville, commandant de l'artillerie, fut blessé d'un éclat de grenade dont il mourut. Le duc de la Feuillade, en annonçant cet événement au ministre, ajoutait « qu'il s'en con- « solait aisément, quoique incapable de se réjouir de la mort de « son plus grand ennemi, parce que Turin en serait bien plus « tôt pris (85). » Chantelou, qui commandait en second, ayant été trouvé mort le même jour dans sa tente, le commandement fut dévolu au chevalier de Saint-Perrier, qui le conserva pendant le reste du siége.

Les assiégeans arrêtèrent, à leur pont du haut Pô, 7 peaux de bouc renfermant chacune de 5o à 6o livres de poudre.

82ᵉ Nuit (du 22 au 23 août).

On tenta inutilement de nouveaux efforts pour se loger à l'ar- rondissement de la place d'armes saillante de la demi-lune, en faisant porter, par des soldats cuirassés, des gabions et des sacs à laine sur le bord de la contrescarpe; les ennemis leur oppo- sèrent des grenadiers qui, s'élevant depuis le fond du fossé, sur des échelles appliquées contre le mur, les forcèrent à la re- traite en les accablant de grenades; après quoi le canon de la place dispersa les gabions et les sacs à laine.

La même nuit, on commença une batterie de 6 pièces dans chacune des places d'armes rentrantes.

Les assiégés terminèrent les 4 rameaux destinés à faire sauter les batteries de brèche; mais ces rameaux, étant au niveau du fossé, rien n'aurait été plus facile aux assiégeans que de les éventer (dit le *Journal historique*), en creusant des puits peu profonds dans la place d'armes.

Les brèches de la demi-lune et des bastions furent déblayées comme les nuits précédentes, et même avec plus de facilité, à cause de l'interruption du feu des batteries, à laquelle donna lieu la tentative des assiégeans pour se loger dans la place d'armes.

Enfin, les assiégés travaillèrent en plein jour à faire un retranchement particulier dans chacun des bastions d'attaque : ils n'en construisirent d'abord que les parapets, se proposant d'enfoncer, quand il en serait temps, les voûtes des galeries qui mettaient en communication les casemates des flancs dans chaque bastion, de manière que l'un des pieds-droits formât l'escarpe et l'autre la contrescarpe du retranchement.

85ᵉ Nuit (du 23 au 24 août).

Les assiégeans s'avancèrent de nouveau sur la contrescarpe de la demi-lune, où ils parvinrent enfin à se loger; ils arrivèrent aussi en galerie derrière le revêtement, dans lequel ils commencèrent à percer des créneaux pour faire feu sur les hommes qui étaient employés à déblayer les brèches.

Par suite de notre établissement sur la contrescarpe de la demi-lune, l'accès des brèches de cet ouvrage fut désormais interdit aux assiégés; ils furent obligés de renoncer à en déblayer le pied; ils évacuèrent et détruisirent les palissades et traverses qu'ils avaient établies dans ses fossés.

Au point du jour, les 4 batteries de brèche du chemin couvert de la demi-lune tirèrent par salve, et l'on s'attendait à la chute prochaine des murailles, lorsque, à dix heures du matin, les ennemis donnèrent le feu aux 4 fourneaux qu'ils avaient préparés sous ces batteries : de 16 pièces, 3 seulement, sur la gauche, restèrent en place, parce qu'un éboulement de terre avait empêché le rameau dirigé de ce côté d'être poussé assez avant; les 13 autres pièces furent culbutées ou enterrées.

Cette terrible explosion effraya tellement les hommes qui garnissaient les tranchées à proximité, qu'ils se précipitèrent en foule dans les communications en arrière, et le passage se trouvant encombré, beaucoup d'entre eux, pour s'échapper, montèrent sur le revers des tranchées, où ils eurent à essuyer le feu de mousqueterie de la demi-lune et des contre-gardes. Les

ennemis furent tellement encouragés par ce succès, que « 4 de
« leurs grenadiers (dit le *Journal historique*) apportèrent, sur le
« chemin couvert, chèvres et engins pour enlever une des pièces
« de canon qui penchait en avant du parapet. » Mais bientôt une
vive fusillade, partant des tranchées en arrière, tua deux de ces
grenadiers, et contraignit les deux autres à lâcher prise.

84ᵉ Nuit (du 24 au 25 août).

Les assiégeans furent occupés à réparer les tranchées et la
batterie, à relever quelques-unes des pièces renversées par les
mines, et à remplacer celles qui avaient été enterrées trop pro-
fondément.

Deux des six descentes souterraines qui devaient aboutir dans
les fossés, vis-à-vis les pointes des contre-gardes, furent terminées; les mineurs assiégeans étaient arrivés en galerie contre
le revêtement de contrescarpe, près de chacune des places
d'armes rentrantes, et ils préparèrent, de chaque côté, un fourneau pour renverser la contrescarpe et donner le moyen de
déboucher dans le fossé de la demi-lune.

Les assiégés eurent cette nuit la facilité de déblayer le pied
de leurs brèches, sans être aucunement inquiétés.

Au point du jour, il se trouva, dans la batterie du couronnement de la demi-lune, 4 pièces de canon qui tirèrent de
nouveau contre les brèches; mais bientôt les assiégés, profitant
d'un bout de rameau qui était resté intact, firent sauter encore
deux de ces 4 pièces.

85ᵉ Nuit (du 25 au 26 août).

On travailla à réparer les dommages causés par les mines.

Le mauvais succès des batteries de brèche, dont la construction avait été commencée les 66ᵉ et 67ᵉ nuits, excitait beaucoup
de plaintes contre les officiers d'artillerie[1]. Ce mauvais succès

---

[1] La réputation des officiers d'artillerie était déjà assez mal établie auparavant; car le
ministre écrivait au duc de la Feuillade, sous la date du 13 août: «J'appréhende qu'il ne vous

tenait plus encore aux défauts de construction des batteries
qu'au dérangement causé par le canon et par les mines de la
place. « Souvent, dit une relation manuscrite contemporaine[1], le
« souffle de quelques coups de canon emportait les saucissons,
« qui n'étaient ni assez piqués ni assez affermis ; après quoi la
« terre des joues s'éboulait dans l'embrasure et faisait relever les
« boulets, qui allaient passer par-dessus les ouvrages ; les nuits
« ne suffisaient pas pour y remédier. »

On a vu que les premières embrasures n'avaient pas assez de
plongée, et qu'on avait cherché à y remédier ; depuis, celle des
batteries de brèche de la demi-lune se trouva encore insuffisante ;
et, pour l'augmenter, il fallut travailler à élever le derrière de
leurs plates-formes.

A la longue, cependant, on avait fini par ouvrir la pointe de
la demi-lune ; et quoique la brèche fût très-imparfaite, elle
paraissait être devenue praticable depuis que les ennemis n'en
pouvaient plus déblayer le pied. On avait brûlé les revêtemens
en fascines des contre-gardes, en sorte que les terres s'étant ébou-
lées, ces ouvrages présentaient des talus faciles à gravir ; les
palissades que les assiégés avaient plantées dans les fossés, au
pied de ces talus, étaient d'ailleurs presque entièrement brûlées
et détruites.

Dans cet état de choses, et comme le petit nombre de canons
qui tiraient sur les brèches ne paraissait plus produire que fort

« revienne trop tôt que ce que je vous dis est vrai : nos canonniers sont mal habiles, et nos
« officiers d'artillerie se font présentement un mérite de faire durer long-temps un siége (75). »
La cause des sujets de plainte auxquels donnait lieu le service de l'artillerie est expliquée
par le passage suivant des Mémoires de Saint-Simon :

« Il se trouva, par la vénalité que le roi avait mise dans l'artillerie depuis quelque temps,
« que non-seulement ces officiers vénaux n'y entendaient rien, mais qu'ils perdaient tout leur
« temps à remuer inutilement leur artillerie et à placer mal leurs batteries, pour se mettre
« dans la nécessité de les changer, parce que de ces mouvemens de canons résultait un droit
« pécuniaire qu'ils étaient bien aises de multiplier. » (Tome V, page 95, édition de 1829.)

[1] Cette relation est attribuée à un ingénieur présent au siége, nommé Desbournay.

peu d'effet, le duc de la Feuillade résolut de faire donner l'assaut à la demi-lune et aux contre-gardes ; il ordonna à l'ingénieur en chef de faire le dispositif de l'attaque, et l'exécution en fut arrêtée pour la nuit suivante.

86ᵉ NUIT (du 26 au 27 août).

A huit heures et demie du soir, au signal de 20 bombes et de 5 coups de canon, les mineurs firent jouer deux fougasses, qui renversèrent la contrescarpe de chaque côté de la demi-lune, et démasquèrent les descentes de fossé : aussitôt les assiégeans, débouchant par ces ouvertures, s'élancèrent vers la brèche; ils gravirent en peu d'instans son escarpement, à l'aide de petites échelles dont on avait eu soin de les munir, arrivèrent sur le rempart, en chassèrent les ennemis, qui, ne jugeant pas la brèche praticable, ne s'étaient pas attendus à l'assaut, et s'emparèrent même momentanément des traverses qui étaient aux extrémités des faces.

Presque en même temps, d'autres colonnes d'attaque descendirent dans les fossés des contre-gardes, et montèrent sans difficulté sur ces ouvrages, où les assiégés n'avaient laissé, comme dans la demi-lune, que la garde ordinaire : 58 hommes furent passés au fil de l'épée dans la contre-garde de gauche, et 35 dans celle de droite; après quoi les assiégeans travaillèrent aussitôt à se couvrir avec des gabions, des sacs à terre et des sacs à laine. Ils y parvinrent assez promptement, ayant trouvé une terre douce et facile à remuer; ils établirent même avec des gabions les communications en arrière, sans essuyer presque aucun feu de la place. Mais le logement de la demi-lune, sous le feu à bout touchant de la mousqueterie du réduit, présenta bien plus de difficultés : le sieur Bertrand, brigadier des ingénieurs, qui en était chargé, fut frappé mortellement de cinq coups de feu, et les grenadiers qui étaient montés dans l'ouvrage eurent en peu de temps presque tous leurs officiers tués ou blessés. Bientôt les ennemis, réunis derrière les traverses des extrémités des faces et dans le fossé du réduit, s'élancent en foule sur l'étroit *nid de pie* qui était à peine ébauché, et en précipitent les Français. Les nôtres cherchent à se rallier dans le fossé, et plusieurs même remontent à l'assaut; mais le petit nombre de ceux qui parviennent sur la demi-lune est massacré; les autres essaient inutilement de se couvrir dans le fossé, où leurs gabions, à moitié remplis, sont renversés par l'artillerie des bastions, chargée de gros éclats de bombes. Accablés par les grenades et les sacs de poudre lancés sur eux du haut de la brèche, battus des deux côtés et ajustés comme en plein jour, à la lueur des artifices, ils sont enfin forcés à la retraite, après quatre heures de combat et une perte considérable.

Vers la fin de l'action, un amas de grenades, de bombes, de poudre et d'artifices, qui se trouvait dans la demi-lune, derrière la brèche, avait pris feu tout-à-coup et fait périr un grand nombre de défenseurs. Le bruit et la flamme de cette terrible explosion avaient interrompu momentanément le combat; mais la grande perte qu'elle occasionna aux ennemis, et le désordre qui en résulta, ne suffirent pas pour rendre l'avantage aux assaillans.

Cependant, comme ces derniers, logés sur les contre-gardes, dominaient la demi-lune et même son réduit, ils espéraient bientôt faire abandonner ces deux ouvrages : mais les assiégés se préparaient, de leur côté, à reprendre les contre-gardes; et après avoir fait sans succès, pendant la nuit, deux faibles tentatives pour y parvenir, ils avaient remis au jour l'attaque décisive. Elle eut lieu entre 9 et 10 heures du matin. Au signal de trois bombes, les ennemis, qui étaient rentrés en possession des traverses, débouchèrent en force le long du parapet, ainsi que par le fossé des contre-gardes, et tombèrent, la baïonnette au bout du fusil, sur la garde peu nombreuse qui était restée dans les logemens où nos soldats, mal couverts, et tourmentés par de nombreux projectiles, se tenaient blottis contre les parapets. Cette attaque eut un plein succès pour les ennemis : les assié- geans furent chassés immédiatement, et presque sans résistance, tant de leurs logemens que des communications qu'ils avaient faites au travers des fossés (87 et 88).

La perte des assiégeans, suivant une lettre du duc de la Feuillade, fut de 250 hommes hors de combat, dans la nuit de l'assaut, et de 25 seulement lors de la perte des contre-gardes.

Les assiégés, malgré le succès qui couronna leurs efforts, per- dirent plus de monde que les nôtres : ils eurent, de leur propre aveu, plus de 400 hommes tués ou blessés, presque tous atteints dans le fossé, lors de la reprise des deux ouvrages.

On continua néanmoins, cette même nuit, la construction de deux batteries, de 6 pièces de canon chacune, qui avaient été commencées dans les places d'armes rentrantes. On espérait que ces batteries, voyant presque toute la courtine par l'intervalle entre la demi-lune et les contre-gardes, produiraient à-peu-près le même effet que si elles avaient été établies dans la demi-lune.

Les assiégés détruisirent les logemens dont ils venaient de s'emparer, ainsi que les communications commencées dans les fossés; réparèrent les parapets des ouvrages, et firent monter dans la demi-lune deux pièces de petit calibre : enfin, pour empêcher un nouvel assaut, ils jetèrent dans les fossés, au pied des brèches de la demi-lune, une énorme quantité de bûches et de fagots, auxquels ils se proposaient de mettre le feu, à l'entrée de la nuit suivante, à l'aide de goudron et de ballots d'étoupes trempés dans l'huile.

A la fin de la nuit, un de leurs fourneaux fit sauter en l'air, pour la deuxième fois, sur le chemin couvert du bastion Amédée, les deux pièces qui battaient la face gauche de la demi-lune.

87ᵉ Nuit (du 27 au 28 août).

Les assiégeans travaillèrent à rétablir leurs passages de fossé avec des galeries blindées; ils travaillèrent aussi à réparer leurs batteries du chemin couvert de la demi-lune, et ils jetèrent quantité de bombes et de pierres dans la citadelle. A la fin de la nuit, deux pièces seulement de la batterie du couronnement de la demi-lune se trouvèrent en état de tirer.

Au jour, le duc d'Orléans arriva au camp, devançant son armée d'une journée seulement, et précédant de peu de jours le prince Eugène, qui s'avançait en toute hâte au secours des assiégés, par la rive droite du Pô. Les troupes qu'il amenait au siége étaient composées de 32 bataillons et 35 escadrons, faisant 18 mille hommes, dont 3 mille de cavalerie. L'armée assiégeante était réduite, par le feu de l'ennemi et par les maladies, à moins de 27 mille hommes, dont 7 mille de cavalerie; et encore ce petit nombre de troupes, rebuté par les fatigues, ne montrait plus ni zèle ni bonne volonté[1].

Il restait un si petit nombre d'ingénieurs en état de faire le service, que le duc d'Orléans fit demander dans l'infanterie les officiers qui avaient quelque connaissance de l'attaque des places: il s'en présenta quelques-uns, qui furent agréés; mais le prince ne laissa pas d'écrire au ministre pour demander qu'on lui envoyât en diligence les ingénieurs qui se trouvaient le plus à portée: il se plaignait en même temps de la mésintelligence qui régnait entre ceux qui étaient au siége, et de ce qu'ils « agissaient à re- « gret et par dépit contre l'ingénieur principal, qui ne lui paraissait

---

[1] Le duc d'Orléans, dans sa lettre au roi du 30 août (90), dit que l'on ne peut pas compter dans l'armée de Piémont sur plus de 150 hommes par bataillon; mais il est évident que cette évaluation est beaucoup trop faible, car des états officiels du 14 septembre suivant montrent que l'infanterie de cette armée comptait encore, le 8 septembre, après la levée du siége et la perte de la bataille, environ 11 à 12 mille hommes, ce qui, pour 65 bataillons, fait pour chacun à-peu-près 180 hommes.

Nous croyons, et nous en donnons plus loin les motifs, qu'au 28 août les pertes totales en infanterie de l'armée de Piémont ne devaient guère aller à plus de 12,000 hommes, ou 180 hommes par bataillon, en sorte que les bataillons pouvaient être forts encore de 300 hommes l'un dans l'autre.

« pas, à la vérité, doué de beaucoup d'activité ni de capacité. »

Les assiégés avaient allumé un grand feu au pied des brèches, et l'avaient entretenu pendant toute la nuit en y jetant continuellement du bois.

Le comte Daun parcourut les ouvrages, montrant aux soldats une lettre qu'il venait de recevoir du prince Eugène. Ce prince félicitait la garnison sur la gloire immortelle qu'elle avait acquise, l'engageait à se défendre jusqu'à la dernière extrémité et jusqu'au dernier homme, et annonçait sa prochaine arrivée, promettant de la délivrer, *quoi qu'il en puisse coûter.*

Cette lettre encouragea puissamment les assiégés. Daun, pour se précautionner contre les tentatives auxquelles ces circonstances critiques pourraient pousser les assiégeans, désigna un piquet de 5oo bourgeois pour camper dans l'angle mort qui se trouvait entre la citadelle et la ville, du côté de la porte neuve; il établit dans la citadelle plusieurs bataillons de renfort, et garnit les remparts plus qu'à l'ordinaire; ce qui fut cause que les bombes et les pierres firent éprouver aux ennemis une perte plus considérable que les jours précédens.

88ᵉ Nuit (du 28 au 29 août).

Continuation de la reconstruction et de la réparation des batteries de brèche.

On travailla aussi à perfectionner les lignes et à augmenter la largeur et la profondeur des fossés, dans les endroits où cela paraissait le plus nécessaire (89).

Comme la nuit précédente, les assiégés, après avoir rempli les fossés d'une grande quantité de bois, y mirent le feu à l'entrée de la nuit, et continuèrent à l'alimenter jusqu'à minuit : le fossé présentait alors l'aspect d'un brasier ardent, qui brûla jusqu'au matin et donna lieu à un amas de cendres chaudes et fumantes, « qu'un pied d'airain, dit le *Journal historique,* n'eût « osé franchir de toute la journée. »

Au jour, deux nouvelles pièces de la batterie de brèche du saillant de la demi-lune se trouvèrent remises en état et tirèrent avec les deux pièces qui avaient été rétablies la veille.

Une bombe de la place fit sauter un magasin de batterie qui enleva quelques soldats [1].

89ᵉ Nuit (du 29 au 30).

Continuation du travail de la réparation des batteries; 2 pièces de plus furent encore rétablies dans la batterie du couronnement de la demi-lune.

La brèche du bastion Saint-Maurice commençait à devenir considérable.

Les assiégés parvinrent à hisser, dans le réduit de la demi-lune, et à mettre en batterie sur son saillant, deux pièces de canon pour battre, par le dedans, la pointe de la demi-lune.

Les mineurs assiégeans firent cette nuit une tentative qui fut sur le point de réussir, pour pénétrer dans la galerie capitale basse sous le fossé de la demi-lune. Vers minuit, quatre mineurs cuirassés débouchèrent dans le fossé de la demi-lune, par une des descentes, et, se coulant le long de la contrescarpe, gagnèrent la porte de la galerie supérieure qui se trouvait au milieu de l'arrondissement de la place d'armes saillante : ces 4 hommes furent tués ou blessés par la garde que les ennemis tenaient près de cette porte, et 3 autres, qui les suivaient, eurent le même sort; mais il en survint bientôt une douzaine qui, après un combat à coups de pistolet et de mousqueton, se rendirent maîtres de la porte d'entrée. Les défenseurs s'échappèrent dans la galerie basse, par l'escalier qui servait à la

---

[1] « Les grenades et les bombes qui sont là-dedans font un bruit en crevant qui a l'air d'un « assaut : les armes, les habits, les chapeaux des soldats, tout ce qui est dans la batterie est « poussé bien haut; les cartouches dont on charge le canon , ces volumes de papier qui les « enveloppent, volent en l'air, se déchirent et se dispersent en papillottes, qui, bouillon- « nant au milieu d'une fumée fort épaisse, nous représentent une grosse neige en plein « été. » (*Journal historique,* page 117.)

communication des deux galeries, et les assaillans se mirent aussitôt à briser à coups de hache la porte de cette communication. Dans cet instant critique, un mineur des ennemis mit, avec précipitation, le feu à un fourneau qui était préparé sous la descente, et dont l'explosion le fit périr lui-même avec tous les assiégeans [1].

Cette nuit, les assiégeans adoucirent la pente des deux galeries qui formaient les descentes de fossé de la demi-lune, et, à l'aide de deux fougasses, firent de nouvelles ouvertures dans la contrescarpe.

90ᵉ Nuit (du 30 au 31 août).

On continua la réparation de la batterie du couronnement de la demi-lune et la construction des deux batteries commencées dans les places d'armes rentrantes. Les assiégés s'étant aperçus que la batterie de la place d'armes saillante du côté du bastion Amédée était presque terminée, chargèrent un fourneau pour la faire sauter. Ils allumèrent encore cette nuit un grand feu au pied des brèches de la demi-lune; mais, comme elles

[1] Suivant une relation allemande, ce mineur était allemand, et, au dire des Piémontais, c'était un de leurs compatriotes, qui se nommait Pierre Mica. On attribua généralement sa mort à un dévouement volontaire qui fut célébré dans le temps par les poëtes; mais l'explication présentée par l'auteur du *Journal historique*, qui donne lieu d'attribuer cette mort à un excès de précipitation, paraît plus vraisemblable. Voici comment il raconte la chose, page 119 :

« Cette action a été exagérée par la plupart des gens qui ont voulu croire que ce mineur, « sans autre préparation, a mis le feu à la saucisse, aimant mieux s'ensevelir lui-même sous « les ruines de cette montée que de donner le temps aux assiégeans de s'emparer de la galerie : « ce n'est pourtant pas tout-à-fait cela. Il est bon qu'on sache que le mineur, entendant en-« foncer la porte par des coups de hache, pressait son camarade de mettre l'amorce à la sau-« cisse, et comme il était plus impatient que l'autre ne pouvait être prompt, *Ote-toi de là,* « lui dit-il, le prenant par le bras, *tu es plus long qu'un jour sans pain ; laisse-moi faire, sauve-toi :* « puis il applique la mèche trop courte au bout de la saucisse; il l'allume; le fourneau joue, « et le pauvre homme a moins de temps pour s'éloigner qu'il n'en faut, car on le trouve mort « à quarante pas du degré. Si, comme on l'a dit, il avait mis sans amorce le feu à la saucisse, « qui n'était pas longue d'une toise jusqu'au fourneau, le feu eût si tôt pris qu'il n'aurait pas « pu seulement mettre le pied en bas d'une marche. Ce qu'il y a de vrai, c'est que ce courageux « mineur s'étourdit sur le danger, et négligea les précautions nécessaires pour éviter la mort. »

avaient été beaucoup agrandies, ce moyen ne leur donnait plus autant de sécurité.

Les batteries de brèche continuaient à tirer, et la brèche du saillant de la demi-lune paraissait devenir plus praticable ; en conséquence, le duc de la Feuillade résolut de donner un deuxième assaut, pour lequel furent commandées 11 compagnies de grenadiers prises parmi les troupes que le duc d'Orléans avait amenées de Lombardie.

L'attaque eut lieu en plein jour, vers deux heures après midi. On fit d'abord marcher un lieutenant avec 20 grenadiers et un ingénieur à leur tête, pour aplanir la brèche de la demi-lune, pendant que deux autres détachemens s'occupaient de même à faciliter la montée des contre-gardes ; bientôt après, une partie des troupes commandées s'élancèrent sur les trois ouvrages, pendant que le reste marchait aux caponnières des fossés. Les défenseurs, surpris, furent presque aussitôt chassés non-seulement des trois ouvrages, mais encore des traverses qui se trouvaient au bout des faces. Plusieurs des assaillans pénétrèrent même dans le fossé de la courtine, d'où ils tentèrent d'enlever le réduit de la demi-lune par la gorge ; mais ayant trouvé cette gorge revêtue en bonne maçonnerie, dit le *Journal historique*, ils furent obligés, après une grande perte, de renoncer à leur entreprise. Cependant les travailleurs qui suivaient les colonnes d'attaque furent occupés immédiatement aux logemens : mais on éprouva bientôt combien cette entreprise était périlleuse ; les assiégés avaient, pour s'y opposer, 24 pièces de canon, savoir :

5 pièces dans chacun des deux bastions attaqués, dont 3 au saillant
    et 2 battant le fossé de la demi-lune ; ensemble. . . . 10 pièces.
4 pièces sur la courtine. 4
2 pièces dans la demi-lune pour défendre le fossé des
    contre-gardes, et 2 pièces au saillant du réduit. . . 4
3 pièces dans chacune des demi-lunes collatérales. 6
                                       ————
            Total. . . . . 24 pièces.

Le logement de la demi-lune, sous le feu du canon à mitraille de la courtine et de la mousqueterie à bout touchant du réduit, fut encore celui qui présenta le plus de périls et de difficultés. Au bout d'une demi-heure, tous les officiers des grenadiers qui avaient monté à l'assaut ayant été tués ou blessés, les soldats, affaiblis et découragés, abandonnèrent la demi-lune, et se sauvèrent dans les tranchées.

Bientôt après, les ennemis ayant réuni leurs troupes d'élite dans le grand fossé, s'élancèrent en foule, par l'extérieur et par les fossés des contre-gardes, sur ceux des nôtres qui essayaient de se loger dans ces ouvrages, et parvinrent à les en chasser aussi, malgré leur vive résistance.

Un fourneau que les assiégés firent jouer, vers la fin de l'action, sous la place d'armes rentrante de leur gauche, contribua encore à terminer la lutte en leur faveur. Ce fourneau enterra deux des quatre pièces qui se trouvaient dans la batterie, et lança une des deux autres dans le fossé de la demi-lune. Deux compagnies de grenadiers qui se trouvaient dans cette batterie eurent un grand nombre de soldats enlevés ou enterrés; les autres s'enfuirent épouvantés; et les ennemis, s'étant jetés dans la place d'armes aussitôt après l'explosion, purent tout à loisir briser et brûler les affûts que la mine avait épargnés.

La perte des assiégés fut de 168 hommes tués ou blessés; celle des assiégeans dut être extrêmement considérable.

Le matin avant l'assaut, le duc de la Feuillade avait fait mettre en mouvement les troupes qui occupaient la rive droite du Pô, comme pour attaquer les ouvrages de cette rive; mais cette manœuvre n'avait pas fait prendre le change aux assiégés, qui s'étaient bien gardés de dégarnir le front d'attaque, comme ce général l'avait espéré.

La Feuillade attribua principalement le mauvais succès de cet assaut à l'ingénieur en chef Tardif; celui-ci en rejetait la

faute sur les officiers d'artillerie, pour n'avoir pas rendu la
brèche assez praticable et n'avoir pas su éteindre le feu de la
place.

Lorrières d'Astier, l'un des chefs de brigade des ingénieurs,
qui avait été chargé de l'attaque de la demi-lune, se plaignit
de ce qu'il n'y avait pas proprement de descentes de fossé (sans
doute parce que les galeries en étaient étroites et incommodes),
et de ce que la brèche était fort petite et presque impraticable.

Il fut résolu de faire deux nouvelles descentes de fossé et
d'agrandir, à l'aide du mineur, la brèche de la demi-lune; mais
la prise de Turin semblait désormais fort reculée, d'autant que
le désastre de ce dernier assaut, joint à l'arrivée prochaine du
prince Eugène, avait jeté la consternation parmi les troupes.

Les ennemis s'emparèrent de la pièce de canon que la mine
avait lancée dans le fossé; et, après l'avoir traînée en triomphe
dans la ville, ils la placèrent devant le palais du gouverneur,
comme un trophée de leur victoire. « Les assiégeans ne sont pas
« tout-à-fait à portée de s'emparer de l'artillerie d'une place, dit
« le *Journal historique,* quand, après quatre mois de siége, ils
« laissent prendre la leur par les assiégés. »

Après l'action, les Français ayant demandé la permission d'enlever les morts qu'ils avaient laissés dans les fossés, le gouverneur ne voulut point la leur accorder, de crainte qu'ils ne
vissent de trop près l'état de délabrement de la place; et la
nuit suivante, les cadavres furent recouverts de bois sec et dé-
vorés par les flammes (92, 93, 95 et 96).

91ᵉ Nuit (du 31 août au 1ᵉʳ septembre).

On s'occupa à rétablir les batteries, et l'on jeta, pendant la
nuit, une grande quantité de bombes et de pierres dans les ouvrages; les mineurs travaillèrent à l'amélioration des descentes
de fossés, à diriger des galeries par-dessous ces fossés, pour faire
sauter la demi-lune, et à creuser des puits de manière à éventer

les mines que les ennemis pourraient vouloir faire jouer pour renverser encore les batteries.

Les assiégés entretinrent des feux allumés dans les fossés, comme les nuits précédentes.

Ils s'aperçurent qu'un seul des deux fourneaux auxquels ils avaient mis le feu la veille sous la batterie de la place d'armes rentrante, avait fait explosion, ce qui provenait (dit le *Journal historique*) de ce que le souffle d'un des saucissons qui avait pris feu le premier, avait emporté la mèche de l'autre; ils ne furent point fâchés de cet accident, qui leur laissait encore un fourneau disponible sous la même batterie.

92ᵉ Nuit (du 1ᵉʳ au 2 septembre).

Continuation des travaux précédens : on commença une nouvelle batterie pour mortiers ou pierriers, dans le couronnement, entre le saillant du chemin couvert de Saint-Maurice et la place d'armes rentrante.

Le gouverneur reçut une nouvelle lettre du prince Eugène, qui lui annonçait son arrivée en Piémont, complimentait la garnison sur sa brillante conduite dans les derniers assauts, et lui renouvelait la promesse de tout tenter, *quoi qu'il en puisse coûter*, pour la délivrance de la place.

93ᵉ Nuit (du 2 au 3 septembre).

Continuation des travaux des nuits précédentes. Quatre à cinq pièces seulement tirèrent contre la demi-lune et contre le bastion Saint-Maurice; la batterie à ricochet fut servie avec beaucoup de vivacité.

Le gouverneur, averti de l'arrivée de l'armée de secours par des feux que le duc de Savoie fit allumer sur les hauteurs, organisa un corps de 12 bataillons et de 500 chevaux, avec 6 pièces de canon, pour seconder l'attaque des lignes. Ces troupes devaient être remplacées dans le service des postes par 8 bataillons de milices bourgeoises.

94ᵉ Nuit (du 3 au 4 septembre).

95ᵉ Nuit (du 4 au 5).

Continuation des travaux ci-dessus.

Le 5, entre dix et onze heures du matin, une petite troupe des assiégeans descendit dans le fossé, et alla reconnaître et insulter la brèche de la demi-lune; mais elle fut obligée de rétrograder très-promptement, et les assiégés saisirent ce moment pour faire jouer le fourneau qui leur restait sous la batterie de la place d'armes : ce fourneau fit sauter encore 2 des pièces de cette batterie.

Pendant la plus grande partie de la journée, les assiégeans tirèrent en brèche avec 14 pièces de canon.

La brèche du bastion Saint-Maurice commençait à s'agrandir, et paraissait devoir être bientôt praticable, malgré les efforts que les ennemis faisaient chaque nuit pour en déblayer le pied.

Le corps composé de cavaliers démontés était toujours employé à cet ouvrage, « pour lequel il recevait une double paie, et même plus [1]. »

96ᵉ Nuit (du 5 au 6 septembre).

On continua le tir en brèche avec la plus grande partie des pièces des batteries du couronnement.

On travailla en même temps aux batteries des places d'armes rentrantes, aux descentes de fossé et aux mines.

97ᵉ Nuit (du 6 au 7 septembre).

Pendant la nuit, on discontinua le tir en brèche pour réparer les batteries; mais le feu de toutes les pièces recommença à la pointe du jour. La demi-lune avait son saillant complètement ruiné et sa face gauche ouverte; les épaules des deux bastions présentaient des brèches considérables, et l'on espérait bientôt les agrandir encore, et même les rejoindre l'une avec l'autre en ouvrant toute la courtine, à l'aide des batteries qui s'achevaient dans les places d'armes rentrantes.

[1] *Journal historique.*

13.

Mais tandis que les assiégeans commençaient à reprendre courage et à se flatter d'un heureux et prompt dénouement, le prince Eugène vint attaquer, le 7 septembre au matin, les lignes qui étaient à peine ébauchées entre la Doire et la Sture; et ces lignes ayant été forcées, les Français levèrent précipitamment le siége dans la soirée, sans rien sauver de tout leur matériel, à l'exception de quelques pièces de campagne; seulement ils brisèrent ou brûlèrent tous les affûts de canons ou de mortiers, et mirent le feu à leurs magasins à poudre.

Il y avait 117 jours que l'armée française était arrivée devant la place, et les ennemis comptaient 103 jours depuis l'ouverture de la tranchée, qu'ils rapportaient à la nuit du 26 au 27 mai, époque où il avait été tiré une première ligne parallèle à cinq ou six cents toises de la citadelle.

Voici un extrait du tableau général, rapporté par Quincy, des munitions et approvisionnemens de toute espèce qui ont été conduits, consommés ou abandonnés devant la place.

Nous y avons joint une colonne qui présente en regard les demandes faites par Vauban dans son mémoire pour le siége, demandes qui sont bien inférieures en toutes choses à ce qui a été fourni.

ÉTAT DU MATÉRIEL				
	DEMANDÉ par Vauban.	CONDUIT	CONSOMMÉ	ABANDONNÉ
			devant la place.	
Canons...... de 24........	60.	104. } 110.	....	100. } 106.
de 16........	....	6.		6.
de 12........	30.	17.		16.
de 8........	....	10. } 62.	....	7. } 35.
de 4........	....	35.		12.
Mortiers...... de 12 pouces.		39.		39.
de 9 pouces.	44.	7. } 59.	....	7. } 59.
de 6 pouces.		13.		13.

ÉTAT DU MATÉRIEL

		DEMANDÉ par Vauban.	CONDUIT		CONSOMMÉ		ABANDONNÉ	
			devant la place.					
Boulets	de 24	40,000 à 50,000.	89,623.	116,482.	69,237.	85,137.	20,386.	31,145.
	de 16		26,859.		15,900.		10,959.	
	de 12		21,210.		2,100.		210.	
	de 8		3,800.	33,410.	3,500.	9,600.	300.	4,910.
	de 4		8,400.		4,000.		4,400.	
Bombes	de 12 pouces	15,000 à 16,000.	13,960.		13,849.		111.	
	de 9 pouces		5,549.	25,155.	3,782.	20,945.	1,767.	4,210.
	de 6 pouces		5,646.		3,314.		2,332.	
Grenades	chargées	40,000.	25,540.	46,725.	23,200.	27,700.	2,340.	19,025.
	non chargées		21,185.		4,500.		16,685.	
Poudre		950,000 livres.	1,411,200 livres.		1,176,760 livres.		234,440 livres.	
Outils à pionnier		35,000.	56,375.		54,742.		1,633.	
Sacs à terre		50,000.	174,160.		142,260.		31,000.	

Suivant les historiens piémontais, les assiégés tirèrent 6 à
7 mille bombes, environ 75 mille coups de canon, 60 à 80
mille coups de pierrier, et 1,500 coups à grenades royales;
ils jetèrent plus de 40 mille grenades à la main, dont 17 mille
avaient été fabriquées pendant le siége; ils consommèrent 4 mille
balles ardentes, 60 mille pains de goudron pour éclairer les
attaques, et 65 mille sacs à terre; ils mirent hors de service
7,587 armes à feu, 47,900 outils de terrassier, 3,745 outils
de charpentier, et 5,450 outils de mineur; enfin ils firent jouer
21 fourneaux de mine [1].

Cependant, d'après plusieurs pièces officielles, la totalité de
la poudre consommée dans la place n'a pas dû excéder 500 mille
livres (de France), et cette quantité est bien inférieure à celle que
comportent les consommations que nous venons de rapporter [2].

[1] _Journal historique_ et Tarizzo.

[2] A l'époque du 22 juin, il ne restait plus dans la place, suivant une lettre du duc de

43 milliers de poudre avaient été fabriqués dans la place pendant le siége, à force de bras, à défaut d'eau et de machines, et 60 milliers environ y avaient été introduits par le duc de Savoie; enfin, au moment de la levée du siége, il n'en restait plus que la quantité suffisante pour les salves de réjouissance. « Un jour plus tard (dit une relation allemande), Turin aurait été obligé de capituler, faute de munitions. »

La perte des assiégeans, pendant tout le siége, peut être évaluée de 9 à 10 mille hommes tués, blessés ou déserteurs, à quoi il faut encore ajouter plus de 4 mille malades qui tombèrent entre les mains de l'ennemi; c'est en tout environ 14 mille hommes [1].

Savoie du 14 juillet, que 363,000 livres de poudre (23,850 rubbi, mesure piémontaise), ci... 363,000 livres.

Ce prince n'a fait jeter dans la place, jusqu'à l'époque du 28 juillet (suivant sa lettre dudit jour), que 3,049 rubbi, faisant......... 46,345 livres.

Le 3 août, il y est entré un dernier convoi de 800 rubbi.. 12,160.

TOTAL............... 58,505 livres.

De petites quantités y ont encore été apportées par les Montferrins, suivant une lettre du directeur des finances de Turin du 1er août; ainsi l'on peut évaluer la quantité totale de poudre introduite dans la place pendant le siége à 60 milliers, ci... 60,000.

Quant à la quantité de poudre qui a été fabriquée dans la place, elle est, suivant Tarizzo, de 2,800 rubbi, ou 42,560 livres, ci................. 42,560.

TOTAL............................ 465,560 livres.

Ainsi, depuis le 22 juin jusqu'à la fin du siége, il n'a pu être consommé au plus que 465 milliers de poudre; et en supposant la consommation antérieure de 35 milliers, cela fera un total de 500 milliers.

[1] Les rapports officiels français ne font pas mention des pertes de l'armée assiégeante depuis le 28 juillet.

La relation allemande du *Journal de Vienne* porte la perte des Français à 12,000 hommes tués ou blessés (sans compter les malades et les déserteurs), ce qui nous paraît un peu exagéré.

Le duc de Savoie, dans une lettre au prince Eugène datée du 14 août (rapportée aussi dans le *Journal de Vienne*), annonce que, d'après les renseignemens les plus certains, l'armée française est affaiblie de 10,000 hommes : c'est en partant de cette donnée, et en y ajoutant

Celle des assiégés fut de plus de 5,000 hommes[1], dont 2,000 déserteurs.

les pertes des vingt-trois jours suivans, évaluées suivant les probabilités, que nous sommes arrivés au nombre de 14,000, compris les malades.

Voici comment on peut encore parvenir au même résultat, en s'appuyant seulement sur les documens fournis par les assiégeans.

On a vu qu'à l'époque du 28 juillet les pertes de l'armée au siége étaient,

Tués ou blessés... 3,000 hommes.

Malades aux hôpitaux....................................... 1,800.

Il faut y ajouter les pertes des 15,000 hommes qui ont été détachés du siége, du 14 juin au 3 août, et qui n'y sont revenus qu'après avoir eu plusieurs engagemens avec le duc de Savoie, fait le siége d'Asti et entrepris ceux de Cherasco et de Ceva : nous croyons qu'elles peuvent être évaluées, en tués, blessés ou malades, à environ............................ 2,000.

TOTAL au 28 juillet................. 6,800.

Du 28 juillet au 7 septembre il y a 40 jours : or comme, d'après les états officiels, la perte du 16 au 28 juillet (pour les troupes présentes au siége) a été de 88 hommes par jour moyennement, nous ne croyons pas qu'elle puisse être évaluée à moins de 100 pour chacun des 40 derniers jours, ce qui fera 4,000.

Plus pour les deux assauts, environ............................. 700.

Il faut encore y ajouter les malades : or, d'après les états, le nombre des malades s'est accru de 38 hommes par jour du 9 au 28 juillet; supposant 50 hommes par jour pendant les 40 derniers jours, ce sera............ 2,000.

Supposant enfin 500 déserteurs, ci............................... 500.

On aura le nombre annoncé.................................... 14,000 hommes.

[1] Quincy dit que les assiégés furent réduits à 3,122 hommes en état de porter les armes; ce qui, en admettant que la garnison était forte de 10,500 hommes au commencement du siége, ferait monter ses pertes à 7,378 hommes.

Tarizzo établit la perte des assiégés comme il suit :

Officiers impériaux tués ou blessés............................ 51.

Officiers piémontais... 436.

Soldats impériaux et piémontais.............................. 2,247.

Déserteurs... 2,073.

Prisonniers.. 58.

TOTAL...................... 4,865.

Il ajoute qu'il est mort 559 hommes à l'hôpital, mais sans parler du nombre des malades.

Nous avons adopté la version du *Journal historique*, qui dit simplement (page 138) que la désertion, la maladie, les blessures et la mort, ont diminué la garnison de plus de 5,000 hommes. Il n'est point question de la perte des milices bourgeoises.

Les détails dans lesquels nous venons d'entrer nous dispensent de faire l'énumération des causes qui ont autant prolongé la durée du siége. Pour nous borner aux principales, nous dirons seulement que la cause première a été, conformément à l'opinion de Vauban, le mauvais choix du point d'attaque; viennent ensuite le défaut d'investissement de la place pendant les deux premiers mois du siége, et l'éloignement d'une partie des troupes, qui ont été inutilement détachées à la poursuite du duc de Savoie: enfin la justice exige que nous mentionnions l'intelligence et la bonne conduite des assiégés; car la défense de Turin mérite d'être citée pour modèle, eu égard sur-tout à la petite quantité de munitions dont les ennemis ont pu disposer, et à la mauvaise qualité d'une partie des troupes de la garnison. Sur 10,500 hommes, en effet, dont elle se composait au commencement du siége, plus de moitié étaient des paysans enrôlés nouvellement et par force, et il en déserta successivement environ 2,000.

On trouvera, dans la troisième partie, de nombreux détails sur la levée du siége et sur toutes les circonstances qui ont accompagné et suivi ce malheureux événement.

TROISIÈME PARTIE.

RELATION

DE L'ATTAQUE DES LIGNES DE TURIN,

PRÉCÉDÉE D'UNE ANALYSE

DES OPÉRATIONS DE LA CAMPAGNE DE 1706 EN LOMBARDIE.

Le début de la campagne de 1706, en Lombardie, avait été favorable aux Français; le 19 avril, le duc de Vendôme, ayant réuni à l'improviste la plus grande partie de ses troupes, avait surpris et défait complètement les troupes impériales à Calcinato, près du lac de Garda : elles étaient alors sous les ordres du général Reventlau, qui commandait en l'absence du prince Eugène; mais ce prince arriva le soir même de la bataille, et assez à temps pour rallier les fuyards. A la tête d'une forte arrière-garde, il se mit à disputer le terrain sur le bord occidental du lac de Garda, pendant que le reste de son armée, faisant le tour du lac, était dirigé du côté de Vérone. Le général français revint alors sur ses pas, et résolut de se borner à la défensive, en se fortifiant sur la rive droite de l'Adige. Il espérait pouvoir empêcher le passage de cette rivière, pendant le temps qui serait nécessaire au duc de la Feuillade pour s'emparer de Turin; après quoi les armées de Lombardie et de Piémont réunies repousseraient facilement les impériaux. Le prince Eugène, dont les forces, à cette époque, étaient inférieures en nombre à celles des Français, eut donc toute liberté pour réorganiser son armée, recevoir les renforts qu'il attendait, et se préparer les moyens de prendre l'offensive; son but était la délivrance de Turin, et il avait résolu de tout tenter pour y parvenir.

14

Le 4 juillet, il partit secrètement de son camp de Saint-Martin, près de Vérone ; et après avoir fait donner l'alarme aux environs de Rivoli, où il laissa un corps considérable, comme s'il eût voulu effectuer son passage, il réunit promptement le reste de ses troupes sur le bas Adige, du côté de Masi : à l'aide de cette manœuvre, il passa la rivière, presque sans opposition, à la Rotta-Nuova et à la Badia, les 6, 7 et 8 juillet, avec une partie de son armée, dont le reste acheva de passer le 12, à l'exception d'un corps de 8,000 hommes d'infanterie et 1,200 de cavalerie, qui resta sur le haut Adige, près de Vérone, aux ordres du général Wetzel.

Les troupes françaises disséminées sur le bas Adige évacuèrent avec précipitation tous les postes qu'elles occupaient; et le prince Eugène, profitant du désordre dans lequel il les avait jetées, passa successivement le canal Blanc, le Tartaro et le Pô, les 14, 15 et 16 juillet.

A cette époque, le duc de Vendôme, qui venait de recevoir l'ordre de se rendre en Flandre pour y remplacer le maréchal de Villeroi, remit son commandement au duc d'Orléans. Ce prince, ayant sous lui le maréchal de Marcin, était arrivé le 14 à Goito, sur le Mincio, où il s'occupa d'abord à réunir la plus grande partie de ses forces.

Le prince Eugène s'établit sur la rive droite du Pô, dans le Ferrarais : il se proposait d'attendre, pour pénétrer plus avant, l'arrivée d'un renfort de 7 à 8,000 Hessois; ces troupes devaient joindre le corps aux ordres du général Wetzel, qui était resté sur le haut Adige, et, aussitôt après leur jonction, menacer le Milanais, tandis qu'Eugène marcherait vers le Piémont.

A la mi-juillet, les troupes impériales sous ses ordres, suivant les relations officielles allemandes[1], présentaient seulement un

---

[1] *Journal de Vienne*, 1818, 9ᵉ livraison.

effectif de 31,368 hommes, dont 4,500 hommes de cavalerie. Les
Français avaient en Lombardie 68 bataillons et 77 escadrons,
faisant environ 35,000 hommes[1]; en sorte que, déduction faite
de 8 ou 9 bataillons nécessaires pour la garde des places, ils
pouvaient leur opposer des forces à-peu-près égales: mais les chefs
de l'armée française, mal informés, supposaient aux impériaux
un nombre de troupes bien supérieur.

Cependant le duc d'Orléans, pour faire face au prince Eugène, passa de son côté sur la rive droite du Pô, avec 40 bataillons et 58 escadrons, laissant le comte de Médavi sur le
Mincio, avec 17 bataillons et 12 escadrons, pour s'opposer au
général Wetzel; 11 bataillons et 7 escadrons étaient établis dans
les places ou en observation vers le lac de Garda. Ce prince
donna, en même temps, des ordres pour élever des lignes à Stradella, sur la rive droite du Pô, entre Plaisance et Tortone, où
se trouvait une position que l'on regardait comme susceptible
de bonne défense, et il manda au duc de la Feuillade d'y envoyer un détachement de ses troupes : mais ce général, s'étant
rendu aussitôt près du prince, lui représenta qu'il ne pouvait,
sans interrompre le siége, détacher de son armée un corps
d'infanterie un peu considérable; il se borna à envoyer une portion de sa cavalerie, qui même ne joignit pas le duc d'Orléans;
elle n'alla que jusqu'à Crémone, d'où elle revint bientôt sur ses
pas, lorsqu'il fut décidé que l'armée de Lombardie marcherait
elle-même à Turin[2].

Tout en attendant les Hessois, le prince Eugène ne laissa
pas de gagner du terrain ; en conservant l'offensive, il mainte-

---

[1] Dans ce nombre ne sont pas compris quelques bataillons espagnols qui, tenant pour
Philippe V, faisaient cause commune avec les Français, mais dans lesquels on avait peu
de confiance.

[2] Le prince Eugène, dans une lettre du 30 juillet, écrit au duc de Savoie que, si
l'ennemi a, comme on le dit, détaché du siége 20 bataillons et 40 escadrons, on doit
trouver le moyen de faire entrer des poudres dans la place .

tenait d'ailleurs les généraux français dans l'opinion qu'ils avaient de sa supériorité, et les empêchait de réunir et de combiner leurs moyens de défense.

L'armée française, menacée d'être tournée par sa droite, abandonna successivement la Secchia et la Parmegiana, et se retira, dans les premiers jours d'août, sur le Crostolo, près de Guastalla.

Eugène résolut alors de s'arrêter quelques jours pour s'emparer de Carpi et de Reggio. Dans ses lettres au duc de Savoie, il faisait observer à ce prince, qui attendait fort impatiemment son arrivée, qu'il ne pouvait s'avancer davantage sans avoir en son pouvoir une seule place, même *insignifiante*, pour assurer du pain à son armée, et la débarrasser de ses malades et de l'incroyable quantité de bagages qu'avaient les troupes alliées; que le comte de Stahremberg, quand il avait pénétré en Piémont par le même chemin, en 1703 [1], était maître de la Mirandole et des places de la Secchia, où il avait pu laisser tout ce qui l'embarrassait; et que c'était toute autre chose d'entreprendre une marche pareille avec une armée composée de troupes de différens pays [2]; que si ces troupes étaient aussi habituées à supporter les privations que celles de l'empereur, il ne s'inquiéterait pas autant des moyens de leur procurer du pain. Enfin il ajoutait « que « l'occupation des places de Carpi et de Reggio était nécessaire « pour assurer sa communication avec l'Allemagne et lui permettre de se faire joindre par les recrues et les remontes qui « devaient lui arriver successivement; que, rigoureusement et « suivant les *principes de guerre*, il faudrait encore qu'il s'em« parât de Modène, de la Mirandole et de quelques autres postes,

---

[1] Le comte de Stahremberg partit le 26 décembre des bords de la Secchia, passa à travers les quartiers du duc de Vendôme, et arriva le 12 janvier à Nizza en Piémont, avec 9 à 10 mille hommes. Ce fut à l'aide de ce renfort que le duc de Savoie disputa si vivement aux Français, les années suivantes, la possession de ses états.

[2] L'armée du prince Eugène se composait de troupes de l'empereur, de Prussiens, de Saxons et de Palatins.

« mais qu'une fois maître de Carpi et de Reggio, il marcherait
« en avant sans tarder davantage, ou qu'il attaquerait les Français,
« s'ils prétendaient lui barrer-le chemin (70 et 75) ».

La tranchée fut ouverte le 3 août devant Carpi, qui se rendit à
discrétion le 5 : la garnison était forte d'un bataillon de 350
hommes, qui fut fait prisonnier. La ville de Reggio fut occupée
le 10, et la citadelle se rendit à discrétion le 14; sa garnison
était aussi d'un bataillon.

Le général Wetzel, ayant alors été joint par la plus grande
partie des Hessois, s'avança à Valleggio sur le Mincio, et envoya
quelques renforts au prince Eugène, qui, laissant des garnisons
à Carpi, Reggio, Correggio et Final-de-Modène, pressa sa marche
vers le Piémont.

Le duc d'Orléans se retira sur la rive gauche du Pô, qu'il
passa à Guastalla, avec le projet, au cas que le prince Eugène
continuât à marcher sur Turin, d'aller repasser ce fleuve plus
haut, pour arrêter les impériaux, non plus à Stradella, dont les
lignes commencées avaient été rasées, mais dans une meilleure
position sur le Tanaro, entre Alexandrie et Valence. Néanmoins
ce dernier projet fut encore abandonné, parce que les généraux
français craignirent, en s'établissant dans cette position, de découvrir le Milanais et même le chemin de Turin par la rive
gauche du Pô. En définitive, ils résolurent de ne point s'opposer
à la marche du prince Eugène, mais seulement de le prévenir
devant la place assiégée.

On laissa au comte de Médavi 23 bataillons et 42 escadrons
pour garder le Milanais et tenir tête, sur le Mincio, aux Hessois
et au général Wetzel; 6 bataillons furent employés pour former
les garnisons des places de Modène, la Mirandole et Guastalla;
2 bataillons avaient été perdus à Carpi et à Reggio; de manière
que des 68 bataillons et 77 escadrons de l'armée de Lombardie,
il ne restait plus de disponibles que 37 bataillons et 35 escadrons.

Cependant le duc d'Orléans, ayant appris à Guastalla que les Hessois venaient de passer le Mincio à Valleggio, près de Goito, alla immédiatement avec un détachement au secours de cette dernière place, qui renfermait des magasins considérables : mais il arriva trop tard ; Goito avait déjà capitulé [1].

Il ne songea plus alors qu'à regagner les deux journées de marche que cette course venait de lui faire perdre, et il fit faire à son armée une telle diligence, qu'elle arriva à Chivas le 28 août, n'étant partie de Guastalla que le 17 au matin ; elle avait fait ainsi environ 60 lieues en 11 jours : il est vrai qu'une partie de l'infanterie avait été transportée sur des chariots.

Le lendemain, 29 août, le prince Eugène arriva sur le Tanaro, et le 1er septembre il fit sa jonction avec le duc de Savoie, à Villa-Stellone, entre Moncaglieri et Carignano, à 4 lieues de Turin. Il avait fait 69 lieues en 17 jours, passé entre les forteresses de Valence, Tortone et Alexandrie, et à proximité de plusieurs autres places occupées par les Français. Son armée eut beaucoup à souffrir de la chaleur et du manque d'eau, et n'avait vécu que des subsistances qu'elle était parvenue avec beaucoup de peine à se procurer dans le pays [2].

L'armée du duc de Savoie était forte de 14,000 hommes

---

[1] Goito capitula à la première sommation : la garnison, forte de 300 hommes, obtint par cette prompte capitulation la liberté de se retirer à Crémone ; mais le commandant, traduit devant un conseil de guerre, fut condamné à avoir la tête tranchée.

[2] L'armée du prince Eugène partit de Reggio le 14 août, au milieu de la nuit ; voici son itinéraire :

Le 16, entre la Lenza et Parme..	5 lieues.
Le 17, à Badia-Fontana..	5 1/2.
Le 18, à Chiara-Valle (près Fiorenzella).............................	4
Le 19, à Cadé (3 lieues avant Plaisance).............................	2
Le 20, séjour à cause de la grande chaleur.	
Le 21, à Castello-San-Giovanno (après une marche de nuit)............	9
Le 22, entre Stradella et Bionni....................................	3 1/2
A reporter......................	29 lieues.

environ; elle consistait en 2 bataillons de troupes réglées, qui formaient auparavant les garnisons de Coni et de Cherasco, 8 régimens de milice levés récemment dans les pays qui n'étaient pas occupés par les Français, 1 bataillon de Vaudois, 100 camisards et 4,000 cavaliers ou dragons (dont 2,000 seulement étaient montés).

Le 2 septembre, le prince Eugène et le duc de Savoie se transportèrent, avec un détachement, sur les hauteurs de la Soperga, près de Turin, d'où ils examinèrent les retranchemens des assiégeans; des feux allumés par leurs ordres, sur cette hauteur, firent connaître aux défenseurs de Turin l'arrivée de l'armée libératrice.

L'armée des alliés se reposa le 2 et le 3 au camp de Villa-Stellone; elle y fut pourvue, par les soins du duc de Savoie, de tout ce qui était nécessaire à ses besoins.

La nuit du 3 au 4, les 8 régimens de milice, formant environ 9,000 hommes, et 4 bataillons d'infanterie régulière, furent détachés vers Chieri, sous le commandement du comte de Santena, pour menacer les retranchemens de la rive droite et tâcher d'introduire des secours et des munitions dans la place.

D'autre part .... 29 lieues.

Le 23, à Voghera 6

Le 24, séjour : la cavalerie fut détachée pour observer les garnisons de Tortone et d'Alexandrie.

Le 25, à Castel-Nuovo-di-Scrivia 3

Le 26, à Bosco sur l'Orba 7

Le 27, à Castellazzo 2

Le 28, à Masio 5

Le 29, à Isola, où elle passa le Tanaro le lendemain, sur un pont de bateau qu'avait fait jeter le duc de Savoie 5 1/2

En partant d'Isola, l'armée se dirigea d'abord vers Carmagnola, où était le quartier du duc de Savoie; mais elle changea ensuite de direction, et, pour la commodité de l'eau, se rendit le 31 à Villa-Stellone, où les troupes du duc de Savoie la joignirent le lendemain 11 1/2

69 lieues.

Il restait au duc de Savoie et au prince Eugène 52 bataillons
et 99 escadrons, faisant environ 30,000 hommes, dont 6,000
de cavalerie[1]. Le 4 septembre au matin, cette armée, après avoir
reçu des vivres pour plusieurs jours, passa le Pô sur deux ponts,
près de Villa-Stellone, et alla camper à Binasco, de l'autre côté
du Sangon. Le 5, à la pointe du jour, elle continua sa marche
autour de Turin, sur 3 colonnes, une d'infanterie à la droite,
une de cavalerie à la gauche, l'artillerie et les bagages formant
celle du milieu ; elle arriva le même jour de bonne heure sur
les bords de la Doire, où elle campa vis-à-vis de Pianezza.

Le prince Eugène fut averti, en arrivant, qu'on apercevait de
l'autre côté de la Doire un convoi venant de Suze et allant au
camp des assiégeans : il se composait de 1,300 mulets chargés
de poudre et de farines, sous l'escorte de 3 escadrons de dragons. Deux corps de cavalerie impériale furent aussitôt détachés
pour passer la rivière à gué, l'un au-dessus, l'autre au-dessous
de Pianezza, de manière à mettre le convoi entre deux feux.
Malgré cette manœuvre, l'un des escadrons français qui était
en tête du convoi réussit à s'échapper vers Turin avec 500 mulets ;
mais les 800 mulets qui suivaient furent coupés avec les deux
autres escadrons, et obligés de se jeter dans le château de Pianezza. Le prince Eugène envoya alors de l'infanterie pour attaquer ce château, et les dragons furent sommés de se rendre
immédiatement, avec menace, s'ils se laissaient enlever de vive
force, d'être passés au fil de l'épée, *en punition d'avoir osé résister à une armée royale :* cependant cette sommation étant restée
sans effet, les impériaux attendaient que les ponts qu'ils avaient
entrepris sur la Doire fussent achevés, pour attaquer le château

---

[1] Ce nombre de troupes est donné par une relation allemande composée sur des pièces
officielles, et insérée dans le *Journal militaire de Vienne* (1818, 4ᵉ livraison, page 64). La
plupart des historiens évaluent le nombre des troupes impériales de 30 à 35 mille hommes ;
un seul historien (Umicaglia, *Memorie istoriche, &c.*) porte ce nombre à 57 mille hommes

avec du canon, lorsque pendant la nuit ils découvrirent un
passage souterrain par lequel ils s'introduisirent dans les caves;
ce qui décida les défenseurs à capituler. Indépendamment des
dragons du convoi, il y avait dans ce poste une centaine de
soldats français malades.

Le 6 septembre, l'armée ennemie passa la Doire à Alpignano,
et alla camper entre cette rivière et la Sture, la droite à Pianezza, la gauche à la Vénerie royale, à deux lieues de Turin,
où fut établi le quartier général. L'attaque des lignes par le
quartier entre la Doire et la Sture fut décidée pour le lendemain.

Voyons actuellement les mesures qui avaient été prises dans
le camp des assiégeans depuis l'arrivée de l'armée de Lombardie.

Cette armée, en arrivant devant Turin, ne se composait plus
que de 32 bataillons et de 35 escadrons, parce que, depuis
son départ de Guastalla avec 37 bataillons, 5 bataillons en avaient
été détachés pour renforcer les garnisons de Valence, Tortone
et Alexandrie : elle ne comptait qu'environ 18 mille hommes,
dont 14 à 15 mille d'infanterie [1].

L'armée de Piémont, qui avait été de 40 mille hommes au
commencement du siége, était réduite, suivant nos calculs, à
environ 26 mille hommes, dont 6 mille de cavalerie, en sorte
que les deux armées réunies pouvaient faire 44 mille hommes,
dont 10 mille de cavalerie [2].

Le 29 août, le duc d'Orléans fit la visite des lignes; le 30,

[1] Ce nombre résulte des documens originaux.

[2] La relation allemande n'évalue pas l'armée française à plus de 47 mille hommes,
dont 13 mille de cavalerie; ainsi c'est, comme nous, 34 mille hommes d'infanterie : mais
nous ne croyons pas que les 108 escadrons aient pu faire, à cette époque de la campagne,
plus de 10 mille hommes.

Le *Journal historique* dit que l'armée française était plus forte d'environ 15 mille hommes
que celle des alliés; ce qui la porterait à 45 mille, en admettant qu'il n'est question que
des troupes alliées réunies entre la Doire et la Sture.

il écrivit au roi que les retranchemens étaient très-bons du côté
de la montagne, que l'on travaillait à les améliorer dans la plaine
entre le haut Pô et la Doire, et que, quant à l'espace compris
entre la Doire et la Sture, il « était si étroit, que les ennemis
« ne pouvaient pas y venir avec toute leur armée, ni même y
« faire passer un corps pour secourir la place (90). »

Le lendemain 31, après le mauvais succès du deuxième assaut, il annonça que les retranchemens étaient « assez bons pour
« qu'on n'eût pas la crainte d'y être forcé ou surpris, » mais que
l'espérance de la prise de Turin était fort reculée, et que les
ennemis pouvaient faire beaucoup de mal à l'armée en coupant
ses communications avec la France et avec le Milanais, et en
faisant des courses dans le Dauphiné. « Le seul remède, ajoute-
« t-il, serait de donner un combat; il est vrai qu'on ne peut
« pas s'assurer que les ennemis l'acceptent, et comme nous ne
« devons aller à eux qu'en force, il y aurait à craindre que lorsque
« tous nos postes seraient dégarnis, ils ne fissent entrer un se-
« cours dans Turin. Je persiste néanmoins à croire que le moyen
« le plus sûr de remédier aux extrémités dans lesquelles nous
« allons tomber, serait un combat, au cas que les ennemis s'ex-
« posassent à le recevoir. » Il terminait sa lettre en demandant
un ordre précis de sa majesté, pour savoir s'il fallait *combattre*
ou rester dans les lignes (92).

A la même époque, le maréchal de Marcin écrivait au ministre qu'en sortant des lignes en force, on n'était pas assuré de
contraindre les ennemis à combattre, tandis qu'il était certain
qu'on leur donnerait le moyen de jeter du secours dans la
place. Il était d'avis, en conséquence, de rester dans les lignes :
« quoiqu'elles soient séparées par des ponts et qu'elles ne soient
« pas également bonnes par-tout, ajoutait-il en finissant, avec le
« soin qu'on prendra de les perfectionner, j'ai trop bonne opinion
« de notre infanterie pour croire que les ennemis nous y forcent;

« je doute même qu'ils osent nous y attaquer : ce qui n'empêche
« pas qu'ils puissent nous donner de grandes incommodités pour
« les subsistances (91). »

Le 1er septembre, le duc d'Orléans fit assembler un conseil
de guerre pour délibérer sur le parti qu'il convenait de prendre;
neuf lieutenans généraux y furent appelés et donnèrent leur avis
par écrit : six d'entre eux, Chamarande, la Feuillade, Saint-Frémond, de Vibraye, milord Galmoy et d'Arène, opinèrent pour
attendre l'ennemi dans les lignes, à cause de la difficulté d'en
déboucher en leur présence, et parce qu'on ne pourrait le faire
sans leur donner le moyen de jeter du secours dans la place;
d'Estaing pensa que l'on pourrait marcher aux ennemis, s'ils
s'établissaient entre Sangon et la Doire, parce qu'alors il ne faudrait que peu de troupes pour garder la montagne, et que les
lignes d'en bas seraient couvertes par l'armée; de Mursay fut
d'avis de ne hasarder une bataille que dans le cas où les
ennemis ôteraient la subsistance à l'armée, ou s'établiraient entre
Turin et Casal; enfin d'Albergotti représenta que l'armée étant
composée de 108 escadrons et 97 bataillons, on pouvait envoyer
100 escadrons et 9 bataillons pour observer les ennemis à portée
de la place, et, avec les 88 bataillons et les 8 escadrons restans,
continuer le siége et garder les avenues les plus exposées au secours, du côté où le corps d'observation ne serait pas (94). L'opinion presque unanime des membres du conseil de guerre fut
donc que l'armée devait rester dans les lignes; c'était aussi celle
du maréchal de Marcin : mais le duc d'Orléans persistait à soutenir qu'il valait mieux aller aux ennemis et leur livrer bataille,
et il eut à ce sujet quelques altercations assez vives avec le maréchal, dans lesquelles ce dernier alla même jusqu'à lui objecter
que, quoique commandant en chef de l'armée d'Italie, il n'avait
pas le pouvoir de lever le siége sans les ordres du roi, ce dont
le prince dit avoir été fort *piqué*. Cependant, comme il se trouvait

15.

presque seul de l'avis de sortir des lignes, il ne jugea pas devoir
prendre sur lui de le mettre à exécution, et il écrivit au roi quelques jours après (le 6 septembre), que, « sans changer d'opi-
« nion, il avait cru néanmoins, en raison de son noviciat dans
« le commandement, devoir s'en rapporter à l'avis de MM. les
« officiers géneraux, et que, dans le cas où les ennemis attaque-
« raient, ce qu'il n'osait espérer ni craindre, il tâcherait de ne pas
« donner de sa personne de mauvais exemples aux troupes de
« sa majesté (99). »

Les premiers jours de septembre furent employés à améliorer
et à perfectionner les lignes, tant celles de la montagne que
celles de la plaine entre le Pô et la Doire. Les retranchemens de
la montagne furent fraisés et palissadés, et ceux de la plaine
reçurent 6 à 7 pieds de hauteur d'eau dans leurs fossés.

Le 3 septembre, un régiment de dragons de 3 escadrons fut
envoyé à Suze pour en ramener un grand convoi de poudre et
de farine; c'est ce convoi qui, comme nous l'avons vu, fut enlevé
en grande partie, le 5, par l'ennemi.

Pour remplacer cette perte, les assiégeans envoyèrent le même
jour un détachement de 1,200 chevaux au-devant d'un nouveau
convoi qui devait leur arriver de Crescentino. Il n'y avait plus
de farines dans le camp que pour jusqu'au 9.

Le 6 septembre au matin, sur la nouvelle que l'ennemi avait
passé la Doire à Alpignano, les Français commencèrent, entre
la Doire et la Sture, sur 1,200 toises environ de développement,
une ligne de retranchemens à redans qui avait été tracée la veille
au soir; mais les travaux furent menés mollement, en partie par
défaut de bonne volonté de la part des soldats (118), en partie à
cause du peu d'importance qu'y attachaient les chefs, par suite
de l'opinion où ils étaient encore, dans la journée du 6, que
l'intention des ennemis n'était point de les attaquer de ce côté.
Dans cette persuasion, ils négligèrent de faire passer entre la

Doire et la Sture toute l'infanterie dont ils pouvaient disposer, au moins momentanément, sur les autres points, et ils se bornèrent à y envoyer une grande partie de leur cavalerie : aussi, quand les ennemis se présentèrent pour commencer l'attaque, les retranchemens étaient très-imparfaits, principalement sur la droite, où ils ne s'élevaient guère qu'à hauteur de la ceinture; ils n'étaient d'ailleurs occupés que par 17 bataillons faisant sept à huit mille hommes, qui bordaient sur 3 de hauteur presque toute l'étendue des retranchemens, depuis la Sture jusqu'au château de Lucengo; ce château, qui formait un poste fortifié depuis le commencement du siége, était occupé par un bataillon, et appuyait bien la gauche de la position; 39 pièces de canon étaient réparties le long des retranchemens, et 42 escadrons (4,200 h.) en 7 brigades étaient rangés en bataille en seconde ligne et à peu de distance derrière l'infanterie; en outre, 12 escadrons en 2 brigades étaient postés en arrière, du côté du vieux parc, pour observer et contenir la garnison; dans le même but, 4 à 5 bataillons occupaient quelques cassines sur la basse Doire et les redoutes de la circonvallation : c'était en tout, entre la Doire et la Sture, 22 bataillons, 54 escadrons.

Dans l'intervalle entre la Doire et le haut Pô, il pouvait y avoir 40 bataillons, sous les ordres de la Feuillade, pour garder les tranchées et continuer le siége : il s'y trouvait aussi 30 escadrons de dragons, qui furent détachés, au moment du combat, au secours des retranchemens attaqués, et 12 escadrons de cavalerie campés de distance en distance, faisant face à la circonvallation : ensemble 42 escadrons. Enfin, 35 bataillons occupaient les retranchemens de la rive droite du Pô, sous les ordres d'Albergotti, lieutenant général : total général, 97 bataillons, 96 escadrons. (On a vu que 12 escadrons avaient été détachés la veille du côté de Chivas, pour aller au-devant d'un convoi [1]).

[1] Nous avons manqué de renseignemens suffisans pour la répartition des 75 bataillons qui

Le 7 septembre, à la pointe du jour, l'armée des alliés prit les armes, sans battre ni sonner, dans son camp de la Vénerie.

L'ordre de la marche et les dispositions de l'attaque avaient été réglés par un ordre du jour communiqué à tous les chefs de corps.

L'infanterie marcha sur 8 colonnes à même hauteur, occupant tout l'espace entre la Sture et la Doire, les quatre colonnes de gauche devant former la première ligne, les quatre colonnes de droite la seconde ligne; tous les grenadiers de l'armée réunis formaient 6 petites colonnes qui marchaient en avant de l'infanterie de la gauche; l'artillerie était répartie entre les colonnes d'infanterie. La cavalerie, qui devait aussi former deux lignes, s'avança d'abord également en colonnes, derrière l'infanterie, jusqu'au village d'Altezzano; mais au-delà, comme le pays présentait une plaine découverte, le prince Eugène fit prendre à la cavalerie de la gauche le devant sur l'infanterie.

A 9 heures du matin, les ennemis arrivèrent à portée de canon des retranchémens, où ils s'arrêtèrent pour se former.

Les deux lignes d'infanterie se développèrent à 3 ou 4 cents pas l'une de l'autre, la gauche de chaque ligne s'appuyant à la

devaient se trouver, partie sur la rive droite du Pô sous Albergotti, partie au siége, entre la Doire et le haut Pô, avec le duc de la Feuillade. La plupart des historiens disent qu'Albergotti avait avec lui 40 bataillons, de manière qu'il n'en resterait que 35 pour garder les tranchées; cependant Albergotti lui-même, dans une lettre du 10 septembre que nous avons trouvée dans les documens originaux, annonce qu'il a ramené avec lui à Pignerol, indépendamment des troupes qui étaient sur la rive droite, une partie de celles qui ont combattu, et que les unes et les autres forment ensemble 47 bataillons et 40 escadrons : or il est difficile de croire que 7 bataillons seulement des troupes qui ont eu affaire à l'ennemi entre la Doire et la Sture aient passé le bas Pô; car nous avons vu qu'il y avait déjà au moins 4 bataillons préposés à la garde de la contrevallation. Ceux-là n'ont pu avoir d'autre retraite que par les ponts du bas Pô; il a dû s'y joindre encore très-probablement plus de 3 des 17 bataillons qui ont combattu dans les retranchemens. Ceci nous a conduit à faire la répartition des 75 bataillons non combattans, d'une manière inverse de celle des historiens, c'est-à-dire; à mettre 40 bataillons au siége et 35 seulement avec Albergotti, ce qui semble d'ailleurs plus convenable, eu égard à la situation de l'armée ennemie.

Sture; les grenadiers furent mis en bataille aussi sur deux lignes
en avant de l'aile gauche, vis-à-vis la droite des retranchemens,
contre laquelle devait se faire le plus grand effort. Les deux lignes
de cavalerie se développèrent derrière l'infanterie.

Il y avait 20 à 30 pas de distance entre les bataillons de la
première ligne, et un peu plus entre ceux de la seconde, afin
qu'au besoin la première ligne pût se retirer et se rallier derrière l'autre.

Cette formation en bataille employa deux heures, pendant lesquelles les troupes alliées eurent beaucoup à souffrir du feu de
12 pièces de canon qui se trouvaient sur la droite des retranchemens. Leur artillerie, composée de 15 pièces établies sur une
petite éminence où passait le chemin de la Vénerie, essaya, pour
faire diversion, de contrebattre le canon des retranchemens; mais
ce fut sans beaucoup de succès, à cause de l'avantage qu'avait
celui-ci d'être en grande partie couvert par les parapets.

Aux premiers coups de canon, le comte Daun, après avoir
fait relever les postes de la place par les milices bourgeoises,
avait rangé en bataille, près de la porte du palais, un fort détachement de la garnison, composé de 12 bataillons[1] et de
500 chevaux; il se proposait de profiter du premier moment favorable pour sortir de la place et prendre part à l'action.

Vers 11 heures, toute l'armée ennemie se trouva rangée en
bataille, et s'ébranla pour commencer l'attaque.

La première ligne devait s'arrêter à demi-portée de canon des
retranchemens, laisser rectifier son alignement, et attendre les
ordres; mais au lieu de s'arrêter, elle continua à marcher; il en
résulta que son aile gauche attaqua isolément, parce que la droite
étant plus éloignée des retranchemens, et ayant à traverser d'ailleurs un terrain humide et glissant, ne put entrer en action en

---

[1] Ces 12 bataillons ne devaient guère former plus de 2,000 hommes.

même temps. Les grenadiers, qui marchaient en avant de l'aile gauche, et deux brigades prussiennes de la première ligne, qui se mirent à leur droite, s'avancèrent l'arme au bras, suivant l'ordre qui avait été donné, jusqu'à 10 pas des retranchemens; mais ces troupes essuyèrent un feu si meurtrier qu'elles furent bientôt obligées de se retirer avec une grande perte; elles se reformèrent néanmoins à peu de distance, et les brigades du centre et de la droite étant arrivées successivement, l'attaque recommença sur tous les points à-la-fois.

Trois charges générales, précédées chacune d'une vive fusillade, sont successivement repoussées par les Français. Dans l'une des attaques, un bataillon français ayant plié vers le centre de la ligne, les ennemis parviennent à pénétrer momentanément dans l'intervalle qu'il avait laissé vide par sa retraite; mais bientôt ils sont chargés et repoussés par 4 escadrons de carabiniers qui, conduits par le duc d'Orléans, franchirent même les retranchemens, et poursuivirent les ennemis jusqu'à 100 pas de distance dans la plaine[1]. A la quatrième charge, les troupes prussiennes de l'aile gauche, animées par le prince Eugène, pénètrent par l'espace entre la Sture et le troisième redan; bientôt plusieurs passages sont ouverts dans les parapets, et livrés à la cavalerie, qui entre à son tour dans l'intérieur des retranchemens: mais au lieu de s'arrêter et de se former, comme elle en avait l'ordre, elle s'élance immédiatement à la poursuite des Français, entraînant l'infanterie prussienne à sa suite. Pour réparer cette faute, le prince Eugène va lui-même aussitôt chercher un des régimens de la seconde ligne, qu'il établit dans le retranchement avec trois pièces de canon que les Français avaient abandonnées, et qu'il fait retourner contre eux: il eut bientôt à se louer de l'utilité de cette précaution; car les troupes impériales qui s'étaient imprudemment avancées, ayant

---

[1] Ce fait est rapporté par la plupart des historiens, et confirmé par la pièce 107.

été ramenées en désordre par 8 escadrons français, elles se ral-
lièrent à la faveur de ce régiment et du feu des trois pièces de
canon : les Français furent repoussés à leur tour, et cet instant
décida de la victoire [1].

Le maréchal de Marcin, qui se tenait au centre des retranchemens, venait d'être blessé mortellement ; le duc d'Orléans,
qui combattait aussi au centre et avait déjà reçu une légère
blessure à la hanche, en reçut une plus grave au bras, et, forcé
de quitter le combat, se retira de l'autre côté du Pô, après avoir
donné des ordres pour la retraite.

Dans ce moment le centre des alliés, sous le commandement
du duc de Savoie, pénétrait aussi dans les lignes ; et ces nouvelles troupes, réunies à celles de la gauche, poussèrent le
centre et la droite des Français vers le bas Pô.

L'aile droite des ennemis, sous le duc de Saxe-Gotha, renouvelait inutilement ses attaques contre notre gauche. Les ouvrages
étaient presque achevés dans cette partie ; ils étaient protégés
d'ailleurs par le poste de Lucengo : mais les troupes de la seconde ligne des ennemis ayant franchi le centre des retranchemens à la suite de la première, vinrent prendre en flanc les
défenseurs de cette gauche, qui furent à leur tour forcés de l'a-
bandonner.

Il était alors midi et demi. Les assiégés s'emparèrent d'une
cassine fortifiée qui était près du château de Lucengo ; et sans
attaquer ce dernier poste, dont la prise ne leur paraissait pas
nécessaire au succès de la journée, ils se bornèrent à établir des
troupes en observation de ce côté, pour qu'aucun secours venant
de la rive droite de la Doire ne pût déboucher par les ponts sur

---

[1] Le prince Eugène faillit perdre la vie dans cette dernière action, en cherchant à
rallier sa cavalerie. Il eut un page et un valet-de-chambre tués derrière lui, et son cheval,
blessé d'un coup de carabine, s'abattit et le renversa dans le fossé du retranchement.
Histoire du prince Eugène.)

16

leur flanc droit. Mais ils furent bientôt hors de toute inquiétude à ce sujet, car aussitôt que les troupes de notre gauche eurent repassé la Doire, les défenseurs de Lucengo, après avoir mis le feu aux magasins qui s'y trouvaient, évacuèrent ce poste et coupèrent les ponts derrière eux : 30 escadrons de dragons, qui étaient arrivés sur la fin de l'action, et avaient mis pied à terre pour garnir la gauche des retranchemens, perdirent tous leurs chevaux dans cette retraite. Les troupes qui avaient repassé la Doire se rangèrent ensuite en bataille le long du ressaut du Valdoc, où se trouvaient déjà quelques bataillons amenés par le comte de Chamarande, avec plusieurs pièces de canon, qui tirèrent sur les ennemis.

Cependant nos troupes de la droite et du centre recommencèrent un moment le combat; s'étant ralliées à la faveur de quelques cassines fortifiées, elles firent ferme entre la Sture et la circonvallation, et arrêtèrent la cavalerie qui les poursuivait : mais l'arrivée de l'infanterie des ennemis décida de nouveau la victoire en leur faveur, et toute cette partie des troupes françaises fut mise en pleine déroute; quelques bataillons, qui étaient accourus en toute hâte de l'autre côté du Pô, servirent seulement à ralentir un peu la poursuite, de concert avec les troupes qui étaient en observation près du vieux parc. Quelques-uns de nos soldats, dans cette circonstance, tirèrent avantageusement parti de la contrevallation, en se postant en dehors du parapet, c'est-à-dire, du côté de la place, d'où ils firent feu sur les ennemis en se servant de la berme comme d'une banquette. La retraite de l'infanterie eut lieu, partie par le pont de la basse Doire et celui de Notre-Dame-du-Pilon sur le Pô, partie par l'autre pont qui se trouvait sur ce fleuve entre les confluens de la Doire et de la Sture; la cavalerie passa le Pô à gué, et un grand nombre de fuyards s'y noyèrent en voulant s'échapper plus promptement.

Au moment de la déroute, le comte Daun, à la tête des

5oo chevaux qui formaient la cavalerie de la garnison, chargea
de son côté sur les fuyards, et fit un grand nombre de prisonniers.

Tous les détachemens qui occupaient les redoutes de la circonvallation et les différentes cassines fortifiées tombèrent successivement entre les mains des ennemis.

Le combat ne fut entièrement terminé qu'à quatre heures ;
et alors seulement le duc de Savoie et le prince Eugène firent
leur entrée triomphante dans la place, où ils avaient été précédés
par de nombreuses colonnes de prisonniers.

La perte des Français dans cette bataille fut de 1,000 à 1,200
hommes tués, 1,800 blessés et 5,271 prisonniers (les blessés
compris) : total 6,500 hommes environ [1].

39 pièces de canon de campagne qui garnissaient les retranchemens, et 3,000 chevaux appartenant aux 30 escadrons de
dragons qui avaient combattu à pied, tombèrent au pouvoir des
vainqueurs.

Le maréchal de Marcin fut fait prisonnier dans une cassine
située près du vieux parc, où il avait été déposé, et il mourut
de sa blessure le lendemain de la bataille.

La cavalerie française s'était comportée en général très-fai-
blement : sur 42 escadrons qui étaient en ligne, 8 seulement

---

[1] Voici l'état des prisonniers, par grades, tel qu'il est donné par la relation allemande
du *Journal de Vienne* :

Le maréchal de Marcin et 5 officiers généraux	6.
Colonels	2.
Lieutenans-colonels	5.
Majors	3.
Capitaines	68.
Lieutenans	71.
Sous-lieutenans	18.
Enseignes	14.
Commissaires des guerres	20.
Cavaliers et soldats	5,064.
	5,271.

chargèrent les ennemis lorsqu'ils eurent forcé les retranchemens; les autres se retirèrent sans combattre, après la retraite de l'infanterie [1].

La perte des alliés fut d'environ 3,200 hommes tués ou blessés [2].

Après la bataille, l'intention du duc d'Orléans était de faire retirer l'armée sur Alexandrie; mais d'Arène, lieutenant général, ayant annoncé qu'il lui avait été rapporté que les ennemis occupaient avec des troupes réglées le château de Moncaglieri et la ville de Chieri [3], cette circonstance fit décider que la retraite aurait lieu sur Pignerol : elle commença pendant la nuit et avec beaucoup de confusion. Les troupes qui étaient sur la rive droite du Pô passèrent cette rivière au pont de Cavoretto, qu'ils brûlèrent avec précipitation aussitôt après leur passage : il en résulta la perte des équipages de toute cette partie de l'armée, qu'Albergotti avait d'abord fait filer sur Chivas, dans la persuasion que la retraite se ferait vers le Milanais.

L'armée des ennemis coucha sur le champ de bataille. A la pointe du jour, le prince Eugène éprouva une vive satisfaction en voyant les Français en pleine retraite sur Pignerol; on rapporte qu'il s'écria : « Pour le coup, l'Italie est à nous, et cette « conquête ne doit rien nous coûter [4]. »

---

[1] « La plus grande partie de la cavalerie du centre fit nonchalamment son devoir, pour « ne pas dire plus. » (*Mémoires sur la dernière guerre d'Italie*, par M. D***.)

« Il serait à souhaiter que toutes nos troupes eussent imité les carabiniers. » (Lettre du 18 septembre (110). Voyez aussi la pièce 107.

[2] Quincy porte la perte des alliés à 6 ou 7 mille hommes; mais ce nombre paraît fort exagéré. La relation allemande, qui en donne le détail, ne la fait monter qu'à 3,246, et la relation italienne de Tarizzo, à 3,218, dont 1,639 des troupes auxiliaires et 1,579 des impériaux.

[3] Ces postes étaient occupés par les troupes du comte de Santena, qui se trouvait, comme on l'a vu, sur la rive droite du Pô avec 9,000 hommes de milices et 4 bataillons de troupes régulières.

[4] *Histoire du prince Eugène,* tome III, page 134, petit in-8°, édition de 1750.

Il détacha à la poursuite des troupes françaises un corps d'environ 1,000 chevaux, qui chargea avec succès leur arrière-garde près de la Marsaille, leur fit éprouver une perte de plus de 2,000 hommes tués ou blessés, et enleva une quantité considérable de bagages. Un autre corps de cavalerie avait été envoyé sur la rive gauche de la Doire, près de Pianezza, afin de s'opposer aux Français dans le cas où ils auraient cherché à passer cette rivière pour gagner le Milanais.

L'armée française arriva le 8 à Pignerol, harcelée par les habitans, sans vivres, sans argent, presque sans bagages, dans le plus profond découragement, et presque aussi affaiblie par la désertion que par le feu de l'ennemi.

D'après les états officiels, l'infanterie était réduite à 20,759 hommes, sur lesquels il y avait plusieurs milliers de malades (105); quant à la cavalerie, elle comptait encore au moins 7,000 hommes, mais seulement 4,000 chevaux, à cause que les dragons avaient perdu les leurs comme nous l'avons dit : ainsi l'armée française, qui comptait 44,000 hommes la veille de la bataille, se trouvait réduite le lendemain à moins de 28,000; c'est 16,000 de différence. Il est vrai que les 12 escadrons, faisant environ 1,200 hommes, qui avaient été envoyés le 6 au-devant du convoi que l'on attendait de Crescentino, se trouvant coupés, étaient allés rejoindre M. de Médavy dans le Milanais.

La perte totale de l'armée française, dans les journées des 7 et 8 septembre, fut donc d'à-peu-près 15,000 hommes; elle avait été de 6,500 hommes le 7, jour de la bataille : ainsi, aux 2,000 hommes que nous avons dit avoir été pris ou tués le 8 par la cavalerie ennemie dans la poursuite, il faut en ajouter 6,500 [1], qui auraient été enlevés par la désertion ou tués par les habitans des campagnes.

Des états trouvés parmi les documens originaux prouvent que les cadres des 97 bataillons des deux armées de Piémont et de Lombardie sont arrivés à Pignerol, ce qui

En se retirant sur Pignerol, les généraux français croyaient y trouver des vivres pour l'armée; parce qu'on supposait que le duc de Savoie y aurait formé récemment quelques magasins de vivres pour la subsistance des alliés; mais il ne s'y trouva que 60 sacs de farine, et il fallut, au bout de quelques jours, évacuer cette ville[1] : l'armée fut établie dans les vallées de Suze et de Fénestrelles; et dans cette seconde retraite, elle abandonna encore près de 1,000 malades, qui tombèrent au pouvoir de l'ennemi.

Le duc d'Orléans écrivit au roi et au ministre pour lui rendre compte de ces fâcheux événemens : il avait au moins la consolation, quoique très-faible, disait-il, que ce malheur aurait été évité si l'on avait suivi ses avis. Bientôt il regretta d'autant plus de n'avoir pas pris sur lui de faire abandonner les lignes, qu'il reçut une lettre du roi, du 6 septembre, qui l'autorisait à lever le siége, en lui recommandant seulement de ne pas compromettre l'armée, de prendre des mesures pour évacuer avec sûreté les vivres, l'artillerie et les munitions, et pour les transporter à Pavie ou dans une autre place, et de faire en sorte que « la retraite eût lieu sans « précipitation, et de manière qu'elle ne ressemblât point à une « déroute (97). »

Les principaux généraux de l'armée française écrivirent de leur côté pour expliquer ce qui s'était passé et justifier leur conduite (104, 106, 110, 117, 118).

A la première nouvelle du désastre, le ministre et le roi lui-même mandèrent au duc d'Orléans qu'il fallait sur-le-champ rentrer en Piémont : mais beaucoup de difficultés s'opposaient à

fait que nous n'avons pu admettre que 5 bataillons avaient été détachés le 6 septembre vers le convoi attendu de Crescentino, avec les 12 escadrons dont nous avons parlé, quoique ce fait soit avancé par la relation allemande. Si cependant on admettait qu'il eût été détaché pour cet objet, des divers bataillons de l'armée, un nombre d'hommes équivalant à 5 bataillons, c'est-à-dire, 2,000 hommes environ, il en résulterait que le nombre d'hommes égarés ou déserteurs serait seulement de 4,500 au lieu de 6,500.

[1] Ses fortifications avaient été démolies en 1696.

l'exécution de cet ordre; d'abord le manque d'argent et de vivres, ensuite la faiblesse numérique des troupes, et sur-tout leur état de découragement et leur mauvaise volonté. Beaucoup d'officiers, principalement de ceux qui avaient perdu leurs équipages, voulaient absolument rentrer en France, et le duc d'Orléans fut même obligé de solliciter des ordres pour qu'on les arrêtât à Lyon ou au Pont-Saint-Esprit. Enfin ce prince demandait qu'on lui envoyât le plus d'argent possible; « car, disait-il, c'est la prin- « cipale ressource contre l'impossibilité prétendue de la plupart « des officiers. » La fin de septembre et le commencement d'octobre se passèrent à discuter des projets pour rentrer en Italie. Pendant ce temps, le prince Eugène, se bornant à faire observer les Français par des détachemens, s'empara de Chivas, des châteaux de Bard et d'Ivrée, et successivement de la plupart des places du Piémont, qui, en mauvais état de défense et avec de faibles garnisons, n'opposèrent presque point de résistance. Ces rapides conquêtes, ainsi que l'avancement de la saison, rendaient de jour en jour plus difficile toute opération offensive de la part de l'armée française : cette armée s'affaiblissait d'ailleurs de plus en plus par les maladies; il fallut enfin renoncer, au moins pour cette campagne, à aucune entreprise.

Le 8 septembre, lendemain de la bataille de Turin, le comte de Médavy, qui commandait en Lombardie, avait remporté une victoire sur le prince de Hesse, à Castiglione delle Stiviere; mais elle n'eut d'autre résultat que de faciliter le traité qui fut conclu au mois de mars de l'année suivante, et par lequel les troupes françaises évacuèrent définitivement l'Italie [1]. Dans l'été de la même année

[1] Les alliés, après la bataille de Turin, s'emparèrent successivement des places de Chivas, d'Asti, de Crescentino, de Novarre, du château de Bard, de Lodi, de Pavie; du fort de Fuentes, sur le lac Majeur; de Tortone, ville et citadelle; d'Alexandrie, des châteaux d'Ascona et de Domo-d'Ossola, de Pizzighettone, du fort de Serravalle, de Mortara, des citadelles de Casal et de Modène, de Sestola. Pizzighettone soutint trois semaines de

1 707, le prince Eugène pénétra en France, et vint mettre le siége devant Toulon : peu s'en fallut que cette place importante, dépôt de toutes nos ressources maritimes dans la Méditerranée, ne devînt la proie de l'ennemi. Il fut heureusement obligé de lever le siége ; mais il se retira avec peu de perte, et nos armées furent réduites, pendant le reste de la guerre, à garder la défensive sur la frontière des Alpes.

Tel fut le résultat de la funeste entreprise de Turin. Ainsi, à cette époque comme dans bien des guerres subséquentes, les conséquences d'un événement malheureux ont dépassé toutes les prévisions ; ainsi, dans tous les temps, des désastres terribles ont balancé nos plus brillans triomphes. Ne serait-ce point parce que le découragement n'est que trop voisin de l'enthousiasme, et que cette vivacité, cette chaleur d'imagination, qui nous font pousser si loin nos succès, contribuent aussi à aggraver nos revers ? ne serait-ce point encore parce que nos chefs semblent souvent dédaigner de se précautionner contre l'adversité, et que, séduits par la valeur française, ils sont trop portés peut-être à en abuser et à ne lui trouver rien d'impossible ?

OBSERVATIONS SUR LA BATAILLE DE TURIN.

La relation qu'on vient de lire de l'attaque des lignes (ou bataille de Turin) diffère sur plusieurs points importans de toutes celles qui ont été publiées jusqu'ici.

siége, et la citadelle de Casal quatorze jours ; les autres places ou forts se rendirent presque sans résistance.

Par le traité qui fut conclu au mois de mars pour l'évacuation de l'Italie par les Français, les impériaux entrèrent encore en possession de Crémone, Valence, Final du Milanais, Mantoue, la Mirandole, Sabionetta, et du château de Milan.

Parmi les historiens qui en ont donné le récit, Quincy est celui qui nous a paru le plus exact; nous relèverons cependant d'abord une assertion erronée de cet auteur.

Il dit, au sujet de la résolution qui fut prise de rester dans les lignes : « L'avis du maréchal Marcin, qui était chargé des « ordres secrets de la cour, prévalut. » Presque tous les autres historiens font aussi mention de ces prétendus ordres secrets, se fondant sans doute sur les bruits qui furent accrédités dans le temps; et cependant les pièces originales prouvent que ce fait est complètement faux. On voit, par la pièce (94), que l'avis du maréchal Marcin était celui de presque tous les généraux de l'armée, et par la lettre que le duc d'Orléans écrivit au roi le 6 septembre (99), que ce prince crut ne pas pouvoir prendre sur lui de s'écarter de cet avis, à cause de *son noviciat dans le commandement*. A la vérité, en rendant compte au roi et au ministre, après la bataille, il se plaignit de ce que le maréchal de Marcin lui avait objecté dans la discussion qu'il ne lui croyait pas le droit de lever le siége sans les ordres de sa majesté (100, 101 et 105) : c'est sans doute cette altercation qui a donné lieu à l'histoire des ordres secrets. Nous ferons remarquer à cette occasion qu'aucune des lettres du duc d'Orléans au roi n'a rien de commun avec celle que plusieurs auteurs, et notamment l'historien du prince Eugène, ont imaginé de lui attribuer. Voici cette *prétendue* lettre du duc d'Orléans :

« J'ai obéi, mais avec douleur, mais avec désespoir, prévoyant « bien les maux qu'allaient causer l'aveuglement d'un seul homme « et son obstination, dont les résultats sont la levée du siége de « Turin et la perte des conquêtes de votre majesté en Italie. Le « déplaisir que j'éprouve de cette journée fatale m'est bien plus « pénible que mes blessures; et s'il est permis de le dire, le « regret d'avoir commandé une armée qui devait n'obéir qu'à « Marcin accroît mon affliction. »

Cette lettre, suivant les observations d'un écrivain moderne [1], exprime des sentimens qui auraient été peu convenables, de la part d'un prince français, dans une circonstance aussi malheureuse, mais dont le duc d'Orléans était bien éloigné; il écrivit au contraire, la veille de la bataille : « Si nous étions assez « heureux pour que les ennemis nous attaquassent, ce que je « n'ose espérer ni craindre, je tâcherais seulement de ne pas « donner de ma personne mauvais exemple aux troupes de votre « majesté (99) »; et peu de jours après, en parlant de ce funeste événement : « Dans cette triste situation, il ne me reste qu'à at- « tendre les résolutions et les ordres de votre majesté, que je « suis prêt à exécuter, dans quelque état que je me trouve, n'ayant « d'autre regret, dans le malheur qui m'est arrivé, que celui de « n'avoir pas versé tout mon sang pour la gloire et la satisfaction « de votre majesté (105). »

Saint-Simon ne parle pas des ordres secrets; mais il rapporte que le roi exigea du duc d'Orléans, avant son départ pour l'armée, qu'il lui promît de ne rien faire que de l'avis du maréchal de Villars, qui devait d'abord l'accompagner, et qu'ensuite il exigea de lui la même promesse à l'égard du maréchal de Marcin (tome V, pages 118 et 125). A cela nous répondrons que les lettres du duc d'Orléans au roi, avant et après la bataille, aussi bien que celles qu'il reçut de ce monarque, prouvent évidemment que ces prétendues *promesses* sont de *pure invention*.

Pour pouvoir apprécier les dispositions prises par les chefs de l'armée française, et juger du parti qu'il convenait le mieux de suivre à l'époque de la bataille, il était indispensable de connaître la force de cette armée; or, Quincy ne donne à cet égard aucun renseignement : plusieurs auteurs, entre autres les différens historiens du prince Eugène, portent le nombre total

---

[1] *Mélanges*, par Coste de Beauregard; Turin, 1817.

des troupes françaises avant la bataille à 80,000 hommes; d'autres
se contentent de le faire monter à 60,000, ce qui est encore
bien au-dessus de la vérité, car, d'après différens documens que
nous avons discutés, nous croyons que la force totale de l'armée ne s'élevait guère au-dessus de 44,000 hommes, et nous
avons fait remarquer que cette évaluation était seulement inférieure de 3,000 hommes de cavalerie à celle qui est donnée
par une relation allemande dont nous avons eu lieu de reconnaître en général l'exactitude.

Quincy, non plus que les autres historiens, ne donne point
la force de la cavalerie qui était en seconde ligne derrière les
retranchemens pendant la bataille, et nous avons heureusement
trouvé un document original (107) qui nous a permis de remplir
cette lacune; on voit aussi, par ce document et par la lettre (110),
que la cavalerie s'est faiblement conduite dans cette affaire.

Nous signalerons encore, entre autres inexactitudes, celle de
Saint-Simon au sujet des secours que, suivant lui, le duc d'Orléans aurait inutilement réclamés d'Albergotti, qui commandait
les troupes de la rive droite du Pô.

« Le duc d'Orléans, dit Saint-Simon, envoya chercher les 46
« bataillons d'Albergotti.....; mais la Feuillade, bien plus craint
« et obéi que le prince, avait défendu à Albergotti de bouger,
« et il ne bougea, malgré les ordres réitérés du duc d'Orléans :
« il y renvoya encore les chercher; en même temps la Feuillade
« leur envoya défense de marcher, et ils ne bougèrent encore[1]. »
Or, d'après les pièces originales, on voit seulement que le duc
d'Orléans avait émis l'avis que l'on dégarnît de troupes les hauteurs de la rive droite, mais sans vouloir prendre sur lui de faire
retirer ces troupes de sa seule autorité, contre le sentiment des
officiers généraux, et contre les observations du maréchal de

[1] Saint-Simon, édition de 1819, tome V, page 148.

Marcin; rien d'ailleurs ne peut faire supposer que ce prince ait donné à ce sujet des ordres à Albergotti, et il est tout-à-fait invraisemblable que, dans aucun cas, ni Albergotti ni la Feuillade eussent osé lui refuser obéissance.

Saint-Simon, ainsi que plusieurs autres historiens, semble avoir pris à tâche de maltraiter ce même Albergotti; quelques pages auparavant, il dit: « Marcin consentit à un conseil de guerre où « tous les lieutenans généraux furent appelés.... Albergotti, Italien « raffiné, prévit la honte et l'orage, et se tint à son poste sous « prétexte d'éloignement. » Il est prouvé au contraire que ce général émit et signa l'avis raisonnable de faire sortir des lignes quelques bataillons d'infanterie, avec presque toute la cavalerie de l'armée, pour aller observer l'ennemi (94).

Nous ferons remarquer enfin que la grande question de savoir s'il convenait ou non de rester dans les lignes a été fort mal jugée par presque tous les auteurs qui ont parlé de cette bataille: ils blâment généralement le parti qui fut pris d'y attendre les ennemis, et Quincy lui-même, malgré sa réserve ordinaire, fait entendre qu'il est de cet avis.

Nous rappellerons d'abord que l'armée française ne comptait guère au-delà de 44,000 hommes, dont 10,000 de cavalerie: or, le prince Eugène et le duc de Savoie ayant passé le Pô avec 30,000 hommes, il est évident qu'on ne pouvait marcher contre eux avec une armée un peu supérieure sans lever complétement le siége; car les ennemis avaient sur la rive droite du Pô 2,000 hommes de troupes régulières avec 8 à 10 mille hommes de milice, et la garnison comptait encore 2 à 3 mille hommes, sans les milices bourgeoises: mais le siége à peine levé, la place aurait été réapprovisionnée en vivres et en munitions, les tranchées comblées, les brèches réparées; et comme il aurait été bien difficile d'évacuer assez promptement l'immense matériel de l'artillerie, il en serait sans doute tombé une partie au pou-

voir des assiégés. Ainsi, en supposant même que l'armée du prince
Eugène eût été battue, il est très-douteux que Turin eût été pris
ensuite; mais ce qu'il y a de plus probable, c'est que, dans le
cas de cette levée du siége, le duc de Savoie et le prince Eugène
ayant atteint leur but, n'auraient pas manqué de ressources pour
éviter la bataille qu'on leur aurait présentée; le duc d'Orléans
lui-même ne croyait pas qu'on pût les y forcer. Turin aurait
donc été sauvé sans coup férir et même sans beaucoup de ris-
ques pour les ennemis.

Il est vrai que M. de Chamillart écrivit plus tard à un officier
général de l'armée (112), que le duc d'Orléans avait moitié plus
de troupes qu'il n'en fallait pour battre le prince Eugène et le
duc de Savoie, et revenir ensuite prendre Turin, qui aurait ouvert ses portes trois jours après; mais on nous permettra de
croire que l'opinion de ce ministre dans cette circonstance ne
fait pas autorité[1].

Les Français n'étaient pas assez forts pour se diviser; mais ils
l'étaient assez pour terminer le siége au point où les attaques
étaient parvenues, quand même les assiégés n'auraient pas été
réduits à la dernière extrémité, comme ils l'étaient par le manque
de poudre. Pour mener à fin cette entreprise, il fallait faire
éclairer avec soin les mouvemens de l'armée ennemie, et orga-
niser dans l'intérieur des lignes un corps mobile, une sorte
de petite armée d'observation rapprochée, qui se serait portée
au secours des points menacés; il fallait sur-tout ne point négliger
de fortifier à l'avance l'intervalle entre la Doire et la Sture, et
enfin prendre des mesures pour assurer l'arrivée des subsis-

---

[1] Pas plus que celle de quelques écrivains militaires modernes, qui vont sans cesse ré-
pétant, dans leurs combinaisons stratégiques, qu'en marchant à l'ennemi avec une armée
supérieure, on doit *immédiatement l'écraser*. Le raisonnement et l'expérience prouvent cependant qu'une armée inférieure peut presque toujours manœuvrer de manière à éviter
le combat ou à s'en rendre les chances favorables, soit en se postant avantageusement,
soit au moins en se résignant à perdre du terrain.

tances, ce qui n'était pas très-difficile, puisque l'on pouvait les tirer de deux points opposés, savoir, de Suze et du Milanais. On a objecté comme un grave inconvénient la séparation en trois, par le Pô et la Doire, des corps de l'armée assiégeante; mais cette séparation ne pouvait être réellement préjudiciable que vis-à-vis d'une forte garnison, et non vis-à-vis de l'armée de secours, dont les assiégeans pouvaient suivre facilement les mouvemens en décrivant des arcs concentriques d'un plus petit rayon, et en profitant des ponts qu'ils avaient établis à l'avance pour la communication de leurs quartiers.

Deux années plus tard, en 1708, le prince Eugène et Marlborough entreprirent et terminèrent le siége de Lille, au milieu de places occupées par les Français et en présence d'une armée presque égale en nombre, et c'était une opération bien autrement difficile que celle d'achever le siége de Turin[1].

A la vérité, cet exemple du siége de Lille est cité par Feuquières et l'a été depuis par plusieurs autres écrivains, pour prouver, contrairement à ce que nous venons de dire, qu'une armée assiégeante ne doit jamais attendre l'ennemi dans ses lignes; mais nous ferons remarquer qu'à ce siége, la position prise par Marlborough entre la Marque et la Deulle pour arrêter l'armée de secours, n'était qu'à une demi-lieue au plus en avant des lignes de circonvallation, en sorte que le retranchement dont il se couvrit peut être assimilé à une portion de ligne nouvelle plus avantageuse à raison des localités : ainsi, cet exemple et celui du siége de Vienne par les Turcs, cité aussi par Feuquières, prouvent seulement qu'il ne faut pas rester dans les lignes, quand il se trouve à proximité une position qui les domine ou qui est plus avantageuse à défendre, et que, dans certains cas, il peut être convenable d'éloigner de la place les lignes

---

[1] Au siége de Lille, les ennemis ne manquèrent pas d'attaquer la ville d'abord; après quoi ils firent le siége de la citadelle avec pleine sécurité.

de circonvallation plus qu'on ne le fait ordinairement, ou autrement de faire deux espèces de lignes, l'une plus rapprochée
d'un faible profil devant servir, comme dit Feuquières, à empêcher les petits secours d'entrer dans la place, et à assurer la
tranquillité de l'armée assiégeante; l'autre occupant les positions
voisines les plus propres à arrêter l'armée de secours. La conduite à tenir dépend des localités et des manœuvres de l'ennemi;
l'essentiel, quand l'armée assiégeante est faible, est que le
corps qui fait fonction d'armée d'observation soit assez rapproché
de celui qui reste au siége, pour que l'un et l'autre puissent se
prêter un mutuel secours, et pour que la place ne cesse pas d'être
complétement investie.

Au siége de Turin, les retranchemens de la rive droite du
Pô occupaient les sommités des hauteurs d'une manière avantageuse; ils furent jugés inattaquables, et il n'y avait pas lieu de
prendre position au dehors : dans la plaine entre le haut Pô et
la Doire, il ne pouvait être question de s'éloigner davantage de
la place; enfin, entre la Doire et la Sture, il était naturel de
profiter du poste fortifié de Lucengo pour appuyer la gauche
des retranchemens, et il n'y avait pas de raison pour les porter
en avant. Cette partie de ligne était absolument dans le cas de
celle de Marlborough entre la Marque et la Deulle; et si elle
eût été aussi bien fortifiée qu'elle devait l'être, le prince Eugène
ne l'eût pas attaquée, de même que le duc de Bourgogne, au
siége de Lille, n'osa pas attaquer les retranchemens de Marlborough.

On a reproché au prince Eugène de s'être *enfourné* inconsi-
dérément entre deux rivières sans retraite derrière lui ; mais s'il
n'était pas parvenu à forcer les retranchemens, ce qui sans
doute serait arrivé s'ils eussent été plus respectables, il aurait pu
se retirer probablement sans être entamé, à cause du défaut
capital des lignes continues, qui est de ne pas permettre aux

défenseurs de prendre rapidement l'offensive pour profiter de leurs avantages. Il s'est décidé à attaquer entre la Doire et la Sture, parce qu'il savait que l'intervalle entre ces rivières n'avait pas été fortifié à l'avance, et qu'il n'y pouvait trouver que des retranchemens faits à la hâte, et par conséquent fort-imparfaits. C'est en prenant le parti auquel l'ennemi ne s'attend pas, c'est quelquefois en formant des entreprises réputées *impossibles*, que les grands généraux savent obtenir les plus brillans succès.

OBSERVATIONS

AU SUJET DE L'AFFAIRE DES LIGNES DE TURIN

(Extraites de MONTALEMBERT, *Fortification perpendiculaire*, tome IV).

« Il convient d'examiner si nous avons dû sortir de nos lignes « pour donner le combat ou y rester pour le recevoir.

« Nous avons été battus en y restant; c'est peut-être la seule « raison qui a déterminé le blâme public.

« Le siége d'une place de l'importance de Turin est la plus « grande entreprise qui puisse être exécutée à la guerre, celle « qui demande plus de combinaisons justes, plus d'art et plus « de science : ceux qui en jugent autrement ne la connaissent « pas. La conduite des travaux a sans doute ses difficultés ; mais « lorsqu'il faut se défendre d'un côté contre une garnison forte « et nerveuse, de l'autre contre une armée qui menace plusieurs « points à-la-fois, c'est alors qu'on se trouve embarrassé pour « démêler le meilleur parti à prendre. On a deux objets prin- « cipaux qu'il ne faut pas perdre de vue; de battre son ennemi « et d'empêcher le secours d'arriver : or, la façon la plus sûre de « s'opposer au secours est de se tenir le plus près de la place

« qu'il est possible; toutes les fois que vous vous en éloignerez,
« vous pouvez être tourné par le détachement destiné à s'intro-
« duire dans la place, à moins de laisser des forces suffisantes
« pour pouvoir la tenir exactement investie. Alors c'est le cas
« de deux armées, l'une de siége, l'autre d'observation, et c'est
« le plus sûr sans contredit; mais quand on n'en a qu'une, est-
« il sage de la diviser, partie pour aller au-devant de l'ennemi,
« partie pour continuer le siége? Si l'une est battue, que devient
« l'autre? Pour une grande ville assiégée, il faut une armée d'ob-
« servation supérieure, et une destinée uniquement au siége; et les
« lignes de circonvallation n'ont été imaginées que pour suppléer
« à l'armée d'observation. »

EXTRAIT DES MÉMOIRES DE NAPOLÉON.

DISCUSSION SUR LES LIGNES DE CIRCONVALLATION.

(*Guerres de Turenne*, chapitre IX.)

« Une armée qui assiége une place doit-elle se couvrir par
« des lignes de circonvallation? Doit-elle attendre dans ses lignes
« l'attaque d'une armée de secours? Doit-elle se partager en deux
« armées, une chargée du siége et l'autre de le protéger, appelées
« armée de siége et armée d'observation? A quelle distance ces
« deux corps d'armée doivent-ils se tenir l'un de l'autre?

« Les Romains et les Grecs, les grands capitaines des XVᵉ et
« XVIᵉ siècles, le duc de Parme, Spinola, le prince d'Orange, le
« grand Condé, Turenne, Luxembourg, le prince Eugène, cou-
« vraient leurs siéges par des lignes de circonvallation. L'exemple
« des anciens ne peut être une autorité pour nous; nos armes
« sont trop différentes des leurs. Celle des grands généraux des

« xvᵉ et xvrᵉ siècles est plus respectable : cependant les armées
« menaient alors en campagne peu de canons; on ne connaissait
« pas l'usage des obusiers.

« Les militaires qui ne veulent aucune ligne, point ou très-
« peu d'ouvrages de campagne, conseillent au général qui doit
« faire un siége de battre d'abord l'armée ennemie, de se rendre
« maître de la campagne. Ce conseil est sans doute excellent : mais
« le siége peut durer quelques mois et l'ennemi revenir, au mo-
« ment le plus décisif, au secours de la place; mais un général
« peut vouloir s'emparer d'une place forte sans vouloir courir les
« chances d'une bataille; dans ce cas, quelle conduite doit-il
« tenir?

« Une armée qui veut faire un siége devant une armée en-
« nemie, doit être assez forte pour pouvoir contenir l'armée de
« secours et faire en même temps le siége. Les ingénieurs deman-
« dent que le corps d'armée chargé du siége soit sept fois plus
« nombreux que la garnison : si l'armée de secours est de 80,000
« hommes, la garnison de 10,000, il faudrait donc avoir 150,000
« hommes pour assiéger une place; mais, en réduisant la force
« de l'armée de siége au minimum, à la force de quatre fois la
« garnison, il faudrait toujours 120,000 hommes. Si cependant
« on n'en a que 90,000, l'armée d'observation ne pourra être que
« de 50,000 hommes; elle ne sera pas alors indépendante, devra
« se tenir à portée d'être secourue en peu d'heures par l'armée
« de siége. Mais si l'on n'a que 80,000 hommes, il ne restera que
« 40,000 hommes pour l'armée d'observation; il faudra alors
« qu'elle se tienne au siége, même dans les lignes; elle s'expose-
« rait trop à s'en éloigner.

« Les divisions employées aux travaux du siége sont placées
« autour de la place, chacune d'elles gardant une partie de la cir-
« conférence; vous les camperez, une ligne faisant face à la place
« pour contenir les sorties de la garnison, et une autre faisant

« face à la campagne, pour mieux observer tout ce qui arrive,
« intercepter tout ce qui se présenterait pour entrer dans la
« ville, courriers, convois de vivres ou secours en hommes. Pour
« remplir ces buts avec plus d'efficacité, il est naturel que les
« troupes se couvrent par des lignes de contrevallation et de
« circonvallation, ce qui les occupe peu de jours. Le profil dont
« se servait Vauban pour les lignes de circonvallation n° 1 est de
« deux toises et demie cubes par toise courante, et pour les
« contrevallations n° 6, deux tiers de toise cube : six hommes
« en huit heures construisent les premières, et trois hommes
« les secondes, en quatre heures. Alors seulement toute com-
« munication de la campagne avec la place sera impraticable,
« le blocus sera assuré, toute surprise impossible; l'armée dormira
« tranquille. Si un détachement de 3,000 à 12,000 hommes, si
« un corps de 25,000 hommes, détaché de l'armée de secours
« ou venant de tout autre point, dérobait son mouvement à
« l'armée d'observation, et se présentait à la pointe du jour, il
« serait arrêté par les lignes, qu'il ne saurait forcer qu'après les
« avoir bien reconnues, avoir réuni des fascines, des outils, et
« fait toutes les dispositions convenables. Mais l'armée de secours
« elle-même ne peut-elle pas gagner six, neuf ou douze heures
« sur l'armée d'observation, et se présenter devant la place? Dans
« tous ces cas, si l'assiégeant n'est pas couvert par des lignes de
« circonvallation, la place sera secourue, les magasins et le parc
« d'artillerie de l'assiégeant seront fort en danger, les travaux
« comblés, et douze heures après, lorsque l'armée d'observation
« arrivera, il ne sera plus temps, le mal sera fait sans remède.
« Pour assiéger une place devant une armée ennemie, il faut
« donc en couvrir le siége par des lignes de circonvallation. Si
« l'armée est assez forte pour qu'après avoir laissé devant la place
« un corps quadruple de la garnison, elle soit aussi nombreuse
« que celle de secours, elle peut s'éloigner de plus d'une marche;

18.

« si elle reste inférieure après ce détachement, elle doit se placer
« à cinq ou six lieues du siége, afin de pouvoir recevoir des
« secours dans une nuit. Si les deux armées de siége et d'ob-
« servation ensemble ne sont qu'égales à celle de secours, l'armée
« assiégeante doit tout entière rester dans les lignes ou près des
« lignes, et s'occuper des travaux du siége pour le pousser avec
« toute l'activité possible.

« . . . .

« Doit-on attendre l'attaque de l'armée de secours dans ses lignes
« de circonvallation? Feuquières dit : *On ne doit jamais attendre*
« *son ennemi dans ses lignes de circonvallation; on doit sortir de*
« *ses lignes pour l'attaquer.* Il s'appuie sur l'exemple d'Arras et de
« Turin. Mais l'armée assiégeante à Arras continua pendant trente-
« huit jours son siége devant l'armée de Turenne; elle a donc
« eu trente-huit jours pour prendre cette ville : mais le prince
« Eugène fut obligé de tourner toutes les lignes de circonval-
« lation qui couvraient le siége, pour attaquer la droite, où le
« duc de la Feuillade avait négligé d'en faire construire; ce qui
« prouve le cas que ce grand général faisait de l'obstacle des lignes.

« S'il fallait citer toutes les attaques de lignes qui ont échoué
« et toutes les places qui ont été prises sous la protection des
« lignes ou à la vue de leurs secours, ou après que les armées
« de secours étaient venues les reconnaître, les avaient jugées
« inattaquables et s'en étaient éloignées, on verrait que le rôle
« qu'elles ont joué est très-important : c'est un moyen supplé-
« mentaire de forces et de protection qui n'est point à dédai-
« gner. Lorsqu'un général a surpris l'investissement d'une place,
« a gagné sur son adversaire quelques jours, il doit en profiter
« pour se couvrir par des lignes de circonvallation; dès ce mo-
« ment il a amélioré sa position et acquis dans la masse générale
« des affaires un nouveau degré de force, un nouvel élément
« de puissance.

« On ne doit pas proscrire le parti d'attendre l'attaque dans
« les lignes : rien ne peut être absolu à la guerre. Vos lignes
« ne peuvent-elles être couvertes par des fossés pleins d'eau,
« par des inondations, des forêts, une rivière, en tout ou en
« partie ? ne pouvez-vous pas être supérieur à l'armée de secours
« en infanterie et en artillerie, et fort inférieur en cavalerie ?
« votre armée ne peut-elle pas être composée de braves gens
« plus nombreux que ceux de l'armée de secours, mais peu
« exercés et peu en état de manœuvrer dans une plaine ? dans
« tous ces cas, croyez-vous qu'il faille ou lever le siége et abân-
« donner une entreprise sur le point de se terminer à bien, ou
« courir à votre perte en allant avec des troupes braves, mais
« non manœuvrières, affronter en plaine une nombreuse et
« bonne cavalerie ?

« Ceux qui proscrivent les lignes de circonvallation et tous
« les secours que l'art de l'ingénieur peut donner, se privent
« gratuitement d'une force et d'un moyen auxiliaires jamais nui-
« sibles, presque toujours utiles et souvent indispensables.

« . . . .

« Les principes de la fortification de campagne ont besoin d'être
« améliorés : cette partie importante de l'art de la guerre n'a
« fait aucun progrès depuis les anciens ; elle est même aujour-
« d'hui au-dessous de ce qu'elle était il y a deux mille ans. Il
« faut encourager les ingénieurs à les perfectionner, à porter
« cette partie de leur art au niveau des autres. Il est plus facile,
« sans doute, de proscrire, de condamner avec un ton dogma-
« tique dans le fond de son cabinet ; on est sûr d'ailleurs de
« flatter l'esprit de paresse des troupes. Officiers et soldats ont
« de la répugnance à manier la pelle et la pioche ; ils font donc
« écho, et répètent à l'envi : Les fortifications de campagne sont
« plus nuisibles qu'utiles ; il n'en faut pas construire. La victoire
« est à celui qui marche, avance, manœuvre. Il ne faut pas

« travailler ; la guerre n'impose-t-elle pas assez de fatigues ?.....
« Discours flatteurs, et cependant méprisables. »

NOTICE

Le duc de Saint-Simon, qui paraît bien au courant des hommes et des choses de cette époque, ne fait pas du caractère et des talens du duc de la Feuillade un portrait avantageux ; et il faut avouer que tout ce qu'il en dit de défavorable est bien confirmé, non-seulement par la manière dont ce général s'est comporté dans la campagne de 1706, mais plus encore peut-être par la conduite qu'il avait tenue dans la campagne précédente. On en pourra juger par l'exposé suivant.

Le duc de la Feuillade prit, en 1705, le commandement de l'armée qui était destinée à réduire les places du Piémont, pendant que le duc de Vendôme tiendrait tête aux impériaux sur la frontière de Lombardie.

Il eut d'abord à terminer le siége de Chivas, qui avait été commencé par le duc de Vendôme. Comme cette place n'était point investie sur la rive droite du Pô, avec laquelle elle avait conservé sa libre communication, le duc de Savoie, qui avait un camp retranché sur cette rive, retira la garnison au moment où elle allait être forcée, dans la nuit du 29 au 30 juillet ; ensuite, avec tout ce qui lui restait de troupes, il alla camper sous les murs de Turin, où le duc de la Feuillade ne tarda

---

[1] Cet exposé des tentatives du siége faites en 1705 est déduit des lettres qui se trouvent au commencement du recueil ci-après, et de quelques autres dont l'insertion a paru superflue.

pas à le suivre. C'était à ce général que la cour avait destiné la gloire de faire la conquête de cette capitale, et il se flattait d'exécuter, dans cette même campagne de 1705, cette importante entreprise, dont la réussite devait lui valoir le bâton de maréchal de France.

Son armée était composée de 46 bataillons et 69 escadrons. Les escadrons étaient au moins de 100 chevaux; mais les bataillons étaient réduits moyennement à 290 hommes sous les armes, tant à cause des maladies que par suite des pertes faites dans les siéges précédens : le tout ne faisait donc guère plus de 10,000 hommes. La faiblesse de cette armée, et la nécessité de faire venir du Dauphiné de l'artillerie, des bombes et des munitions, dont on n'avait pas une suffisante quantité, empêchèrent le duc de la Feuillade d'entreprendre immédiatement le siége; mais il établit ses troupes à proximité de la place (son quartier général à la Vénerie), et il annonça que l'ouverture de la tranchée pourrait avoir lieu le 15 octobre, et qu'il serait maître de la place au premier jour de l'an (8).

Néanmoins il demanda bientôt après une augmentation de 14 bataillons et de 15 escadrons, en faisant observer que les bataillons de son armée ne seraient pas, au moment du siége, forts de plus de 300 hommes, et le ministre prit des mesures pour lui procurer au moins une partie de ce renfort.

Cependant, vers la fin de septembre, le duc de la Feuillade ne trouvait plus la réduction de Turin si facile que dans les premiers momens de son arrivée devant la place : il envoya à la cour le marquis de Dreux, son beau-frère, avec la mission d'exposer les difficultés de l'entreprise, d'insister près du roi pour obtenir en entier l'augmentation de troupes qu'il avait sollicitée, et enfin de prendre de nouveau les ordres de sa majesté. Par suite de ces représentations, le roi, ébranlé d'ailleurs par les raisonnemens de Vauban, écrivit au duc de la Feuillade (lettre n° 20, du 25 septembre), de remettre le siége au printemps suivant, époque où l'on pourrait l'entreprendre avec des forces plus considérables.

Mais à la réception de cette lettre, le 30 septembre, le duc de la Feuillade avait déjà pris position devant la place ; et fait ouvrir des lignes depuis le haut Pô jusqu'à la Doire ; il écrivit au roi que, sur une invitation positive de commencer le siége sur-le-champ qu'il avait reçue du duc de Vendôme, son supérieur immédiat, il s'était décidé à ne pas attendre, pour agir, la réponse de sa majesté ; qu'il n'avait pas supposé que cette réponse pût prescrire l'ajournement de l'entreprise ; qu'en chargeant M. de Dreux d'en représenter toutes les difficultés, il n'en était pas moins resté convaincu qu'elle pouvait réussir ; qu'il suppliait sa majesté de le laisser continuer, et que, si elle daignait l'honorer, après la prise de Turin, du grade de maréchal de France, il ne l'accepterait pas, afin qu'il ne pût jamais entrer dans l'esprit du roi qu'aucune idée d'ambition l'ait pu porter à hasarder le bien de ses affaires ; enfin, il affirmait de nouveau que, moyennant les renforts qu'il avait demandés, Turin serait au pouvoir des armes françaises pour le premier jour de l'an (lettre n° 20, du 30 septembre).

Le roi ayant écrit aussi le 25 septembre, au duc de Vendôme, pour lui faire connaître qu'il avait ordonné la remise du siége à la campagne prochaine, ce général répondit par une réclamation plus vive encore que celle du duc de la Feuillade.

Cependant le 1er octobre, c'est-à-dire le lendemain du jour où ce dernier avait réclamé avec tant d'assurance, il changea tout d'un coup d'avis, et il écrivit de nouveau à sa majesté, mais en lui annonçant qu'il allait lever le siége, conformément à ses ordres, alléguant l'ardeur de son zèle pour s'excuser d'avoir différé un moment à les exécuter (24).

Le roi répondit immédiatement aux deux lettres du duc de la Feuillade.

A la première, celle du 30 septembre, qu'il l'autorisait volontiers à continuer le siége, puisque le succès lui en paraissait assuré (lettre n° 27, du 4 octobre); à la deuxième, celle du 1er octobre, qu'il n'avait rien à changer à sa dernière décision, et que son intention était que l'entreprise de Turin fût suivie le plus diligemment possible (lettre n° 29, du 7 octobre).

Mais la première réponse du roi n'arriva à la Feuillade que le 12 octobre; et dans l'intervalle, il s'était empressé de lever son camp, de raser ses lignes commencées et d'évacuer son matériel : sous le prétexte d'une déférence sans bornes, il était bien aise de remettre une entreprise pour laquelle il n'avait pas des moyens suffisans, et dont il reconnaissait de plus en plus les difficultés. En conséquence, le 12 octobre, à l'arrivée des ordres du roi pour l'exécution immédiate du siége, il assembla un conseil composé des officiers généraux de l'armée, dont l'avis fut qu'il n'était plus possible désormais d'assiéger Turin avant le printemps. Ils alléguaient, pour motiver leur avis, 1° le renvoi qui venait d'avoir lieu de la plus grande partie des munitions et des chariots de transport; 2° l'impossibilité de faire vivre la cavalerie jusqu'à l'achèvement du travail des lignes, qu'il fallait recommencer en entier; 3° la difficulté de faire venir de Gènes l'argent qu'on devait en tirer, parce que la communication de ce côté se trouvait fort dégarnie de troupes (31).

Le duc de la Feuillade envoya cette délibération au roi, et il fallut bien définitivement renoncer au siége pour cette année.

Ce général se borna, quelques jours après, à entreprendre le siége d'Asti, qu'il fut bientôt obligé de lever, à cause des pluies continuelles qui survinrent et des débordemens qui en résultèrent. Voici comment il termine la lettre dans laquelle il rend compte au ministre, son beau-père, de ce dernier événement.

« Toute l'armée me loue d'avoir su aussi promptement sacrifier « ma gloire particulière au bien du service; et moi, je loue

« Dieu à tout moment de ce que le siége de Turin n'a pas été
« entrepris : je vous assure que j'avais besoin d'un pareil événe-
« ment pour me rendre sage et moins confiant; je suis assez vi-
« vement mortifié pour que l'effet en soit sûr.... M. de Savoie
« est au désespoir de ce que nous n'avons pas fait le siége de
« Turin : si j'étais resté devant cette place six jours de plus, il
« aurait été impossible de retirer le canon; les troupes qui gar-
« daient les lignes depuis la Doire jusqu'au Pô, auraient péri in-
« failliblement, et j'aurais été contraint de me retirer par Suze
« avec le reste de l'armée. Cela fait trembler quand on y pense. »

L'histoire de ce qui s'est passé au siége de 1706 fait voir si
cette *mortification* avait produit un effet aussi sûr que le duc de
la Feuillade le prétendait.

Il semble qu'il ne pouvait y avoir d'*événement* capable de rendre
sage et sur-tout *habile* un pareil général, et qu'il était du grand
nombre de ceux qui, suivant les propres expressions d'une de ses
lettres (12), « ne sont point doués de Dieu de cette justesse et de
« cette étendue d'esprit qui caractérisent les hommes nés pour les
« grandes choses. » Au reste, l'événement de Turin fut le terme
de sa carrière militaire : il chercha vainement à s'excuser près
du roi (116), en disant que la suite prouverait s'il avait été
coupable ou malheureux, vantant son zèle et son dévouement,
et demandant à aller joindre M. de Médavy en Lombardie, pour
y combattre sous ses ordres; il ne tarda pas à être remplacé dans
son gouvernement du Dauphiné, et à être rappelé de l'armée.
Lorsqu'il fut de retour à la cour, le ministre Chamillart, son
beau-père, n'obtint du roi qu'avec beaucoup de peine la permission de le lui présenter, et il n'eut guère à se féliciter de l'avoir
obtenue. « Sitôt que le roi, dit Saint-Simon, le vit entrer avec
« son gendre en lesse, il se leva, alla à la porte, et, sans leur
« donner le temps de prononcer un mot, dit à la Feuillade d'un
« air plus que sérieux: *Monsieur, nous sommes bien malheureux tous*

« *deux*, et dans l'instant tourna le dos. La Feuillade, de dedans la
« porte qu'il n'avait pas eu le loisir de dépasser, ressortit sur-le-
« champ, sans avoir osé dire un seul mot. Jamais depuis le roi
« ne lui parla, et on remarqua que, quand il le rencontrait, il dé-
« tournait les yeux de dessus lui. »

RECTIFICATIONS ET ADDITIONS.

Page 84, on a omis de faire mention de la 81ᵉ *nuit, du 21 au 22 août*, sur laquelle on n'a d'ailleurs aucun détail à donner.

Page 117, il y a une erreur dans l'état de répartition des escadrons de cavalerie, en ce que l'on n'a pas tenu compte de la perte des deux escadrons enlevés le 5 septembre à Pianezza par le prince Eugène. Il en résulte que le total des escadrons était de 94 au lieu de 96, et qu'il faut réduire à 40, au lieu de 42, le nombre des escadrons campés entre la Doire et le haut Pô.

Page 125, il y a une rectification à faire au détail des pertes de l'armée française après sa retraite.

On dit qu'elle était réduite le 8, à Pignerol, à 20,759 hommes, conformément à l'état officiel qui se trouve à la fin des pièces justificatives, sous le n° 119; mais il faut remarquer que cet état ne comprend pas les officiers, qui pouvaient être au nombre d'environ 2,000; il en résulte donc que la force totale de l'armée était, à cette époque, de 30,000 hommes au lieu de 28,000; qu'il y a eu 13,000 hommes de perte dans les journées du 7 et du 8, au lieu de 15,000; et enfin que cette perte ayant été de 6,500 dans la bataille, elle n'a pu être le lendemain que de 6,500 au lieu de 8,500.

Pour ne rien omettre de tout ce qui a eu de l'influence sur la belle défense des assiégés, nous devons dire que la religion, qui avait alors tant d'empire sur les peuples, n'a pas peu contribué à exciter et à soutenir le courage des habitans et des soldats. «Pendant toutes les «actions les plus considérables (dit le *Journal historique*), le saint-sacrement restait exposé «dans les églises principales, où une grande affluence de peuple ne cessait de l'adorer......
«Les prêtres n'ont jamais discontinué de célébrer, dans l'église métropolitaine, les louanges «du Seigneur, malgré les boulets de canon qui, passant quelquefois par la porte de l'église, «allaient de bond et de volée jusqu'au sanctuaire.......... Les fidèles ont vu le comte «Daun mêler avec une piété singulière ses vœux à leurs prières, comme les soldats l'ont vu, «dans toutes les occasions, partager courageusement le péril avec eux, et les armes qu'il a «commandées n'ont pas eu plus de succès que les prières qu'il a faites.»

Nous ajouterons qu'après la bataille le prince Eugène et le duc de Savoie entrèrent dans la ville par la porte du Palais, qui fut nommée dès-lors *porte de la Victoire*. Leur entrée triomphante dans Turin, la joie et les transports de toutes les classes de la population, sont décrits avec chaleur par l'auteur du *Journal historique*, pages 145 et suivantes. On pardonnera de passer ces détails sous silence à un Français ami de son pays, qui n'a pas pu sans des émotions pénibles, souvent renouvelées, achever le long récit d'un si malheureux événement.

DOCUMENS ORIGINAUX

ET PIÈCES JUSTIFICATIVES.

1.

PROJET DE VAUBAN POUR LE SIÉGE DE TURIN [2].

1705.

Le siége de Turin sera sans doute la plus importante affaire que le roi peut avoir en Italie, et la plus utile si l'on peut promettre que le succès en soit heureux. Cette ville est grande, bien peuplée, et à-peu-près de la capacité de Lille, et du circuit de 17 à 18 bastions royaux. La fortification en est bien revêtue et très-solidement. Sa citadelle l'est pareillement, qui sera bien munie sans doute de tous ses besoins. J'apprends qu'elle est bien contreminée dedans et dehors, ses fossés profonds et revêtus, ses demi-lunes redoublées et ses chemins couverts en très-bon état, de même que tous ceux de la ville. Cette utile capitale des états de Savoie est située au milieu du Piémont, sur la jonction de la petite Doire et du Pô : son territoire en deçà dudit Pô, s'étend en de grandes plaines très-fertiles à l'aide des arrosemens dont ils savent très-bien se servir en ce pays-là. L'autre côté est tout bossillé de montagnes qui s'élèvent toujours à mesure qu'elles s'éloignent du Pô.

---

[1] Ce recueil ne comprend que les documens qui ont paru les plus intéressans parmi ceux qui se trouvent dans les archives du dépôt de la guerre et du dépôt des fortifications.

[2] Ce mémoire est accompagné d'un plan des attaques proposées. Pour ne pas multiplier les planches, on s'est borné à rapporter ces attaques en lignes ponctuées sur le plan général, planche nº 1.

Pour faire le siége de cette grande place, il faut premièrement compter d'avoir affaire à 12,000 ou 15,000 hommes, tant bons que mauvais, car il est sûr que M. de Savoie y pourra mettre 5,000 à 6,000 hommes de troupes réglées, compris la garnison de la citadelle; 2,000 à 3,000 hommes choisis, de milice piémontaise, qui pour l'ordinaire est bonne; 1,000 à 1,200 chevaux : avec quoi, se trouvant en état de ne s'en pas laisser imposer par la bourgeoisie, il n'hésitera pas à leur faire prendre les armes; ce qui servira à fournir à la garde des postes non attaqués, à celle des places et carrefours de la ville, au transport des munitions et des blessés, à l'extinction du feu, et au service du canon qui ne sera pas directement opposé aux attaques; de cette façon ils seront très-utiles, sans être à charge ni beaucoup exposés. J'estime que tous ces gens armés, joints ensemble, pourront faire le nombre de 12,000 à 15,000 hommes ci-devant énoncé, tout compris, qui, n'étant pas plus mauvais ni meilleurs que ceux des nôtres qui leur seront opposés, seront plus en état de faire leur devoir, parce qu'ils seront toujours à couvert derrière de bons parapets à preuve.

Il ne faut pas douter que Turin ne soit bien muni de tous ses besoins : car M. de Savoie est un prince très-vigilant, qui a un soin nompareil de ses places; ainsi il n'y a pas d'apparence qu'il ait rien négligé pour sa capitale, qui est celle qui le fait vrai souverain et d'où dépend toute sa sûreté.

Le bon sens ne veut pas que ce prince se renferme dans Turin; mais il y laissera M. de Stahremberg ou quelqu'un de ses principaux officiers pour y commander, sous les ordres de Madame royale, qui vraisemblablement n'en sortira pas, non plus que ses enfans, bien assurée que les Français ne feront point de mal à sa personne, et qu'ils ne manqueront ni de respect ni de considération pour elle.

Pour la citadelle, celui qui y commandera aura sa leçon par écrit de M. de Savoie, qui sera sans doute de ne reconnaître point d'autres ordres que les siens mêmes : quant à sa personne, il y a bien de l'apparence qu'il se retirera, avec ce qui lui restera de troupes, sous Coni ou chez les Mondovis, ou dans le fond des vallées des Barbets, où il assemblera ce qu'il pourra pour faire des courses sur nos fourrageurs, nos convois et nos escortes, et peut-être tâcher de nous enlever quelques quartiers, jeter des vivres dans les châteaux de Montmélian et Nice, s'emparer de Pignerol, et faire du bruit tant qu'il pourra trouver moyen de subsister et occasion de nous nuire. Quand tout cela lui manquera, il tâchera de se joindre au prince Eugène; sinon il pourra bien prendre le parti de se retirer par Gènes, pour s'en aller, à la garde de Dieu, où son bon ange le conduira. Il y a bien de l'apparence que ses dispositions pour la défense de Turin seront à-peu-près telles.

Quant aux nôtres, avant de les résoudre, j'estime qu'il faut premièrement examiner la place à qui nous aurons affaire, les difficultés qu'il faudra surmonter et les moyens que nous pourrons avoir pour cela; secondement, faire état que l'armée qui assiégera Turin doit être nécessairement divisée en trois principaux quartiers, qui ne se communiqueront que par des ponts de bateaux, ce qui en suppose du moins trois, savoir, un au-dessus de Turin, sur le haut Pô, un au-dessous, sur le bas Pô, un autre sur la Doire. Tous ces ponts, qui, par leur importance, mériteraient bien d'être doublés, doivent être placés hors l'extrême portée du canon de la place, et dans l'enclos des lignes.

Troisièmement, de faire une circonvallation et une contrevallation de cette place, l'une et l'autre bonnes et point négligées : on augmentera considérablement la bonté de la circonvallation, en mettant tous les petits ruisseaux d'arrosement dans son fossé; à l'égard de la contrevallation, le Pô et la Doire en feront partie; bien entendu qu'il faudra les border par une bonne tranchée; mais pour le côté de Suze et Pignerol, il faudra la faire tout entière, et sur-tout ne point plaindre le temps qu'il y faudra employer, non plus que la terre et les façons; car c'est ce qui fera la sûreté du siége.

Disons présentement quelque chose des forces de l'armée qui le doit faire.

J'estime, si l'on pouvait compter la force des bataillons sur le pied de 500 hommes chacun, que 60 suffiraient pour en faire le siége, supposant les attaques par où je dirai ci-après praticables : il y faudrait aussi 10,000 à 12,000 chevaux, tant à cause des grosses gardes à relever tous les jours, que des partis fréquens, convois et escortes de fourrages qu'il faudra faire dans le commencement du siége et jusqu'à ce que les lignes soient achevées. Après cela, si on ouvre la tranchée par le côté que je présume, on pourra peut-être diminuer cette armée d'un tiers ou d'un quart au profit de cette observation; sur ce pied, toute l'armée jointe ensemble serait de 40,000 à 42,000 hommes, qui serait peu pour Turin, si je n'espérais en la facilité de l'attaque dont je dois parler ci-après.

A l'égard des munitions de guerre, si on pouvait mettre ensemble 80 canons de 24 livres de balle, bien sains et en bon état, avec autant de plates-formes et moitié autant d'affûts de réserve, ou du moins 60 gros canons avec 30 pièces de 16, de 12 et de 8 livres de balle, j'estime que ce ne serait pas trop, et de quoi tirer 40 à 50 mille coups de canon; 20 mortiers, 15 à 16 mille bombes, 40 mille grenades, 24 mortiers à pierres, 900,000 à 1,000,000 de poudre, du plomb, de la mèche et des pierres à fusil à proportion; 2 ou 3 mille fusils de rechange, quelques 30 à 40 mille outils à remuer la terre, sans compter ceux de la charpenterie et charronage du parc, beaucoup de bois écarris et des planches, 50 mille sacs à terre, des paniers, des garnitures de ponts, etc. Quand on songe à tant de munitions et aux difficultés de pouvoir assembler tout cela sous Turin, on est tout étonné, et on ne le propose qu'en tremblant : cependant un siége de cette nature ne se peut guère faire à moins; car il ne faut manquer s'il est possible, et il vaut mieux ne pas ouvrir la tranchée sitôt, que de languir dans l'attente des munitions nécessaires.

Pendant que les lignes s'achèveront, il faudra songer à y faire entrer toutes les munitions de guerre et de bouche qu'on pourra, et attaquer à même temps le fort des Capucins, et, sitôt qu'on l'aura pris, examiner la quantité de canon qu'il pourra contenir et l'y faire monter, observant qu'il doit être de 24 livres de balle, de 16 et de 12 au moins. Comme c'est un excellent cavalier qui, une fois pris et bien employé, doit faire beaucoup de mal à la place, il ne faut pas douter que les ennemis ne fassent tout ce qu'ils pourront pour le rendre inutile, soit par les mines ou par le bombarder. C'est pourquoi, sitôt qu'on en sera maître, il faudra bien le visiter haut et bas et tout autour, pour voir s'il n'y aura rien, et en même temps placer des mortiers dans le bas environ.............., pour tirer deux fois autant de bombes dans les maisons de la ville qu'ils en tireront aux Capucins. Quand ils auront reconnu cela, apparemment ils cesseront d'en tirer.

Saisir les têtes des ponts du Pô et de la Doire, de notre côté; les bien et solidement retrancher; rompre les parties de ces ponts plus prochaines de nos logemens, ou les entraverser de chevaux de frise, ou de quelque autre embarras, s'il est possible, et sur-tout en bien étendre les logemens, et y mettre des gardes assez fortes pour empêcher l'ennemi de nous en chasser. Les lignes faites ou presque achevées, il sera temps de faire les amas de fascines et gabions nécessaires, dans la plus grande abondance que faire se pourra, à la tête de tous les corps d'infanterie et de cavalerie. Cela fait, et tout ce qui dépendra du parc étant prêt, il sera temps d'ouvrir la tranchée.

Je ne vois que trois côtés qui puissent être mis en considération, savoir, la *citadelle*, la tête du Pô (2 et 3 [1]), en ouvrant par les derrières du Valentin, et les fronts embrassés par la fourche du Pô et de la Doire (3, 4, 5). Si on attaque par la citadelle, on sera nécessité à même temps d'attaquer la corne (10), ce qui divisera les attaques en deux ou trois; si en deux seulement, il en faudra faire une à la corne, et l'autre à la citadelle, auquel cas l'une et l'autre seront faibles et très-exposées aux sorties. Comme on ne pourra pas embrasser deux bastions à-la-fois, il s'ensuivra que l'attaque de la citadelle sera réduite à un seul, qui, soutenu de toute la garnison de la ville et de la citadelle, sera par conséquent en état d'être défendu jusqu'à la gorge et au-delà; ce qui, aidé encore d'un très-bon fossé, de bonnes demi-lunes doubles et revêtues, et de quantité de contremines dehors et dedans, et enfin du canon de la droite et de la gauche de la ville, rendra ces attaques extrêmement difficiles, de longue discussion et de durée très-dangereuse; à joindre que si la corne (10) est aussi bien faite qu'on le dit, sa prise n'avancera pas plus que celle de la citadelle, d'où s'ensuivra encore que le siége pourra tirer dans une fort grande

---

[1] Ces chiffres se rapportent à un plan qui accompagne le mémoire de Vauban. (*Note de l'éditeur.*)

et très-fâcheuse longueur ; car la ville ne souffrant point, elle fournira à la citadelle tous ses besoins, ce qui la ferait durer un très-long temps, et rejetterait par conséquent toutes les incommodités d'un grand siége sur les assiégeans : ce qui me persuade avec raison que ce n'est pas là la bonne attaque.

La deuxième, par le Valentin et les bastions (2, 3), serait sans doute moins mauvaise ; mais les attaques se réduiront dans un cu-de-sac pressé entre la fortification et le Pô, où elle aurait fort à souffrir des sorties qui pourraient lui tomber dessus de la droite à la gauche : à joindre que la hauteur des Capucins n'enfile pas assez les bastions de cette tête pour les revers ni les ricochets, quoiqu'elle ait un fort commandement dessus.

La meilleure de toutes les attaques me paraît sans contredit se devoir faire par la fourche (11), parce que sa marche peut être escortée par les retranchemens à faire de part et d'autre des bords du Pô et de la Doire (12, 13), qui, étant hors de portée des sorties de l'ennemi, peuvent protéger la tranchée qui se conduira par le dedans de ladite fourche, de manière à ne pouvoir être endommagée par les sorties des ennemis, et fourniront quantité de lieux propres à placer les batteries à ricochet, tant dedans que dehors. J'appelle dedans ce qui est dans la fourche, et dehors ce qui est des autres côtés du Pô et de la Doire, par rapport au dedans de la petite fourche.

On dit le terrain enfermé par cette fourche trop bas ; mais, outre qu'il y paraît du ferme sur lequel on va et vient en tout temps à pied sec, il y a des temps dans l'année que le Pô et la Doire sont bien plus enflés que d'autres. Or, il est à croire que ces temps sont aux mois d'avril, mai et juin, et qu'en juillet et août, la plupart des neiges des montagnes étant fondues, les eaux sont écoulées et les rivières beaucoup baissées, et par conséquent le terrain de cette fourche bien plus sec ; à joindre que, dès qu'il y a deux pieds à deux pieds et demi de terrain au-dessus de l'eau, c'est assez pour la conduite des tranchées. Nous n'en avons pas trouvé à beaucoup près tant aux attaques de Vieux-Brisach.

Au reste, la hauteur des Capucins, qui domine puissamment sur toute la fortification opposée à la fourche, joint à la facilité de placer avantageusement les ricochets en plusieurs endroits élevés au-delà du Pô, celle de garantir les attaques des sorties et de pouvoir fournir aux gardes de la tranchée avec bien moins de monde par cette avenue que par les autres, et même d'épargner entièrement les gardes de cavalerie, nous sollicitent puissamment à la préférer aux deux autres, attendu que 8 bataillons, savoir, 2 de chaque côté de la Doire et du Pô, et 4 par le dedans de la fourche, assureront bien mieux la marche des attaques que 14 ne feraient par les autres avenues; ce qui, joint aux bonnes situations que la disposition du pays nous présente pour les batteries, nous pronostique une prompte reddition de cette ville, et plusieurs avantages très-considérables, et entre autres de pouvoir diminuer très-considérablement la résistance que l'ennemi doit attendre par l'effet de son canon et de sa grosse garnison, ce qui abrégera considérablement le siége, par rapport aux attaques qui se pourraient faire par ailleurs, et trompera infailliblement les prévoyances de M. de Savoie sur la durée de ce siége. L'autre, que quand une fois on sera bien établi devant la place, il ne sera plus nécessaire de tant de forces, et on pourra pour lors faire de gros détachemens du siége pour renforcer l'armée d'observation ou pousser M. de Savoie hors du pays.

LA CITADELLE.

Après la ville prise, qui fera partie de la circonvallation, on pourra lever les deux quartiers au-delà du Pô et de la Doire, et se réduire à celui du côté de Suze et Pignerol.

La ville une fois rendue, la règle veut qu'on resserre la citadelle au terme de son esplanade, qui sera celui de sa contrevallation du côté de la ville; il faudra à même temps occuper les remparts de ladite ville le plus près de la citadelle qu'il se pourra, et s'y loger, notamment dans les bastions (14, 15), et employer ce qui pourra convenir à leur défense et élévation autant que faire se pourra en faveur des attaques de ladite citadelle, qui, étant de figure pentagone très-régulière, on pourra choisir celui des côtés qu'on voudra, car il sera aisé pour lors de l'embrasser.

Je serais d'avis qu'on l'attaque par dehors: les raisons qui me le per-

20.

suadent sont que la ville en sera moins gâtée et moins exposée au canon de la citadelle et au pillage des gardes montantes et descendantes de la tranchée; que la citadelle sera plus aisée à embrasser par les attaques et par la croisée des batteries que les parties élevées des bastions (14, 15, 16, 17) pourront recevoir : nous nous servirons mieux même des chemins couverts; mais comme il se pourra que, quand les ennemis se verront pressés par la ville, ils se prépareront à la citadelle et y pourront faire des logemens considérables qui rendront l'attaque, par le côté de la ville, la meilleure, je suspends mon jugement, et m'en remets à l'opinion des intelligens qui seront sur les lieux et qui verront la chose de près.

Au surplus, quand on sera maître de la ville, et qu'on aura bien pris ses établissemens, 18, 20 à 24 mille hommes suffiront pour faire le siége de la citadelle; on le pourrait à moins, s'il ne fallait pas un gros monde dans la ville, par rapport à la bourgeoisie, laquelle il ne faudra pas manquer avec soin et rigidité de désarmer. En suivant cette méthode, la ville sera bientôt prise et avec peu de perte; moyennant quoi on sera assuré de la citadelle, qui ne durera pas long-temps, et vous donnera moyen d'en assurer le siége avec moins de monde, et sur-tout de cavalerie, qui est, à mon avis, tout ce qui peut se desirer de mieux. (18 : 18 : 18) est un trait de crayon qui marque à-peu-près le circuit de la circonvallation, sauf de la reculer ou avancer un peu plus ou un peu moins hors du cercle, selon les petits avantages qu'on y trouvera; (19 : 19 : 19) trait au crayon qui marque le circuit de la circonvallation en plein terrain; (20 : 20 : 20) autre trait qui marque la contrevallation le long des bords extérieurs des rivières; (21 : 21 : 21) les endroits plus propres à placer des batteries à ricochet contre les pièces (2, 3, 4, 5, 6, 7, 8, 9), et leur chemin couvert; (22 : 22 : 22) trait qui marque à-peu-près la conduite des attaques pour la fourche; (12, 13) sont celles des bords du Pô et de la Doire qui doivent la soutenir et dont la marche doit précéder celle de la fourche; (23, 24, 25) pont pour la communication des quartiers; (26) ponts des attaques pour entrer dans la fourche; (27) batterie des Capucins, et les pièces sur lesquelles elle doit avoir vue (1, 2, 3, 4, 5, 6, 7, 8, 9).

Nota, premièrement, qu'on ne doit pas souffrir que l'on fasse des batteries sans plates-formes composées au moins de cinq gîtes de 5, 6 à 7 pouces, et 18 à 20 madriers avec pente de 4 pouces du derrière au devant;

Secondement, qu'il ne faut pas tirer en ricochet qu'en chargeant avec des mesures de fer-blanc d'une once, de deux onces, de quatre onces, de demi-livre, d'une livre et de trois livres, au moyen de quoi on mesure la poudre comme les sauniers font le sel, qu'on verse après dans la lanterne; ensuite de quoi on la bourre en appuyant sur la charge sans la battre;

Et troisièmement, comme M. de Lapara, qui vraisemblablement sera le principal conducteur de ces attaques, est sujet à la goutte, et qu'il se peut que quelque accident du siége pourrait le mettre hors de service, il sera bon d'y envoyer quelqu'un qui pût prendre sa place : or, je n'en trouve point parmi les ingénieurs qui fût plus capable de la remplir que le sieur Filley, qui vraisemblablement sera agréable à M. de Vendôme, dans le régiment duquel il a été long-temps; à quoi il faut ajouter que, pourvu qu'on le laisse faire, il suivra mieux les avis que je lui donnerai qu'aucun autre. Pour cet effet, il n'y a qu'à me l'envoyer en Flandre; il n'est pas bien loin de là, et je l'en instruirai le mieux que je pourrai.

Si le sieur Dupuis-Vauban était moins sujet à la goutte, je le proposerais aussi; car je suis sûr qu'il suivrait tout de son mieux les leçons que je pourrais lui donner à cet égard. Le mal qu'il y a, c'est que tous tant qu'ils sont n'ont pas la tête assez forte pour résister aux contradictions qu'ils auront à essuyer de la part du tiers et du quart, à moins qu'ils ne soient fortement appuyés de l'autorité de M. de Vendôme.

2.

ANALYSE DE QUELQUES AUTRES PROJETS POUR LE SIÉGE DE TURIN.

Il se trouve encore, dans les archives du dépôt des fortifications, plusieurs autres mémoires relatifs au projet du siége de Turin.

L'un, de l'ingénieur Lapara, est du mois de décembre 1703. Dans ce mémoire, qui est fort peu détaillé, cet ingénieur veut, comme Vauban, que l'on s'empare d'abord des ouvrages de la rive droite du Pô; mais il attaque ensuite le long côté de la ville entre la citadelle et le bas Pô, en détournant la Doire, afin de faire servir son lit actuel de parallèle contre la place.

Il y a un autre mémoire, fort détaillé, d'un ingénieur nommé Bertrand, le même probablement qui a servi ensuite au siége comme chef de brigade, et qui a été tué vers la fin, à l'assaut de la demi-lune.

Il propose aussi de s'emparer d'abord des ouvrages des Capucins; ensuite, ainsi que Vauban, il dirige son attaque par la fourche entre les deux rivières : mais il est d'avis de se borner à pousser les travaux jusqu'à 150 toises de la place. A cette distance, il établit ses batteries de brèche, qu'il élève au-dessus du sol de 6 pieds et plus, s'il est nécessaire, de manière à bien découvrir le pied des murailles; puis, après avoir rasé le front d'attaque, il n'hésite pas à donner l'assaut; supposé, dit-il, que les bourgeois s'exposent à le soutenir. Pour prendre ensuite la citadelle, il propose aussi d'essayer de battre en brèche de loin, en élevant les batteries le plus haut possible; cependant, en cas qu'on ne puisse pas les élever assez ou que les chemins couverts et remparts soient contreminés, on fera déboucher les mineurs de la troisième parallèle, et ils chemineront à-la-fois sur les trois angles du front d'attaque, en même temps qu'on s'approchera aussi à la sape par le dessus; les mineurs, arrivés à 3 ou 4 toises de la palissade, feront des puits de 5 à 6 pieds plus profonds que le niveau du chemin couvert, dans chacun desquels ils feront jouer un fourneau de 200 livres de poudre; après l'explosion, on couronnera immédiatement les entonnoirs, ce qui assurera la possession des saillans; on continuera le couronnement du chemin couvert à la sape, avec traverses tournantes, ayant soin de faire plusieurs trous de mine de distance en distance, pour éventer les fourneaux des assiégés; dans ce couronnement, on établira des batteries de brèche, en ménageant, dans leurs intervalles, des espaces propres à recevoir des fusiliers destinés à tirer dans les embrasures de l'ennemi;

enfin, on fera à la sape couverte des descentes et des passages de fossé qui serviront à donner l'assaut après avoir procuré la facilité de perfectionner les brèches à l'aide du mineur, si le canon ne les avait pas rendues suffisamment praticables.

Enfin, dans un troisième mémoire du 23 avril 1706, fait à Grenoble par l'ingénieur Salmon, se trouve un projet absolument conforme à celui de Vauban, dont l'auteur du mémoire ne paraît cependant pas avoir eu connaissance.

3.

M. DE CHAMILLART A M. D'HOUVILLE [1].

3 août 1705.

Je vous vois dans des maximes très-propres à entretenir une division bien préjudiciable au service du roi entre les ingénieurs et vous. Toute votre capacité doit se renfermer à faire faire promptement dès batteries, et à les faire servir avec autant de justesse que de diligence ; mais c'est aux ingénieurs à marquer les endroits où ils veulent qu'elles soient placées : il ne convient pas non plus que vous vous opposiez à tout ce qu'ils demanderont ; en cas que vous le trouviez contraire au bien du service, vous devez vous contenter en cette occasion de le représenter au général, et vous soumettre ensuite ; non seulement M. de la Feuillade vous soutiendra, mais il fera en sorte que vous ne serez pas tourmenté.

4.

M. DE LAPARA [2] A M. DE CHAMILLART.

Chivas, 9 août 1705.

On vient de me renvoyer de l'armée une de vos lettres, du 14 du mois passé, qui m'a plus surpris que je ne saurais vous l'exprimer,

[1] Maréchal-de-camp commandant l'artillerie au siége de Chivas.
[2] Lieutenant général commandant des ingénieurs au siége de Chivas.

de ce que vous avez porté votre jugement, Monseigneur, de croire
que je m'étais brouillé avec M. d'Houville. Il est vrai que mon zèle et
mon devoir ne m'ont pu contenir de voir que nous avons été quatorze
nuits et autant de jours sans avoir pu tirer un seul coup de canon[1],
tout ce temps ayant été employé à faire refaire et dégager des embrasures mal faites. M. d'Houville disait qu'il était incommodé; les com-
missaires disaient que l'on tuait tout le monde, et cent mille autres
raisons; d'ailleurs un désordre et une dissipation qui faisaient peine à
voir; et puis lorsque l'on veut faire remédier à tout cela, on l'at-
tribue à une querelle particulière. A l'avenir, je me garderai bien
de me tuer comme je fais à mettre ordre à cela. M. d'Houville,
qui vient tous les jours manger chez moi, ne disconvient point de
tout cela, et depuis que la place a été prise, il ne m'a point quitté.
Mais quelque opinion qu'ait S. A. M. le duc du Maine, il faudrait
me mettre aux petites maisons si je me retrouve à quelque expédition
difficile avec de pareilles gens.

Je vous ai mandé mon sentiment sur le siége en question [2], et je
suis persuadé que plus M. le duc de la Feuillade en approchera et plus
il y trouvera d'impossibilité avec l'armée qu'il a. Il y tombe beaucoup
de malades : quant à moi, j'ai déjà été saigné trois fois; c'est ce qui
me fait desirer, pour toute récompense, du repos. Il m'a fallu être,
les dix derniers jours de ce siége, l'hôte et l'hôtellerie tout à-la-fois,
et je n'espère pas qu'on m'en tienne plus de compte que par le passé.

5.

M. DE LA FEUILLADE A M. DE CHAMILLART.

De la Vénerie, 11 août 1705.

Il serait difficile, avec 35,000 hommes, de circonvaller Turin; cette
précaution serait même inutile, M. de Savoie n'ayant que 4,000 hommes

---

[1] Au siége de Chivas. — [2] Le siége de Turin.

d'infanterie et sans espérance d'avoir du secours. Si vous me donnez
80 pièces de canon et 40 gros mortiers que je ferai tirer avant d'ouvrir la tranchée et que je ferai servir à la hollandaise, je réponds
de prendre cette place après avoir mûrement déterminé l'endroit de
l'attaque : mais je prétends, s'il vous plaît, que vous donniez vos
ordres pour que les miens soient exécutés régulièrement par les ingénieurs et les artilleurs.

M. de Savoie a écrit qu'il me donnerait tant d'os à ronger que je ne
pourrais songer à faire le siége de Turin de cette année. Ces os sont
sans doute qu'il avait cru que je le suivrais et que je l'attaquerais
dans les retranchemens qu'il a faits à la hauteur des Capucins et aux
deux circonvoisines, soutenus de redoutes.........................

....

6.

M. DE CHAMILLART AU DUC DE LA FEUILLADE.

13 août 1705.

Vous ne m'avez point mandé si M. le duc de Vendôme vous avait
laissé ou non le projet qu'avait fait M. de Vauban pour attaquer cette
place. Je crois qu'il ne vous sera pas inutile; on trouve toujours de
bonnes choses dans les mémoires faits par un homme de sa capacité.
Il court ici un bruit que vous n'êtes pas trop bien avec M. de Lapara;
mandez-moi s'il a quelque fondement.

7.

M. DE CHAMILLART A M. DE LAPARA.

17 août 1705.

Je ne puis attribuer qu'à votre mauvaise santé la méchante humeur
dans laquelle vous étiez lorsque vous m'avez écrit votre lettre du 9

21

de ce mois. J'avais cru que votre unique objet, lorsque vous vous êtes offert pour aller en Italie, était le siége de Turin. Il me semble qu'en attendant on vous a fait faire un personnage assez distingué pour que vous ayez lieu d'être content. Jamais aucun homme de votre profession, avant vous, n'a commandé l'armée qui faisait le siége dont il était chargé en qualité d'ingénieur; vous avez eu cet agrément à la Mirandole et à Chivas. Je ne saurais croire que votre unique objet ait été l'intérêt, et je vous avoue que, si je vous en croyais capable, je diminuerais beaucoup de la bonne opinion que j'ai de vous. Reprenez courage; livrez-vous de bonne grâce au service du roi dans une conjoncture aussi importante, et secourez M. le duc de la Feuillade, qui a grand besoin de vous.

8.

M. LE DUC DE LA FEUILLADE A M. DE CHAMILLART.

17 août 1705.

Le roi doit être plus que content, si, avec les troupes que j'ai et celles que vous me promettez, je le rends maître de la ville et de la citadelle le premier jour de l'an. J'ai eu le projet que M. le maréchal de Vauban a envoyé à M. de Lapara. S'il fallait faire tout ce qu'il propose, je n'en répondrais point pour le dernier de février : outre cela il demande un tiers de troupes de plus; à la vérité, il en compte à M. de Savoie plus de 4,000 plus qu'il n'en peut avoir; et ce qui est encore vrai, c'est qu'il n'a pas un homme d'infanterie sur lequel il puisse compter pour un coup de main.

Une des principales raisons qui empêchent d'ouvrir la tranchée avant le 15 octobre, est que tout est malade, soldats et officiers, et tout ce qu'il y a de gens dans les équipages des vivres et de l'artillerie; mais comme les maladies ne sont pas dangereuses, tout sera rétabli dans le mois de septembre.

9.

LE MÊME AU MÊME.

20 août 1705.

Au 15 septembre, les bataillons seront de 300 hommes, l'un portant l'autre : mais cela ne suffit pas ; j'ai besoin absolument de 14 bataillons et de 15 escadrons d'augmentation pour faire ce siége, sans quoi je ne puis en répondre. Vous devez convenir que je suis le seul capable de parler si hardiment avec un si petit nombre de troupes. S'il fallait investir Turin de tous les côtés, et suivre le plan que M. le maréchal de Vauban a envoyé à M. de Lapara, et même l'avis dudit sieur de Lapara, il faudrait au moins un tiers de troupes de plus ; mais il n'en est pas question. Cette place étant aussi grande qu'elle est, la garnison, quoique investie, ne serait point incommodée quand elle serait infiniment plus forte qu'elle ne sera. Il n'est point question de secours tant que M. de Vendôme contiendra M. le prince Eugène si glorieusement ; et en coupant la communication avec Gênes, ce que je ferai certainement, Turin sera aussi incommodé que s'il était investi. Enfin je réponds au roi de l'événement, pourvu que vous m'envoyiez le renfort que je vous demande.

10.

M. DE CHAMILLART AU DUC DE LA FEUILLADE.

26 août 1705.

Vous aviez d'abord demandé 8 bataillons et 6 escadrons......; vous vous êtes contenté ensuite de 2 bataillons et d'un régiment de dragons : au lieu de 2 bataillons, le roi croyait faire beaucoup de vous en envoyer 4, qui doivent être présentement en Dauphiné..... Vous demandez présentement 14 bataillons et 15 escadrons : ce serait une chose bien affligeante pour vous et pour moi, et encore davantage pour le roi, s'il n'y avait pas lieu de faire le siége de Turin sans cette

21.

augmentation de troupes........ ....

.... La saison s'avance; les ennemis seront dans la nécessité d'abandonner toutes les entreprises de mer quand le 15 sera passé. Il n'y aura plus rien à craindre pour la Provence. Le roi pourra vous envoyer 6 bataillons et les régimens de dragons de Fimarcon et de Verceil, qui pourront arriver vers le 10 octobre. Si avec cette augmentation vous pouvez prendre Turin, il y a toute apparence que Sa Majesté sera en état de vous la donner; mais ne comptez sur rien davantage, à moins que M. de Vendôme ne vous le donne. Lorsque vous aurez pris votre dernière résolution, au cas que ce soit celle de faire le siége, comme je n'en doute pas, je vous prie de déterminer avec M. de Lapara le projet pour l'attaque, et de me l'envoyer le plus tôt que vous le pourrez. S'il était possible d'en faire deux en même temps, l'affaire serait bien plus tôt finie. Je vous demande en grâce, pour l'amour de vous et pour le bien du service du roi, si vous l'entreprenez, de faire en sorte de commencer au plus tard vers le 10 octobre : on fait plus de besogne en quatre jours dans une saison favorable qu'en dix en hiver. L'expérience de ce qui s'est passé à tous les siéges d'Italie, et l'habitude que l'on a prise de les faire durer quatre fois plus que l'on n'avait fait par-tout ailleurs, fait trembler pour ceux qui sont chargés de la dépense nécessaire pour fournir de pareilles entreprises. M. le maréchal de Vauban avait grande envie de finir sa carrière par le siége de Turin, si le roi avait voulu lui donner ce qui est porté dans son mémoire, et même quelque chose de moins; il me l'a dit à moi-même. Il était assez difficile d'accorder sa proposition avec le personnage que vous avez à faire et que j'espère que vous remplirez dignement.

11.

M. LE DUC DE LA FEUILLADE A M. DE CHAMILLART.

La Vénerie, 1er septembre 1705.

. . . .

Ayez confiance en moi; vous vous en trouverez mieux, et le roi

aussi, que de tous les ingénieurs du monde. Il y a des gens nés pour commander, et ces sortes de messieurs-là sont faits seulement pour exécuter les ordres qu'on leur donne.........................
....

12.

LE MÊME AU MÊME.

3 septembre 1705.

Quand je vous ai, mon cher beau-père, représenté l'entreprise de Turin comme moins difficile qu'elle ne l'est réellement, c'est que j'en connais tellement l'importance, que j'ai voulu engager Sa Majesté, uniquement par rapport au bien de son service, à ne point se rebuter des obstacles qui s'y présentent réellement, ne les croyant pas insurmontables par de certaines conditions, et à ne point écouter un nombre de gens qui sont à la cour, composés de deux espèces aussi pernicieuses l'une que l'autre, pour en recevoir des conseils. Les uns décident sur la guerre avec une fort légère expérience, n'ayant qu'une connaissance imparfaite des pays où elle se fait, et n'étant point doués de Dieu de cette justesse et de cette étendue d'esprit qui caractérisent les hommes nés pour les grandes choses; les autres, plus envieux et plus ennemis des gens en place qu'attachés au bien de l'état et à la gloire de sa majesté, ne cherchent qu'à diminuer le mérite des actions glorieusement exécutées, et à s'opposer à tous les projets qui ne sont point à leur goût. Je n'ai pas été long-temps à reconnaître que Sa Majesté (si j'ose le dire) et son ministre se laissent un peu trop aisément séduire par tout ce qui peut flatter l'exécution de ce qu'ils desirent, puisque vous me mandâtes, en réponse à cette lettre si remplie d'espérances, que vous comptiez que j'ouvrirais la tranchée devant Turin le 15 septembre, et qu'il serait pris à la Toussaint.............................
.... Songez-vous que M. de Vauban veut 60 bataillons à 500 hommes (avec lesquels cependant il ne pourrait

pas en faire la circonvallation)? et quand j'aurais les 14 en question, je n'en pourrais avoir que 60 à 300 hommes, en ne laissant dans les garnisons que de quoi fermer les portes......................

.... Je ne connais, après avoir réfléchi jour et nuit, de possibilité à prendre Turin avec le peu de troupes que j'ai, qu'en attaquant la citadelle avec 80 pièces de gros canon, 20 de petit, en cas qu'on s'en puisse servir utilement, et 45 mortiers que nous avons. Quand cela tirera tout ensemble, à la façon de M. de Cohorn, je ne veux que six fois vingt-quatre heures pour ruiner toutes les défenses : cela fait, la difficulté de prendre la citadelle de Turin ne consiste que dans les contre-mines. Ordonnez à M. de Vallière, qui est le plus habile homme que nous ayons pour les mines, de se rendre incessamment ici. M. le duc de Savoie a une trop faible et trop mauvaise garnison pour oser faire des sorties. A l'égard des assauts qu'il pourra soutenir quand la brèche sera faite, les bastions de la citadelle sont trop petits pour y pouvoir faire de bons retranchemens : si elle était emportée d'assaut, la ville de Turin serait au pillage, ce que je ne crois pas qu'il veuille hasarder.... .... Nous avons trop peu d'infanterie pour attaquer la ville et la citadelle en même temps, comme vous le proposez.......... La ville est protégée par le feu de la citadelle, et le polygone entier de la citadelle, que nous attaquerons, n'est point protégé par le feu de la ville.

J'oubliais de vous répondre sur l'habitude qu'on a prise de faire durer les siéges en Italie beaucoup plus long-temps qu'ailleurs. Cela vient du manque d'artillerie, de la grande attention qu'il faut avoir aux détails, à cause de la difficulté d'assembler les magasins et de faire les transports. Je vous répète encore, sur la hauteur des Capucins, que je ne m'engagerais pas de m'en emparer en trois mois. Les hauteurs de Castagnette devraient avoir convaincu de la difficulté de ces entreprises. M. le duc de Savoie, tout avare qu'il est, me donnerait bien un million pour engager le roi à porter ses forces de ce côté-là.

13.

LE MÊME AU MÊME.

Du camp devant Turin, le 11 septembre 1705.

. Nous partîmes de la Vénerie le 6, pour venir camper devant cette place. Je fais travailler avec toute la diligence possible à faire des lignes depuis la Doire jusqu'au Pô. . . . . Je n'ose parler qu'avec grande circonspection de cette entreprise, tant j'y découvre tous les jours de nouvelles difficultés : cependant j'espère que nous en viendrons à bout. . . . . A l'égard de l'attaque, il n'y en a de praticable, dans la situation où nous sommes, que celle de la citadelle. Tous les ingénieurs qui sont ici, qui ont examiné le tout de fort près avec moi, en sont convenus unanimement, et m'ont assuré qu'ils en donneraient leur avis par écrit. Je sais que M. de La-para, prévenu de ses anciennes idées, n'est pas de cet avis, et que deux de ses secrétaires suivent son opinion. Pour moi, je ne m'en chargerai, hors d'un ordre par écrit, qu'à condition d'attaquer la citadelle.

Il y a du côté de la ville, le long de la Doire, une nouvelle enve-loppe de terre qui règne depuis la citadelle jusqu'à la Doire, aussi bonne que si elle était revêtue, précédée d'un glacis, d'un chemin couvert et d'un fossé dans toute leur perfection; après cette première enveloppe, il y a encore un chemin couvert, défendu par une deuxième enveloppe de fortifications régulières où il y a de bonnes demi-lunes, et derrière cela un troisième chemin couvert, avec un fossé soutenu par une troisième enveloppe flanquée de tours. Vous voyez bien quelle consommation de poudre il faudrait pour faire brèche à ces trois en-veloppes, au lieu que nous n'en aurons qu'une en attaquant la cita-delle. De plus la ville pourrait nous opposer 150 pièces de canon, et la citadelle ne nous en peut pas opposer plus de 34, auxquelles nous en opposerons 80 ; joignez à toutes ces bonnes raisons, que vous prenez la ville en prenant la citadelle, et qu'il faut prendre la citadelle après avoir pris la ville.

14.

DU MARÉCHAL DE VAUBAN A M. DE CHAMILLART.

Paris, 13 septembre 1705.

Voici, Monsieur, la lettre que vous avez désirée de moi pour M. le duc de la Feuillade; elle est conforme au mémoire que j'ai eu l'honneur de présenter au roi: je ne puis prendre sur moi de m'éloigner des règles, ni me résoudre à donner dans des propositions extraordinaires capables de faire tout manquer. Si M. le duc de la Feuillade veut bien entrer dans mes vues, quoique faibles pour une si grosse entreprise, il ne laissera pas de prendre Turin; mais il faut commencer par se bien établir devant la place, en occuper toutes les avenues, s'y bien assurer, et ne point épargner la terre, faire entrer tous ses besoins dans l'enclos des lignes, s'emparer du fort des Capucins, et mettre à cela tout le temps qu'il faut; si ce n'est assez de huit jours, qu'il y en emploie quinze, et qu'il n'attaque point qu'il n'ait bien pris toutes les précautions possibles contre les secours petits et grands. Pour lors il sera en état de donner toute son application à ces attaques: suivant ces principes, je ne doute pas qu'il réussisse; s'y prendre autrement, il se peut qu'il réussisse, mais il hasardera beaucoup, notamment s'il imite la méthode de Cohorn, qui peut lui faire consommer ses poudres en huit jours, perdre le tiers de son infanterie dans une action ou deux, et manquer la place. L'expérience que nous avons des siéges de ce pays-là ne prouve pas que la méthode en soit bonne; le plus sûr est de s'en tenir aux règles, dont la même expérience a tant de fois prouvé la certitude, qu'il n'y a plus moyen d'en douter. Je suis, Monsieur, toujours très-parfaitement votre très-humble et très-obéissant serviteur.

15.

LE MÊME AU DUC DE LA FEUILLADE.

13 septembre 1705.

M. de Chamillart m'a fait part, Monsieur, de la lettre que vous lui avez écrite en dernier lieu sur le siége de Turin et sur les moyens que vous prétendez employer pour réduire cette place à l'obéissance du roi, sur lesquels il m'a prié de lui dire mon sentiment et même de vous le mander; c'est de quoi je m'acquitte avec plaisir, par rapport au roi, à lui et à vous, à qui je serais ravi de pouvoir être bon à quelque chose; je vais donc vous dire ce que je pense à cet égard, en homme qui ne sait ce que c'est que de biaiser.

Il me paraît, Monsieur, que vous avez assez de canons, de poudres, de boulets, de bombes, de mortiers et de grenades, mais que 10,000 hommes de pied de plus vous conviendraient parfaitement; l'affaire est grosse, la garnison assez forte par rapport à votre faiblesse: ce qui me persuade que vous aurez peine à la réduire, si on manque à s'y bien prendre; c'est sur quoi il ne faut pas se flatter. Prenez donc, s'il vous plaît, le parti de suppléer au défaut de vos forces par beaucoup d'industrie; celle dont je veux parler est de vous très-bien assurer devant la place par de bonnes lignes de circonvallation et de contre-vallation, comme elles sont proposées dans le plan et mémoire du roi à M. de Vendôme, que je ne doute pas que vous n'ayez entre les mains. Que la grandeur de l'ouvrage et le peu de monde que vous avez pour l'exécuter ne vous étonne pas : je me suis trouvé à treize siéges avant la paix des Pyrénées, où nous n'avions que de très-petites armées et point de paysans pour faire nos lignes; c'étaient les troupes qui les faisaient gratis; infanterie, cavalerie et dragons, tout y était employé. Dans la nécessité où vous êtes, vous ne devez pas hésiter à faire la même chose; je me ferais même une contrevallation, si j'étais à votre place, afin de prendre toutes les précautions possibles contre le dehors et le dedans. Employez-y tout le temps qu'il faut et ne le plaignez pas; pendant que vous serez occupé à vous établir, vous

22

pourrez, comme vous le dites fort bien, faire entrer toutes vos munitions de guerre et de bouche dans le camp.

Deux grandes lignes ponctuées marquent à-peu-près le circuit des lignes
sur le plan du roi, qui peut être corrigé sur les lieux, spécialement de
l'autre côté du Pô, à cause des montagnes qui varient fort sur le terrain.

Je ne suis point du tout d'avis que vous commenciez par l'attaque
de la citadelle, et encore moins par la ville et la citadelle ensemble :
ce siége, dans les commencemens, sera trop vaste et le morceau trop
gros; il faut le diviser et attendre que la ville soit prise; après quoi, le
siége de la citadelle se réduisant à une très-petite circonvallation, les
attaques en deviendront aisées.

Je ne suis nullement d'avis que vous attaquiez à la Cohorn; cette
méthode, qui n'en est pas une, n'est bonne que contre des bicoques
comme Venlo, Ruremonde, la citadelle de Liége et Bonn, toutes
places plus mauvaises les unes que les autres, et dont pas une n'était
en état de tenir huit jours contre des attaques réglées : il n'en serait pas
de même de la citadelle de Turin, dont les défenses étant solides,
bien apreuvées et bien flanquées, ne se raseraient pas facilement à
les battre de 3oo toises comme Cohorn. Il n'y aurait pas réussi, s'il
y avait eu fossé qui vaille à ces places; il n'en sera pas de même de
la citadelle de Turin, qui a un bon fossé, et qui, supposé les défenses
battues six jours durant, voire dix, ne serait pour cela désarmée au
point que les parapets ne fissent encore assez de masse pour couvrir,
du moins à demi-corps, ceux qui soutiendraient un assaut. D'ailleurs
une batterie qui bat de 2oo à 3oo toises les défenses d'une place
couverte par le parapet de son chemin couvert, n'en voit que le haut;
et quoiqu'elle puisse ruiner les défenses à la longue, ce n'est que de
dessus le parapet du chemin couvert, et en battant le pied des bastions, qu'on peut les ouvrir et y faire brèche : or, avant d'en venir
là, vous aurez beaucoup d'affaires avec les dehors ou les mines, soit
que vous attaquiez à la Cohorn ou selon les règles ordinaires. Que si,
après avoir battu à la Cohorn, et quand tout vous paraîtra bien dé-
chiré, vous faites donner un assaut, il est certain que vous serez
arrêté tout court par le revêtement du fossé, s'il y en a un, ou par

celui du corps de la place, qui ne sera pas ruiné assez bas, ou par le retranchement des bastions mêmes, soit les uns ou les autres ou tout ensemble; il est sûr que si vous ne réussissez pas, vous souffrirez des pertes qui pourront considérablement vous affaiblir, et que vous aurez bientôt expédié vos munitions en prenant ce parti. Je ne crois pas que vous puissiez embrasser plus d'un bastion de la citadelle; les autres tombent trop dans les protections de la place : or, ces bastions, ayant les gorges fort étroites à cause de leurs flancs retirés, sont très-aisés à bien retrancher, auquel cas toutes vos attaques se réduiront à une gorge de 12 à 15 toises, qui, étant bien retranchée, sera très-aisée à soutenir par toutes les troupes de la citadelle jointes ensemble. Faites, s'il vous plaît, réflexion sur tout cela avant que de vous déterminer, et sur-tout assurez-vous bien devant la place; donnez-vous tout le temps dont vous aurez besoin, et ne précipitez rien; c'est ce que tous les grands capitaines de tous les temps et de tous les âges ont pratiqué par tout pays en cas pareil. Pendant que vous travaillez à vos lignes, mon avis est que vous attaquiez les Capucins; la montagne sur laquelle ils sont situés n'est pas inaccessible, et la fortification n'a que peu ou point de flancs.

Les Maraux de Broutes la prirent l'épée à la main, quand M. le comte d'Harcourt assiégea Turin, bien que gardée par 300 Napolitains, qui y furent tous tués [1]. Mais, après vous être mis à portée par vos tranchées et logemens, vous pourrez pendant quelque temps l'accabler de canons, de bombes et de pierres : cela, suivi d'une attaque bien concertée et encore mieux soutenue de tout ce carillon et d'une bonne mousqueterie bien postée, vous en rendra bientôt le maître.

---

[1] Le comte d'Harcourt, général en chef des troupes françaises en Piémont, avait assiégé Turin en 1640. Ce siége eut lieu avec des circonstances fort singulières : la citadelle, occupée par les troupes françaises, était assiégée par les Espagnols, qui étaient maîtres de la ville; ceux-ci étaient assiégés dans la ville par l'armée du comte d'Harcourt, et cette armée était elle-même, pour ainsi dire, assiégée dans ses lignes par une armée espagnole, supérieure en nombre, qui était venue au secours de la place. Le comte d'Harcourt, qui avait Turenne sous lui, réussit néanmoins dans son entreprise : l'armée espagnole se retira après plusieurs attaques, et la ville, qui avait été investie le 10 mai, capitula, faute de vivres, le 17 septembre. *Note de l'éditeur.*)

22.

Sa fortification ne peut pas être grand'chose, et il y a des hauteurs aussi élevées qu'elle qui vous donneront de grands avantages. Au surplus, l'occupation de ce poste vous rendra maître de l'avenue du Pô, dont vous pourrez rompre le pont; moyennant quoi M. de Savoie ne pourra plus jeter de secours dans cette ville : ce même poste vous fournira un excellent cavalier qui a un ascendant sur les fortifications de ces quartiers, notamment sur celle de la fourche des rivières, qui sont les fronts que vous devez attaquer. Le plan que vous avez, qui est très-bon, vous donnera une idée assez nette des attaques qu'on peut faire par l'avenue d'entre les rivières : si je n'étais persuadé que vous avez le plan et le mémoire que j'ai faits en vue de ce siége, je vous en ferais un plus grand détail; mais ne pouvant douter qu'il ne soit entre vos mains, je passe à d'autres choses.

Si vous ne vous rendez pas maître du fort des Capucins, vous pourrez bien attaquer la place, mais vous ne l'assiégerez pas : je veux dire que vous ne viendrez jamais à bout d'empêcher M. de Savoie d'y entrer et d'en sortir quand bon lui semblera, et d'y jeter du monde par conséquent, soit des officiers ou des troupes réglées, s'il lui en vient, des Mondovis et des Barbets, qui ne sont pas mauvais derrière un rempart, ou même partie de sa cavalerie, en la faisant mettre pied à terre. Si vous ne prenez point les Capucins, il fera entrer et sortir qui bon lui semblera de Turin, à même temps que vous vous priverez du plus desirable avantage que vous puissiez obtenir pour favoriser vos attaques en vous y prenant par la fourche des rivières, ainsi qu'il a été proposé par le mémoire du roi, avantages qui vous feront prendre la ville en quinze jours d'attaque, sans perte d'hommes ni sans qu'il fût besoin d'une bien grosse garde, ni d'aucune cavalerie, ni d'effort considérable de notre part. Les ennemis ne peuvent rien faire sur cette avenue par les sorties ni pour favoriser la défense de leur rempart. Faites-vous représenter le plan du roi et son mémoire; les attaques y sont très-bien instruites. Pour conclusion, Monsieur, mon avis n'est point que vous attaquiez par la citadelle, encore moins par la ville et la citadelle ensemble. Attaquez par la fourche des rivières, si vous voulez avoir bon marché de la ville. Quand vous en serez maître, la citadelle ne vous

échappera pas, et vous aurez le plaisir d'en faire le siége avec peu de
monde, et les remparts de la ville même et son esplanade vous donneront de grands avantages. Mais, avant toutes choses, fortifiez-vous bien
contre le dedans et le dehors de cette place; n'entreprenez rien que
vous ne soyez bien établi; et tâchez de surmonter la répugnance que
vous avez à attaquer le fort des Capucins, car c'est bien sûrement de
sa prise que peut dépendre le bon succès du siége de Turin. Sur-tout
n'imitez pas la manière d'attaquer de Cohorn; elle vous tromperait : les
siéges de Barcelone et de Verrue ne sont pas des siéges à imiter; il
a fallu des miracles pour se rendre maître de ces places, après bien
du temps et avoir souffert de grandes pertes. Il n'y a rien tel que de
se renfermer dans les règles, qui, une fois bien observées, ne nous
trompent jamais. Voilà, Monsieur, ce que je prends la liberté de vous
dire comme je le ferais au meilleur de mes amis. Je souhaite que cette
lettre contienne quelque chose qui vous fasse plaisir. Ne me faites aucune réponse; il n'en est point question : vous allez avoir bien d'autres
affaires; Dieu veuille que vous en sortiez à votre honneur! si cela arrive, comme je l'espère, ce sera l'une des plus glorieuses actions de ce
règne. Je suis très-parfaitement et de tout mon cœur, Monsieur, votre
très-humble et très-obéissant serviteur.

———

16.

M. DE CHAMILLART AU DUC DE LA FEUILLADE.

Du 15 septembre 1705.

Je vous envoie une lettre du maréchal de Vauban, auquel je com-
muniquai vendredi celle que vous m'avez écrite du 3 de ce mois, qui
contient votre projet sur la manière dont vous avez résolu d'attaquer
Turin. Vous verrez qu'il n'est pas d'accord avec vous; et sa lettre me
paraît appuyée de raisons si solides, que j'ose vous demander par grâce
d'y faire de sérieuses réflexions. L'affaire est si importante pour le roi,
que je suis convaincu comme lui qu'il ne faut rien donner au hasard.

———

17.

M. DE CHAMILLART AU MARÉCHAL DE VAUBAN.

Du 16 septembre 1705.

Je vous rends mille grâces, Monsieur, de la lettre que vous m'avez envoyée pour M. de la Feuillade. Je l'ai lue au roi; il m'a paru que votre projet est entièrement dans son goût. J'ai écrit à M. de la Feuillade de manière qu'il aura peine à ne pas sentir la différence qu'il y a de suivre les règles ou de hasarder des nouveautés qui peuvent être trop dangereuses en pareille occasion. Je souhaite qu'il suive vos sages conseils, et que vous ayez tout l'honneur des événemens, qui ne seraient pas moins glorieux pour lui qu'ils seraient utiles pour la France.

18.

M. DE CHAMILLART AU DUC DE LA FEUILLADE.

Du 17 septembre.

Je ne vous dirai rien sur le côté de l'attaque, après ce que M. le maréchal de Vauban vous a écrit : il n'y a qu'à vous laisser faire. Il serait bien désagréable pour vous, attaquant la citadelle contre les règles, que vous ne réussissiez pas : c'est la seule réflexion que je vous ferai faire ; je suis persuadé que vous l'avez déjà faite. J'aurais bien voulu, quoique M. de Lapara ne soit pas tout-à-fait de votre sentiment, qu'il eût été en état de vous seconder : les meilleurs ingénieurs ne sont pas trop bons pour une pareille entreprise.

19.

LE DUC DE VENDOME AU DUC DE LA FEUILLADE.

20 septembre.

. . . . A l'égard de l'attaque de Turin, je n'ai jamais compté qu'elle pût se faire par ailleurs que par la citadelle. C'est la meilleure et la plus sensée, et je ne doute pas que Sa Majesté ne soit du même sentiment. En tout cas, si la réponse de la cour était ambiguë et qu'elle méritât quelque explication, comme le temps est précieux, je ne balance pas de vous dire que vous devez ouvrir la tranchée à la citadelle, sans attendre la réponse d'un nouveau courrier; et je me charge volontiers de le faire agréer à Sa Majesté...........

Du 22 septembre.

Le parti d'attaquer la citadelle est le seul bon et le seul sensé. N'écoutez donc, je vous prie, personne, et suivez vos lumières et votre bonne volonté; moyennant cela, je vous réponds que tout ira bien. N'attendez point non plus le retour de M. de Dreux pour ouvrir la tranchée, supposé que tout soit disposé pour cela. Je vous réponds qu'en toute votre vie vous ne ferez rien qui soit plus agréable au roi. Je prends volontiers cela sur moi, ainsi que la réussite du siége.

———

20.

LE ROI AU DUC DE LA FEUILLADE.

Du 25 septembre.

Mon cousin, les efforts que j'avais faits pour vous mettre en état de faire le siége de Turin vous ont fait connaître l'importance dont il était de réduire cette place à mon obéissance. J'avais d'autant plus lieu d'espérer, que l'infanterie du duc de Savoie, par les différens siéges qu'elle a soutenus et les prisonniers que le duc de Vendôme avait faits à Verceil, Ivrée et Verrue, l'avait réduite à un si petit nombre, qu'à peine était-il suffisant pour la défense de la ville et de la citadelle de Turin, et que le duc de Vendôme, ayant affaibli considérablement l'armée du prince Eugène par l'avantage qu'il a remporté sur elle à la journée de Cassano, l'avait mis hors d'état de donner aucun secours au duc de Savoie. Ces considérations, jointes au nombre de troupes que je

vous avais destinées et à la quantité de munitions que j'avais fait rassembler, ne me donnaient pas lieu de douter du succès, lorsque le
marquis de Dreux est arrivé de votre part pour me faire connaître le
véritable nombre et l'état auquel se trouve votre infanterie, si fort affaiblie par les maladies, et si faible par elle-même et par ce qu'elle a
perdu aux différens siéges auxquels elle a été employée pendant quatorze mois, que vous auriez cru faire contre mon service de vous
engager dans une entreprise aussi grande et aussi difficile que celle de
Turin, dont le succès a paru trop douteux pour exposer à une ruïne
totale l'armée que vous commandiez, sans espérance de réussir. Toutes
les raisons qui s'y opposent m'ayant été bien expliquées par M. le marquis de Dreux, j'ai envoyé ordre au maréchal de Vauban, qui était à
Paris, de se rendre auprès de moi pour prendre encore son avis; afin
de me confirmer dans la résolution que j'avais prise de remettre au
printemps prochain l'entreprise de Turin. Les malades se rétabliront
pour ce temps-là, les recrues joindront. Je ferai en sorte, s'il est possible,
d'augmenter encore de quelques bataillons le nombre que vous en avez,
et de vous donner des forces suffisantes pour en faire la circonvallation
entière et l'assiéger dans les formes. Le maréchal de Vauban, qui connaît
cette place, qui a même donné les dessins d'une partie des fortifications
nouvelles, assure qu'elle ne saurait se prendre qu'après s'être rendu
maître de la hauteur des Capucins; qu'il ne faut pas se flatter de réussir
par la citadelle; qu'elle n'est prenable qu'en l'attaquant par la ville,
après que vous l'aurez occupée. Il ne faut donc plus songer à suivre
présentement cette entreprise, mais à établir vos dépôts et vos quartiers
de manière que vous puissiez rassembler le tout aisément lorsque je
croirai pouvoir faire faire ce siége, et vous mettre en état que le duc
de Savoie, qui n'oubliera rien pour vous déranger pendant l'hiver, ne
puisse vous entamer, ni vos troupes, par aucun endroit. Les deux
postes importans à conserver sont Chivas et Suze..............
....

Je donne avis au duc de Vendôme de la résolution que j'ai prise,
afin qu'il concerte avec vous l'usage que l'on pourrait faire d'une partie
des troupes que vous avez. S'il croyait, en se fortifiant, pouvoir dé-

poster le prince Eugène et l'obliger à repasser les montagnes, ou du moins le mettre dans la nécessité de repasser de l'autre côté du lac de Garde..........

Mon intention est de faire attaquer le château de Nice, ne pouvant faire le siége de Turin............ Tout ce qui est à craindre, c'est que l'empereur ne fortifie si considérablement l'armée du prince Eugène pour ce temps-là (le printemps prochain), que je me trouverais dans la nécessité de grossir l'armée du duc de Vendôme d'une partie de celle que j'ai destinée pour Turin, et qu'avec ce qui vous en resterait vous ne fussiez pas en état de l'entreprendre............. Pour y réussir, il faut le commencer de bonne heure, s'il est possible, et avant que les troupes qui viendront joindre le prince Eugène soient arrivées.

21.

M. DE LA FEUILLADE AU ROI.

Du camp devant Turin, le 30 septembre 1705.

Je me jette aux pieds de Votre Majesté pour lui demander en grâce, par rapport uniquement à sa gloire, de ne pas abandonner l'entreprise de Turin. J'ose lui désobéir en ne faisant pas partir les trois bataillons du Dauphin et celui de Bourbon, et je ne puis croire qu'elle n'ait la bonté de me pardonner, quand elle fera réflexion sur la droiture de mes intentions. Pour vous montrer, Sire, que le bien de votre service est mon seul but, ce qui ne se trouve peut-être pas toujours dans ceux qui ont l'honneur de remplir de pareilles places, c'est que je déclare à Votre Majesté que si elle daigne, après la prise de Turin, m'honorer de la dignité de maréchal de France, je ne l'accepterai point, ne voulant point qu'il puisse jamais entrer dans l'esprit de Votre Majesté qu'une idée d'ambition m'ait pu porter à hasarder le bien de ses affaires. Je consens qu'elle me croie le plus indigne de ses sujets, si rien dans le monde m'empêche d'exécuter ce que je lui avance.

Pour en revenir au fait, l'armée de Votre Majesté a fait des lignes depuis la Doire jusqu'au Pô : j'en commence ce soir dont le centre est à 5oo toises de la citadelle de Turin, et nous serons en état d'ouvrir la tranchée le 15 au plus tard. . . . .
Enfin, Sire, je prends sur ma tête la réussite de l'entreprise de Turin.
. . . . Les officiers ne sont plus intimidés par l'exemple de Verrue ; ils sont pleins de confiance : les soldats s'y portent avec toute la volonté possible. Tout le monde unanimement convient que la citadelle est la seule bonne attaque. Si j'abuse Votre Majesté dans le moindre fait, je consens à la perte de ses bonnes grâces, qui serait pour moi un plus grand mal que la mort. Mais, Sire, vous ai-je assez mal servi pour que vous n'ayez aucune confiance en moi? M. de Vendôme n'a-t-il pas exécuté les choses les plus difficiles et les plus glorieuses pour Votre Majesté? Le comte Pallavicini n'est-il pas homme plein d'esprit, et ne doit-il pas connaître Turin mieux qu'un autre? Me serait-il permis de dire que les gens qui ont excellé dans de certaines professions n'approuvent jamais ce qu'ils n'ont pas pensé les premiers.

(Il propose ici de faire hiverner l'armée dans les lignes, dans le cas où l'on voudrait absolument différer le siége). . . . .
. . . . . Mais, Sire, renvoyez de nouveaux ordres en Provence pour faire remarcher toutes ces troupes qui y sont, et Turin sera au pouvoir de Votre Majesté au premier jour de l'an. Envoyez M. le comte de Toulouse faire cette conquête; je serai avec plaisir son premier lieutenant général, ...
L'augmentation de préparatifs que Votre Majesté pourra faire cet hiver sera fort contre-balancée par ceux que M. le duc de Savoie pourra faire de son côté.. . . . .

Le penchant extrême et plein de raison que j'ai vu à Votre Majesté pour faire le siége de Turin cette année, et la lettre positive que j'ai reçue de M. de Vendôme, qui est mon supérieur, m'ont déterminé à ne point attendre la réponse de Votre Majesté aux représentations que j'avais chargé M. de Dreux de lui faire, pour me mettre en mouvement; le temps est bien précieux dans de certaines occasions. Votre Majesté peut outre cela se souvenir que, malgré toutes les difficultés dont M. de Dreux lui a rendu compte de ma part, dont je ne pouvais me dispenser par rapport à l'éloignement où l'armée paraissait être pour cette entreprise dans ce temps-là de crise, j'ai cependant marqué très-nettement dans ma lettre que mon avis était qu'il fallait entreprendre le siége de Turin, et qu'on y réussirait; mais que je ne le pouvais sans un ordre exprès de Votre Majesté.

Pardonnez-moi, Sire, mes fautes en faveur de ma bonne volonté, et souffrez que je réitère les assurances du profond respect et de l'inviolable attachement avec lesquels je serai toute ma vie,

De Votre Majesté, etc.

22.

LE MÊME A M. DE CHAMILLART.

Du 30 septembre 1705.

. . . .

Il s'en faut bien que la citadelle soit enterrée au point où l'on me l'avait dit; on voit les bastions au-dessous du cordon : il n'y a point de second chemin couvert, et il ne paraît aucun cavalier dans les bastions; ils achèvent actuellement les lunettes qu'ils ont faites aux angles de leurs glacis, et ils travaillent à force à une contre-garde de terre pour couvrir le bastion de la droite de l'attaque, à notre égard, laquelle ne pourra être que très-imparfaite, quand on ouvrira la tranchée. Le terrain est le plus beau que l'on puisse desirer, et il aura beau pleuvoir, les tranchées ne seront point inondées; les ingénieurs les plus opiniâtres sont rendus. Je vous envoie copie de deux lettres que j'ai reçues de M. de Vendôme et un extrait d'une que Pallavicini a écrite à Saint-Frémont : vous verrez que je ne suis pas si extravagant que M. de Vauban le pense, ou du moins que je ne suis pas le seul dans l'erreur.

Le travail de notre ligne s'est fait jusqu'ici très-tranquillement; il est quatre heures du matin : je ne me coucherai qu'au point du jour,

23.

quand les troupes seront rentrées dans le camp. Ah! le vilain métier
que celui de général d'armée!

23.

LE MÊME AU MÊME.

Du 1er octobre 1705.

Je crois, mon cher beau-père, que vous trouverez que j'avais d'abord
pris un mauvais parti; mais j'ai promptement reconnu ma faute. Je
vous avoue que j'ai le poignard dans le cœur, et que je crois que je
mourrai de douleur; en tout cas, ce sera en vous aimant bien tendre-
ment.

24.

LE MÊME AU ROI.

Du 1er octobre 1705.

Je demande mille pardons à Votre Majesté d'avoir osé retarder d'un
moment l'exécution de ses ordres; le zèle infini que j'ai pour son
service m'a seul jeté dans cet égarement : je ferai partir incessamment
les trois bataillons du Dauphin et celui de Bourbon, et je me mettrai en
situation d'exécuter promptement les ordres que Votre Majesté m'en-
verra pour l'établissement des quartiers d'hiver. M. de Marignan aura
l'honneur de lui rendre compte de ce que je crois possible. Je suis,
avec un très-profond respect et un attachement inviolable,

Sire, etc.

25.

M. LE DUC DE VENDOME AU ROI.

Du camp de Rivalto, le 1er octobre 1705.

C'est avec un déplaisir sensible que j'ai vu, par la lettre que Votre

Majesté m'a fait l'honneur de m'écrire, qu'elle est déterminée à différer jusqu'au printemps prochain le siége de Turin. Quoique je lui aie représenté bien des fois de quelle importance il était de faire ce siége au plus tôt, je ne puis encore me dispenser de lui dépêcher sur-le-champ ce courrier, pour lui dire encore ce que je pense pour la dernière fois, et je souhaite de tout mon cœur que cela puisse lui faire changer la résolution qu'elle a prise.

Je commencerai d'abord par avoir l'honneur de lui dire que, quoi que puisse alléguer M. de Vauban, le siége de Turin par la citadelle est un siége tout ordinaire, et qu'il est impossible par la ville, non-seulement par la difficulté de se rendre maître de la hauteur des Capucins, chose dont on ne viendra pas à bout sans y employer beaucoup de temps et sans perdre bien du monde, mais aussi par les travaux immenses que M. de Savoie a fait faire autour de la ville de Turin, qui en éloignent considérablement les attaques.

Secondement, si on donne du temps au duc de Savoie, non-seulement il aura le temps de rétablir son armée, mais il fera faire, pendant l'hiver, autour de la citadelle, plusieurs bons retranchemens avec des chemins couverts, bien palissadés et bien minés, comme il a fait autour de la ville; ce qui rendrait l'attaque de la citadelle bien difficile, pour ne pas dire impossible. Je ne parle point de l'empereur, lequel indubitablement ne manquera pas de faire, pendant l'hiver, les derniers efforts pour sauver le duc de Savoie, en rendant l'armée du prince Eugène fort supérieure à la nôtre......................
....

Quoi que puisse dire M. de Vauban, je ne vois pas de quelle importance il est qu'une place soit bien ou mal investie, lorsqu'on a mis dedans tout ce qu'on peut y mettre et qu'on n'y peut jeter aucun nouveau secours. Je supplie Votre Majesté de considérer que le siége de Verrue était beaucoup plus difficile que celui de Turin; cependant nous en sommes venus à bout presque sans canon, avec des bataillons encore plus faibles qu'ils ne sont et en bien plus petit nombre; et je suis persuadé que si Sa Majesté avait consulté M. de Vauban, nous n'aurions ni Verrue ni Chivas. Cependant, quoique cela ait été entrepris contre les règles, ces deux places n'en ont pas moins été prises, et je réponds sur ma tête que Turin le sera aussi, si Votre Majesté veut bien ordonner à M. de la Feuillade d'en faire le siége.

. . . .

J'ajouterai à ces raisons que le prince Eugène va triompher avec raison, puisqu'il sera parvenu à son but, qui était d'empêcher le siége de Turin. Nous allons être décrédités dans toute l'Italie, et l'armée de Piémont va perdre toute la réputation qu'elle a acquise. Enfin je vois avec un regret mortel et à n'en pouvoir douter, que si Votre Majesté manque à présent l'occasion de prendre Turin, elle ne la retrouvera jamais : il paraîtra même étonnant à tout le monde qu'on se soit établi aussi près d'une place sans l'attaquer ; et je voudrais de tout mon cœur qu'il m'en eût coûté un doigt de la main et que nous n'eussions jamais passé l'Orco.

Il m'a paru, par toutes les lettres de M. de la Feuillade, que, malgré les difficultés, il voulait toujours faire le siége de Turin : je serais bien fâché de courre sur son marché ; mais s'il avait changé de sentiment, je m'offre de bon cœur d'y aller et de lui laisser le commandement de cette armée. Je ne demande point les bataillons qui devaient venir de Provence, et je me contenterai des troupes qui composent à présent l'armée de Piémont : avec cela, que Votre Majesté me fasse couper le cou si je ne prends Turin contre les règles ; et quoique ce que je fasse ici à présent ne paraisse pas beaucoup, je me trouverai soulagé lorsque je n'aurai que Turin à prendre. . . . .

. . . . Je supplie Votre Majesté de me pardonner la liberté avec laquelle je lui dis ce que je pense, puisqu'elle ne part que de l'attachement que j'ai pour elle, du zèle que j'ai pour son service, et de l'intérêt que je prends à la gloire de ses armes, qui est une chose qui se doit compter pour beaucoup en ce pays-ci et dans la conjoncture présente ; et je la supplie de considérer qu'en attaquant une place, il n'en peut arriver d'autre inconvénient que de lever le siége ; il n'en est pas de même d'une bataille, qui décide presque toujours de la destinée de plusieurs états, comme nous ne l'avons que trop vu l'année dernière.

26.

M. DE CHAMILLART A M. DE LAPARA.

2 octobre 1705.

Je veux croire que c'est une longue maladie et l'extrémité à laquelle vous vous êtes trouvé qui sont cause que je n'ai reçu aucune de vos nouvelles depuis un temps très-considérable : cependant jamais vous n'avez été plus nécessaire pour le service du roi ; et je me serais bien trompé dans le jugement que j'avais fait de vous, si vous laissiez à un autre le soin du siége de Turin ; il me semble que c'était l'unique objet de vos desirs, lorsque vous partîtes de Paris, et j'aurais cru que vous n'auriez point eu moins d'émulation en ce genre là que M. de Vauban, qui, à l'âge qu'il a, s'est offert plusieurs fois au roi. C'est bien dommage que je ne vous aie connu avant que vous fussiez accablé d'infirmités ; vous ne m'auriez parlé que d'occasions de faire valoir vos services, et je n'ai presque reçu aucune de vos lettres qui n'ait été remplie de demandes, et des reproches de ne vous avoir pas procuré des grâces. Je serai toujours fort aise de contribuer à celles que le roi vous pourrait faire ; mais je ne puis m'empêcher de vous dire qu'il faut être soutenu par d'autres sentimens, et qu'il vaudrait mieux pour le service du roi que vous ne commençassiez pas le siége de Turin, que de n'y pas porter la même bonne volonté que vous aviez quand vous avez commencé vos premières campagnes. Mandez-moi, je vous prie, la résolution que vous aurez prise pour cela ; car Sa Majesté veut savoir à quoi s'en tenir ; et Sa Majesté, qui vous connaît mieux que moi, s'aperçoit que vous n'agissez plus avec le même zèle que vous faisiez autrefois........

27.

LE ROI AU DUC DE LA FEUILLADE.

Du 4 octobre 1705.

Mon cousin, quoique la résolution que j'avais prise de faire abandonner le siége de Turin fût fondée sur des raisons très-solides aux-

quelles vous aviez eu beaucoup de part, par tout ce que vous aviez chargé
le marquis de Dreux de me dire, et ce qui m'avait été représenté par
le maréchal de Vauban, que j'avais jugé à propos d'entendre sur une
entreprise de cette importance, j'ai bien voulu néanmoins expédier
de nouveaux ordres pour remettre les choses dans leur premier état,
et vous fournir les secours que je vous avais fait espérer pour assiéger
cette place. Vous devez regarder ce changement comme une marque
de grande confiance de ma part; je suis tellement persuadé que vous
ne voudriez pas m'embarquer mal à propos dans une entreprise de
cette conséquence, que, sur la lettre que vous m'avez écrite par un second courrier, je n'ai point balancé à vous laisser le soin de l'exécution.
Je ne saurais assez vous dire combien il importe pour mon service
que vous vous rendiez maître de Turin. Je ferai partir dans deux ou trois
jours le sieur Filley [1] pour se rendre à Grenoble, et de là joindre
l'armée que vous commandez, en cas qu'il puisse être de quelque
utilité pour agir comme il serait à desirer : vous ne l'avez pas nommé
dans toutes les lettres que j'ai vues de vous, et je ne vois pas qu'il
ait eu jusqu'à présent beaucoup de part au projet de l'attaque; je le
crois néanmoins très-capable d'y bien servir; il a l'expérience de plusieurs siéges, ce qui est bien nécessaire pour une entreprise aussi
difficile................

28.

LE DUC DE LA FEUILLADE A M. DE CHAMILLART.

6 octobre 1705.

..... Plus je réfléchis sur le siége de Turin, plus je trouve d'impossibilité à le faire au commencement de la campagne; mais je crois
qu'il est très-aisé de faire croire au duc de Savoie qu'on en veut à
Turin, et de tomber sur Coni...................

---

[1] Tué au siége de Nice l'hiver suivant : il était maréchal-de-camp.

La prise de Coni oblige M. de Savoie de sortir de ses états ; et en
bombardant ensuite Turin, il est certain qu'il se rendra sans en faire
le siége. . . . . On pourrait commencer cette entreprise le
15 mars, ce qui n'est pas praticable à l'égard de Turin, par rapport
à l'impossibilité de faire subsister la cavalerie avant les herbes, le Pô
étant trop bas pendant tout l'hiver pour avoir du fourrage, et n'ayant
aucun lieu sûr pour faire des magasins. Si le roi veut Turin, il ne
peut trop tôt envoyer M. le maréchal de Vauban en ce pays-ci, pour
qu'il ait le temps de donner tous les ordres nécessaires. Je n'en tiens
pas la circonvallation faisable sans 80 bataillons à 500 hommes et
80 escadrons. . . . Il est inutile que je répète ce que je pense sur l'attaque et sur beaucoup d'autres choses. . . . M. de Lapara est ici depuis
avant-hier ; il est de mon avis sur l'attaque de la citadelle, à l'exception
qu'il veut s'étendre sur la droite à notre égard, et attaquer la communication de la ville à la citadelle. . . . .
Il est cruel de reprendre de pareils quartiers ; mais les troupes et
MM. les officiers généraux disent tout haut que je ferai tout périr, si
je garde les lignes que j'ai faites depuis la Doire jusqu'au Pô : je les
ferai raser, et les maisons qui les flanquent, pour que les ennemis ne
puissent pas s'en servir.

<hr>

29.

LE ROI AU DUC DE LA FEUILLADE.

Du 7 octobre 1705.

Mon cousin, je n'ai rien à ajouter à ce que je vous ai mandé par
le dernier courrier que je vous ai redépêché, qu'à vous confirmer
que mon intention est que vous suiviez l'entreprise de Turin le plus
diligemment qu'il sera possible, puisque vous croyez pouvoir y réussir.
J'ai été fort content de toutes les dispositions que vous avez faites,
dont Marignan m'a rendu un très-bon compte ; faites en sorte de réparer le petit dérangement que votre délicatesse sur l'inexécution de
mes ordres aura pu causer.

<hr>

24

30.

M. DE CHAMILLART AU DUC DE LA FEUILLADE.

Du 7 octobre 1705.

J'aurais bien voulu que vous eussiez attendu le retour du courrier que vous aviez dépêché la veille que vous avez fait partir M. de Marignan, sans faire aucun dérangement; comme il n'y a plus de remède, c'est à vous de réparer le temps perdu . . . .

Je ne dois pas oublier l'article de M. de Lapara: il est important que vous sachiez au plus tôt à quoi vous en tenir avec lui. S'il ne se reporte pas au siége avec toute la bonne volonté qu'il convient, l'intention du roi est qu'il revienne en ce pays, et que M. Filley fasse le siége en chef: il se rendra à Grenoble incessamment pour y attendre vos ordres, et j'espère que vous trouverez en lui autant de bonne volonté que j'ai remarqué qu'il y en avait peu en M. de Lapara; c'est bien dommage qu'il n'ait autant de talent que lui.

31.

EXTRAIT DU MÉMOIRE DES OFFICIERS GÉNÉRAUX
SUR L'IMPOSSIBILITÉ D'ENTREPRENDRE CETTE ANNÉE LE SIÉGE DE TURIN.

Du 11 octobre.

MM. les officiers généraux sont d'avis que le siége de Turin est impossible dans la situation présente, par les raisons suivantes:

1° Parce qu'on a renvoyé la plus grande partie des chariots de transport; qu'il serait impossible d'en réunir présentement un nombre suffisant pour ramener les munitions; que d'ailleurs les chemins sont devenus bien plus difficiles par la continuité des pluies qu'il a fait depuis six jours; enfin que les fourrages sur pied sont épuisés;

2° Que si les préparatifs du siége avaient été continués sans interruption depuis le commencement, les lignes seraient achevées dans

étendue de terrain qu'on aurait cru pouvoir embrasser avec le petit nombre de troupes qu'on avait; que ces ouvrages étant faits, la cavalerie, qui a subsisté jusqu'ici aux environs de Turin sans peine, y aurait encore pu subsister quelques jours de plus, par le renvoi des équipages de MM. les officiers généraux et particuliers, et qu'ensuite ce gros corps de cavalerie aurait pu se porter du côté de Piosasque et de Pignerol, le long de la montagne, pour y vivre grassement, et qu'il aurait suffi de laisser au siége un détachement de 1,200 chevaux pour le service journalier; qu'en retournant devant Turin, on ne pourrait point se dégarnir de cavalerie jusqu'à ce que les travaux ci-dessus nommés fussent dans leur perfection, et qu'il ne serait pas praticable, pendant ce temps, de pourvoir à la subsistance de la cavalerie sans l'exposer évidemment à de fâcheux événemens, par la grande distance des lieux qu'il faudrait aller fourrager, ce qui obligerait à de grosses escortes et à laisser le camp peu en force;

3° Qu'il est certain que les contre-temps arrivés, quand il serait possible d'y remédier, retarderaient de plus de six semaines l'ouverture de la tranchée; que la saison serait fort avancée, que les mauvais temps nous pourraient gagner dans les commencemens du siége, ce qui rebuterait infiniment les soldats, lesquels, quoique moins accablés de maladies que par le passé, ont tant de peine à se remettre parfaitement, qu'il est à présumer qu'ils ne pourraient supporter des fatigues excessives;

4° Que la communication de Gènes étant fort dégarnie de troupes, il nous serait très-difficile de tirer nos convois d'argent dont il y a actuellement 600,000 livres à tirer de ce côté;

Totalement, qu'il est hors du pouvoir humain de remettre les choses dans le premier état où elles étaient.

Fait au camp de Rivoli, le 11 octobre 1705.

> *Signé* LAPARA DE FREUX, ESTAING, D'ARÈNES, GOËSBRIAND, DE MAUROY, MONTMORENCY, prince DE ROBECQ DE GUERCHY, CARCADO, POLIGNAC, VILLIERS, DAMAS DE RUFFEY, DREUX, GOAS, TORCY.

24.

32.

LE DUC DE LA FEUILLADE AU ROI.

Du camp de Rivoli, le 12 octobre 1705.

Sire,

Je ne puis comprendre ce que M. de Marignan peut avoir dit à votre majesté pour lui avoir fait croire que l'entreprise de Turin était possible depuis le renvoi de l'artillerie et des munitions ; il est pourtant très-vrai que je lui avais signifié en propres termes que ce n'était plus une chose à pouvoir être mise en question. J'envoie à Votre Majesté un mémoire de toutes les raisons d'impossibilité, signé de tous MM. les officiers généraux. Je vous avoue, Sire, que je pleure des larmes de sang quand je songe à tous les contre-temps qui viennent d'arriver ; j'ai été à portée de rendre à Votre Majesté le plus grand service qu'aucun de ses sujets lui ait jamais rendu, et ma fatale destinée m'en prive pour cette année.................. Je demande (pour l'année prochaine), sans les 2 de l'artillerie, 60 bataillons recrutés de 200 hommes chacun, à la fin de mars, et 66 escadrons ; je compte sur les bombardiers, canonniers, mineurs, que M. de Chamillart m'a promis......

33.

LE DUC DE LA FEUILLADE A M. DE CHAMILLART.

12 octobre 1705.

Je vous envoie un grand mémoire de M. Pallavicini, sur le siége de Turin, que je viens de recevoir par le retour d'un courrier que je lui avais envoyé ; j'y joins une lettre de M. le maréchal de Villeroy. Je vous avoue, mon cher beau-père, que je suis entièrement soulagé, par rapport à moi, qu'un homme plein d'esprit et rempli d'une connaissance particulière sur le fait dont il s'agit ait pensé mot pour mot comme moi sur tout ce qui a rapport à cette entreprise. Ayez la bonté

de lire cette lettre au roi et de le prier d'y donner toute son attention ;
ce sera pour moi une grande consolation que sa majesté soit persuadée que je n'ai point de fausses idées.

Toute l'armée peut porter témoignage qu'en voulant justifier et
soutenir mon opinion par des raisons solides, je n'en ai oublié aucune
de celles que M. Pallavicini avance.

Obtenez du roi, mon cher beau-père, que j'arrange la campagne
prochaine selon mes lumières et selon les forces que l'on peut me
promettre. . . . . ; et comptez sans crainte que je rendrai à
Sa Majesté des services essentiels, et que je vous donnerai lieu de
m'aimer plus que jamais.

———

34.

M. DE PALLAVICINI A M. DE LA FEUILLADE.

Du camp de Ballar, le 4 octobre 1705.

Je réponds, Monsieur, à la lettre que vous m'avez fait l'honneur
de m'écrire du camp de Rivoli, le 28 septembre.

Il est vrai que j'ai proposé à M. de Saint-Frémont d'attaquer Turin
par la citadelle, et je tiens cette attaque bien moins difficile qu'elle
ne le paraît aux personnes qui ne connaissent pas comme moi cette
place : en voici les raisons ; et pour vous les exposer dans toute leur
force, je vais détailler les inconvéniens presque insurmontables que
je connais dans les attaques de la ville, et vous faire voir dans la
suite que vous ne trouverez aucun de ces obstacles dans l'attaque de
la citadelle.

Il n'y a que deux attaques aisées dans la ville, l'une du côté de
Valentin, le long du haut Pô, l'autre entre la Doire Suzine et le bas Pô.

La première attaque exige préalablement la prise des Capucins et
un établissement d'artillerie à mi-côte dans les collines qui sont au
bord du Pô, pour enfiler, pour voir de revers, pour écraser tout ce
qui défendrait les polygones attaqués. Si vous êtes en état (ce que je

ne crois pas, et ce que je ne vous conseillerai jamais) de passer un corps de troupes de l'autre côté du Pô pour attaquer, pour prendre et pour s'établir dans le poste des Capucins, je conviens que l'établissement de ce poste rend l'attaque de la ville très-aisée et une affaire de peu de jours; mais, dans la situation où sont les ennemis, il faut commencer par attaquer le camp retranché sous la protection de toute l'artillerie de la place; c'est un premier siége respectable; et après cela attaquer le corps de la place, et conduire une tranchée entièrement soumise par le flanc à la hauteur des Capucins, et battue par un front de fortifications où l'on peut mettre 150 pièces de canon. En vérité, ce serait s'exposer à une perte certaine, outre que, la ville prise, il reste encore la citadelle à prendre, qui ferait le troisième siége.

La seconde attaque d'entre le bas Pô et la Doire Suzine tombe dans les mêmes inconvéniens dont j'ai parlé ci-dessus : il y a par-tout de quoi avoir affaire au poste des Capucins, et au surplus à 3 étages d'un feu supérieur à celui que vous pouvez faire contre la place; et si le niveau du pays n'a changé depuis que j'ai quitté le Piémont, vous aurez à essuyer le feu du rempart de plusieurs polygones, celui des demi-lunes et du chemin couvert, et celui des retranchemens où sont les troupes, dont le terrain est plus bas. Voilà donc les deux attaques de la ville qui deviennent impraticables pour celui qui n'est pas le maître de la montagne où sont les Capucins.

Pour ne rien omettre de ce qui peut regarder les endroits de la ville qui sont attaquables, je crois qu'il n'est personne qui ose vous proposer une attaque du côté de la porte Suzine, puisque ce serait vous mettre entre le feu de la citadelle et de la ville...... Celui de la porte Neuve a une étendue de fortifications où aisément toute l'artillerie réunie ferait taire la vôtre; si les ingénieurs se jetaient sur la droite, ils prêteraient le flanc à la montagne des Capucins, et, en repliant sur la gauche, ils seraient vus de la citadelle.

Il ne me reste donc plus qu'à examiner le terrain qui est entre la vieille porte du Palais et le bastion de la Consola. On y a travaillé depuis le temps que je suis hors du pays; mais il me paraît que cela n'est guère praticable. Bien entendu que l'on aura exécuté le projet qui

avait été fait pour mettre ce côté hors d'insulte. C'est à vous de le faire
bien examiner ; et je ne crois pas que le cours de la Doire Suzine vous
laisse assez de terrain pour conduire une tranchée entre la rivière et la
ville : la tranchée d'ailleurs serait difficile à soutenir.

La citadelle de Turin est une pièce de cinq bastions : on peut la dire
régulière, parce qu'il n'y a que quelques toises de différence entre les
polygones et quelques degrés dans les ouvertures des angles.

Les polygones sont fort courts, et par conséquent les bastions petits.
Deux bastions sont enlacés dans l'enceinte de la ville, et les trois autres
regardent la campagne et sont hors de la susdite enceinte. La maçonnerie du corps de la place est très-mauvaise, et l'on s'est contenté de
mettre une chemise à la vieille enceinte. Les parapets sont de sable
contenu entre deux murailles d'une brique d'épaisseur. Il y avait autrefois des bas-flancs découverts ; mais comme cela rétrécissait extrêmement les bastions, on les a casematés pour rendre les bastions plus
spacieux. Les voûtes des susdites casemates ne sauraient soutenir la se-
cousse du canon qu'elles portent, et ne tiendraient pas long-temps aux
bombes sans être enfoncées. La fortification est beaucoup hors de terre ;
toute la plaine qui l'environne tombe en glacis sur cette place, en manière que M. le duc de Savoie, frappé de ce défaut, avait projeté de
faire bâtir des contre-gardes pour envelopper et couvrir les bastions :
cela est si vrai, que le parapet abattu, il y a manière de placer du canon
pour voir de revers et enfiler toutes les pièces qui composent le bastion.
Le fossé est sec, assez large et revêtu. Les demi-lunes sont aussi grandes
que le permet le peu d'étendue des polygones ; ainsi elles ne le sont
guère ; cela nonobstant elles sont retranchées. Le chemin couvert est
très-bien conditionné ; il y a des galeries qui en font tout le circuit, avec
des rameaux qui sortent dans la campagne, aux angles saillans et ren-
trans, pour la construction des mines. Il y a dans cette place assez
de souterrains pour mettre la garnison, les poudres et tout le reste
à couvert. La petitesse des polygones rend inutile tout le gros amas
d'artillerie de M. le duc de Savoie, pendant que la vôtre peut agir dans
son entier ; car enfin il faut que ce soit votre canon et vos bombes qui
mettent cette place à bout, et ne faire que des coups de main à propos,

pour ménager vos soldats. Cependant ne vous préparez pas, du côté des ennemis, à une défense légère. Il faut se contenir dans l'espace des polygones qui regardent la campagne. Assurez bien le flanc de votre tranchée par des places d'armes. Quel avantage voulez-vous plus grand que de réduire votre ennemi à défendre par un petit front ce que vous attaquez par un grand, et l'accabler de feu pendant qu'il est resserré dans un petit espace de terrain où les bombes le vont, dès le second jour, mettre hors d'état d'agir?................

Cette entreprise est grande, et la réussite est absolument nécessaire aux affaires du roi. Vous avez, sans vous flatter, tout l'esprit qu'il faut pour connaître si votre armée est en état d'en soutenir le poids. Ménagez, je vous supplie, cette noble ambition qui vous porte à des entreprises vraiment dignes de vous et que je ne saurais assez admirer.

35.

LE MARÉCHAL DE VILLEROY AU DUC DE LA FEUILLADE.

Du camp de Ballar, le 5 octobre 1705.

Je suis ravi, Monsieur, pour l'amour de vous et du baron de Pallavicini, que vous pensiez de même sur l'attaque de la ville et de la citadelle de Turin. Vous avez démêlé par pénétration ce qu'il a connu par un long usage, avec un bon discernement et beaucoup de talent pour la guerre. Il me semble, Monsieur, qu'il rend les choses bien sensibles sur les différentes manières d'attaquer Turin. Sans connaître la place que par un plan, c'est-à-dire, point du tout, je me déterminerais d'attaquer par la citadelle. Toutes les raisons qu'il avance sont si solidement appuyées (n'en déplaise à MM. les ingénieurs), que je ne pense pas que vous deviez balancer dans le choix des attaques...........

....

36.

M. LE MARECHAL DE VAUBAN A M. DE CHAMILLART.

A Paris, le 16 janvier 1706.

J'ai lu et relu, Monsieur, la lettre de M. de Pallavicini avec toute l'attention possible; je l'ai même conférée avec les cartes et le plan que j'ai de Turin et de ses environs. Cette lettre, quoique écrite avec esprit et bon sens, accroît bien plus les difficultés du siége de Turin qu'elle n'en facilite les accès, tant par les moyens d'y faire subsister des troupes dans le commencement de la campagne, que par nous proposer l'attaque de Turin par la ville et la citadelle, sans occuper la montagne de l'autre côté du Pô, ni s'emparer du fort des Capucins, qui est nous présenter la mer à boire et une impossibilité manifeste de réussir, attendu que si on laisse cette porte ouverte à M. de Savoie, il ne sortira pas de Turin, où sa présence contiendra non-seulement la bourgeoisie, mais la rendra obéissante et lui donnera du cœur et à ses milices comme aux meilleures troupes réglées. Joignez à cela qu'il s'y fera très-bien accompagner par tout ce qu'il y aura de meilleur dans son état; ce qu'il fera d'autant plus hardiment, qu'il sera toujours en état d'entrer et sortir quand il lui plaira de cette place : que si cela arrive, comme il n'en faut pas douter, il faut compter d'avoir à faire à 16, 18 à 20 mille hommes, qui nous feront beau feu, de très-rudes sorties, et, qui plus est, soutiendront vivement les attaques. D'ailleurs il ne manque pas un clou à cette place : il y a doubles chemins couverts, tous les dehors qu'on y peut faire; le fossé de la citadelle est très-bien revêtu, avec une galerie majeure tout autour, des casemates vis-à-vis de la pointe des bastions, et des rameaux qui se poussent en avant sous les glacis; le tout revêtu aussi bien que le fossé. Le corps de la place, bastions et demi-lunes, sont aussi très-bien revêtus et contreminés par-tout très-méthodiquement; les premiers, retranchés par les gorges, qui sont fort étroites, à cause des oreillons, et par conséquent aisés à couper, ce qu'il n'aura pas manqué de faire. On m'assure de plus qu'ils ont fait un retranchement par le milieu de la citadelle, et qu'ils re-

tranchent l'esplanade, ce qui n'est pas nouveau................
.... Il ne faut donc pas douter que cette place ne soit abon-
damment munie de tous ses besoins, et sur-tout d'une fort grosse artillerie. Toutes ces dispositions étant donc soutenues d'un gros monde
et animé par la présence d'un prince souverain très-absolu dans son
pays, intelligent plus que son âge ne porte, et d'ailleurs brave et vi-
goureux, ne doit pas nous faire douter qu'il ne s'y fasse une très-vi-
goureuse défense, je dis même fort supérieure à nos attaques : car
quand je pense que nous ne pouvons pas monter la tranchée à moins
forts que de 12 à 14 mille hommes avec 2 à 3 mille chevaux; je dis
3 mille chevaux, parce que M. de Savoie ayant une porte libre, il sera
en état de faire entrer et sortir dans Turin toute sa cavalerie quand il
voudra, et de nous donner tous les jours de petites batailles. Mais
comment faire pour relever seulement trois gardes de tranchée, chose
inouie, et fournir à toutes les autres corvées, telles, par exemple, que
la garde des lignes qu'il faudra de nécessité tenir forte, les travailleurs
qu'il faudra relever deux fois en vingt-quatre heures, les gardes des généraux, des vivres, du parc, fournir aux convois, fourrages, etc.? comment faire tout cela avec 45 mille hommes de pied et 9 à 10 mille
chevaux, qui, supposés bien complets, ne le seront pas long-temps,
car Dieu sait combien la mort, les maladies et la désertion en emme-
neront? Plus je pense à cela et moins je trouve de raison à ces attaques, dans la proposition desquelles je ne vois que de la témérité et
beaucoup d'ignorance des siéges. Supposé qu'il y eût possibilité de réussir,
il y faudrait employer plus de quatre mois de temps, au bout duquel
M. de Savoie pourrait se tirer d'affaire une belle nuit, et se retirer sous
Coni, où en fort peu de temps il se mettrait encore en état de nous
donner de la peine : ce qui posé en fait comme le mieux qui nous
puisse arriver, chose à quoi je ne m'attends nullement, il ne me paraît
pas que le roi doive écouter de semblables propositions, qui n'iraient
pas moins qu'à manquer la place et à ruiner son armée; après quoi que
deviendraient les affaires d'Italie ? Retournons présentement la mé-
daille, et passons le Pô : en supposant toutes horreurs que M. de Pallavicini nous décrit de la montagne de Turin comme autant de vérités

qu'on ne peut contester, n'ayant personne d'intelligent parmi nous qui
la connaisse bien, cependant il me paraît qu'il y a de la terre par-tout;
que ces montagnes ont des pentes assez raides à la vérité, mais rien
d'escarpé et partant rien d'inaccessible; qu'elles sont presque toutes séparées les unes des autres par des vallons plus ou moins enfoncés; les
sommets de quelques-unes embarrassés de bois ou de défilés étroits,
d'autres de vignes et de terres labourables; quelques ravins et fonds qui
ne sont pas continus : or il ne faut pas douter que M. de Savoie n'ait
converti à son usage toutes les parties qui ont pu lui être avantageuses,
et qu'ainsi il aura entassé fortifications sur fortifications, qu'il aura saisi
toutes les hauteurs et les avenues qui auront pu l'accommoder; car si
on peut juger d'un homme par ses œuvres, il est certain qu'il a du
cœur et de l'intelligence, et qu'il est bien servi. Cependant, comme
toutes ces fortifications ne sont que des retranchemens de terre bas, au
plus fraisés et palissadés, qu'il n'a pas un assez grand corps de troupes
pour les si bien garder qu'on ne les puisse pénétrer par quelque endroit,
s'il est embarrassé par toute notre armée depuis le haut Pô jusqu'au
bas, qui, en resserrant son terrain pied à pied, le chassera de poste
en poste, non en un seul jour, mais en plusieurs, et en employant le
canon et la tranchée où il en sera besoin, pour rompre les palissades et
préparer quelque ouverture, et du surplus faire des chemins à charroi
après soi, par les endroits plus convenables; ce n'est pas ce qu'il y aura
de plus difficile. Je suppose donc que, par plusieurs attaques, moitié
rusées et moitié forcées, et beaucoup de travail, on soit parvenu à
se rendre maître du sommet des hauteurs de Turin; la besogne sera
fort avancée, car je ne fais pas un fort grand cas des fortins situés l'un
devant l'autre, d'autant que les plus avancés du côté de l'ennemi sont
plus élevés que les plus près de la place, et qu'ils sont environnés de
plusieurs autres hauteurs qui leur sont égales ou les commandent et les
croisent, et qu'ils opposent de fort petits fronts. Ainsi la difficulté ne
sera que d'y mener du canon, pour lequel il faudra faire les chemins,
et y faire venir 4oo canonniers ou matelots de la marine de Toulon,
gens fort adroits pour le monter dans les lieux difficiles et pour l'ex-
ploiter; moyennant quoi je me persuade qu'en moins de trois semaines

25.

de temps on viendra à bout de se rendre maître de toute la montagne, y compris même le fort des Capucins. M. de Savoie n'attendra pas la prise de ce fort pour sortir de Turin; car si, après qu'on se sera rendu maître des hauteurs et des forts, on fait passer un corps de cavalerie dans la plaine de Turin, avec quelques grenadiers et dragons, il aura grand'peine à se tirer d'affaire s'il ne les prévient; c'est pourquoi il s'éloignera de bonne heure et n'attendra pas que le péril presse. Vraisemblablement il se retirera sous Coni, où il se retranchera et subsistera quelque temps aux dépens des Mondovis, du marquisat de Saluces, des vallées d'Angrogne et de Lucerne, et de cette partie du Piémont qui n'a pas encore été fourragée, en attendant ce que deviendra le siége de Turin; après quoi, et avant qu'il soit fini, il y a bien de l'apparence qu'il prendra son parti et qu'il tâchera de joindre le prince Eugène, ou qu'il se retirera à Gênes, à Rome, et ensuite chez l'empereur, comme fit son trisaïeul du temps de François Ier. Mais revenons à notre attaque.

Dès que l'armée se sera rendue maîtresse du fort des Capucins, le camp du Valentin décampera; les retranchemens qu'ils ont faits sur le bord du Pô seront abandonnés aussi bien que l'île : pour lors il faudra occuper les deux autres côtés du Pô et de la Doire, et les bien circonvaller et même contrevaller, pour peu qu'on croie en avoir besoin, établir des ponts de communication sur le haut et bas Pô, et faire entrer dans le camp toutes les munitions de guerre et de bouche dont on aura besoin pour ce siége; et trois ou quatre jours avant que l'on ait achevé de prendre toutes les précautions, on pourra commencer à travailler à des batteries à ricochet et de revers sur les forts des Capucins, et les rives plus élevées du Pô qu'il faudra border de tranchée, et ensuite l'ouvrir, dès qu'on sera en état pour cela, par le bas de la fourche d'entre ledit Pô et la Doire, bordant les côtés de ces rivières de tranchées et batteries pour flanquer et soutenir les attaques; les mêmes ponts du bas Pô pourront servir de communication des quartiers et aux attaques en les remontant jusqu'à la fourche du Pô et de la Doire. Les plan et mémoire que j'ai eu l'honneur de présenter à Sa Majesté l'été dernier suffiront pour faire entendre ma pensée sur le surplus de la conduite de ce siége; ainsi il ne servirait

de rien d'étendre davantage cette matière : tout ce qu'on pourrait dire
de plus ne pouvant être que sur les accessoires du siége, n'a rien de
commun avec la conduite particulière des attaques.

J'estime que si cette affaire est bien conduite, en moins de trois semaines on sera maître de la montagne; que douze ou quinze jours
après on pourra être établi devant Turin; que dans quinze ou seize
la ville capitulera, et qu'un mois après la citadelle en fera autant. Tout
ce temps irait donc à quelque quatre-vingts ou quatre-vingt-dix jours,
ce qui n'arriverait pas en quatre mois en attaquant par la citadelle,
avec beaucoup de perte et bien plus d'apparence de la manquer que
de la prendre. Il y a encore une différence à observer, c'est que le
siége de cette place sera peu sanglant en prenant le parti de la montagne, et que, dès que la ville sera prise, on pourra envoyer la moitié
de la cavalerie à M. de Vendôme et un grand détachement d'infanterie, avantage que l'on est bien loin de pouvoir espérer en attaquant
par la plaine.

RÉFLEXIONS.

Sous ce titre, Vauban expose ensuite que si le prince Eugène reçoit
des renforts d'Allemagne, il faudra, pour lui tenir tête, disposer d'une
partie des troupes qui seraient nécessaires pour le siége de Turin, en
sorte que ce siége ne pourra avoir lieu. Il propose, dans ce cas, de le
remettre à l'année suivante, et de se borner à prendre Coni et d'autres
petites places; et, après s'être livré à diverses considérations militaires,
il continue ainsi :

Après avoir parlé des affaires du roi, par rapport à la lettre de
M. Pallavicini et à ce qui est de la portée de mes connaissances, j'ose
présumer qu'il me sera permis de parler de moi pour la première fois
de ma vie. Je suis présentement dans la 73ᵉ année de mon âge,
chargé de 52 années de service et surchargé de 50 siéges considérables,
et de près de 40 années de voyages et visites continuelles à l'occasion
des places de la frontière, ce qui m'a attiré beaucoup de peines et
de fatigues de l'esprit et du corps, car il n'y a eu été ni hiver pour
moi : or il est impossible que la vie d'un homme qui a soutenu tout

cela ne soit fort usée; et c'est ce que je ne sens que trop, notamment depuis que le mauvais rhume qui me tourmente depuis quarante ans s'est
accru et devient de jour en jour plus fâcheux par sa continuité; d'ailleurs
la vue me baisse et l'oreille me devient dure; bien que j'aie la tête encore
aussi bonne que jamais, je me sens tout bas et fort affaibli par rapport
à ce que je me suis vu autrefois. C'est ce qui fait que je n'ose plus me
proposer pour des affaires difficiles et de durée qui demandent la
présence presque continuelle de ceux qui les conduisent. Je n'ai jamais
commandé d'armée en chef, ni comme général, ni comme lieutenant,
pas même comme maréchal-de-camp; et hors quelques commandemens
particuliers, comme ceux d'Ypres, Dunkerque et de la basse Bretagne,
dont je me suis, dieu merci, bien tiré, les autres ne valent pas la peine
d'être nommés : tous mes services ont donc roulé sur les siéges et la
fortification; de quoi, grâces au Seigneur, je suis sorti avec beaucoup
d'honneur. Cela étant comme je le dis au pied de la lettre, il faudrait
que je fusse insensé, si, aussi voisin de l'âge décrépit que je le suis,
j'allais encore voler le papillon et rechercher à commander des armées
dans des entreprises difficiles et très-épineuses, moi qui n'en ai point
d'expérience et qui me sens défaillir au point que je ne pourrais pas
souffrir le cheval quatre heures de suite, ni faire une lieue à pied sans
me reposer. Il faut donc se contenter de ce que l'on a fait, et du moins
ne pas entreprendre choses dans l'exécution desquelles les forces et le
savoir-faire venant à me manquer, pourraient me jeter dans des fautes
qui me déshonoreraient, ce qu'à Dieu ne plaise; plutôt la mort cent fois!
... Quant à ce qui peut regarder mon ministère touchant la conduite
des attaques, je pourrais encore satisfaire bien que mal aux fatigues
d'un siége ou deux, si j'étais servi des choses nécessaires et que l'on
eût des troupes comme du passé. Mais quand je pense qu'elles ne sont
remplies que de jeunes gens sans expérience et de soldats de recrue,
presque tous forcés et qui n'ont nulle discipline, je tremble et n'ose
desirer de me trouver à un siége considérable. D'ailleurs la dignité dont
il a plu au roi de m'honorer m'embarrasse à ne savoir qu'en faire; et en
de telles rencontres, je crains le qu'en-dira-t-on de mes confrères ; de
sorte que je ne sais point trop quel parti prendre, ni comment me

déterminer. Je dois encore ajouter que je me suis défait de tout mon équipage de guerre, il y a quatre ou cinq mois, après l'avoir gardé depuis le commencement de cette guerre jusque-là. Après tout cela, si c'est une nécessité absolue que je marche, je le ferai au préjudice de tout ce que l'on pourra dire et de tout ce qui pourra en arriver; le roi me tenant lieu de toutes choses, après Dieu, j'exécuterai toujours ce qu'il lui plaira m'ordonner, quand je saurais même y perdre la vie, et il peut compter que la très-sensible reconnaissance que j'ai de toutes ses bontés ne s'épuisera jamais; la seule grâce que j'ai à lui demander, est de ménager un peu mon honneur. Je suis bien fâché, Monsieur, de vous fatiguer d'une si longue lettre; mais je n'ai pu la faire plus courte : je vous l'aurais été porter moi-même si le rhume qui m'accable ne me contraignait à garder la chambre.

Je suis, etc.

37.

M. DE CHAMILLART A M. LE MARÉCHAL DE VAUBAN.

Versailles, 18 janvier 1706.

J'ai lu au roi la lettre que vous m'avez fait l'honneur de m'écrire, qui sert de réponse au mémoire de M. de Pallavicini. Il serait à désirer par toute sorte de raisons, pour le bien du service du roi, que vous eussiez vingt ans de moins, et que Sa Majesté eût 15,000 hommes d'infanterie de plus à vous donner pour l'entreprise de Turin. Elle est de telle importance, qu'il semble que l'on doit prendre sur soi de s'écarter des règles ordinaires, quand même l'événement en serait douteux, pour entreprendre un siège qui pourrait répandre une grande supériorité sur toutes les affaires du roi, si on prenait cette place. Le plus grand inconvénient qui pourrait arriver si on n'en venait pas à bout, serait de consommer beaucoup de poudre et de munitions et de perdre quelques hommes : mais l'armée se trouverait de beaucoup supérieure à celle de M. de Savoie; on pourrait même en faire un détachement pour fortifier celle de M. de Vendôme après la levée du siége, s'il avait besoin de secours. Je vous avoue que, dans ce projet, j'oublie que votre honneur se trouverait exposé; votre réputation est si bien établie que, quelque chose qui pût arriver, rien ne saurait y donner d'atteinte. Si le mémoire de M. le baron de Pallavicini n'a pu vous persuader, ses raisons, expliquées par lui-même avec plus de force, pourraient faire davantage impression sur vous. Le roi serait bien aise qu'il vous les expliquât; et comme il n'est point connu de vous, Sa Majesté m'a ordonné de vous mander qu'elle avait chargé M. le maréchal de Villeroy de vous le mener à l'heure dont vous conviendrez avec mondit sieur le maréchal. . . . . J'aurai l'honneur de vous voir peu de jours après votre conférence.

38.

M. DE CHAMILLART AU DUC DE LA FEUILLADE.

1er jour de mars 1706.

. . . . . Vous ne trouverez rien en votre chemin qui puisse vous faire de la peine, que les difficultés insurmontables qui se trouvent dans l'exécution du siége de Turin. M. de Lapara, comblé des grâces du roi et des honnêtetés que je lui ai faites, se mettra en quatre, s'il est nécessaire, pour que vous soyez content de lui. Quoiqu'il ait un peu d'humeur, encore plus de légèreté, il vaut mieux qu'aucun autre de son métier : mettez-vous bien dans l'esprit qu'il est incorrigible, et qu'il faut s'accommoder des hommes avec leurs défauts. Son projet avait du bon en apparence; le corps d'infanterie que vous devez porter à Montcallier détermine pour le vôtre. Je sacrifierais quelque chose de bon cœur pour que nous fussions à la veille du *Te Deum;* vous me ferez passer de bien méchans quarts d'heure avant ce temps-là.

39.

LE MÊME AU MÊME.

3 mai.

...... La grandeur de l'entreprise dont vous êtes chargé, les raisonnemens différens que les plus habiles gens tiennent sur la manière
de l'attaquer, le nombre de troupes destinées à la défense, point de
circonvallation, la présence de M. de Savoie; tout cela ensemble me
rend plus timide que je ne suis naturellement. J'y ajoute le peu de
capacité des ingénieurs : Lapara, qui était le meilleur, vient d'être tué
devant Barcelone; vous n'avez que Tardif, dont je ne connais pas les
talens; par ce que j'en ai ouï dire, il me semble que son expérience
n'est pas assez consommée pour un siége de cette importance. J'ai prié
le roi de faire passer Villars-Lugein pour servir en second : il ne peut
se rendre auprès de vous qu'après la prise de Barcelone; il est chargé
du siége; il s'y passe des actions assez mémorables.

40.

M. DE LA FEUILLADE A M. DE CHAMILLART.

Du camp devant Turin, le 13 mai.

.... Je vais faire travailler aux lignes depuis le bas Pô jusqu'à
la Doire; après quoi je passerai cette rivière en y laissant 15 bataillons.
Nous les perfectionnerons ensuite de manière à y en laisser beaucoup
moins..... Je vais prendre la même position que j'avais prise l'année
passée, tant depuis la Doire au bas Pô qu'au haut Pô; je ferai faire
nos lignes avec tout le soin et toute la diligence possibles; je passerai
ensuite le Pô avec un corps très-considérable. Il n'est pas impossible
que, malgré tous les discours qu'on tient, et quoique nous ne soyons pas
maîtres de la hauteur des Capucins sur laquelle il y a beaucoup de
nouveaux retranchemens, M. le duc de Savoie se trouve assez honnête

26

pour être obligé de quitter Turin avec toute sa cavalerie.....?... Il
me paraît, selon mes faibles lumières, que rien ne peut empêcher
la prise de Turin, et qu'il n'est question que d'un peu plus ou d'un peu
moins de temps.....................

41.

M. DE VENDOME A M. DE CHAMILLART.

Du camp de Rivoli, le 6 juin 1706.

.... Je marque au roi qu'il n'y a
rien de plus beau que la disposition de M. de la Feuillade; ce n'est
point une louange fade que je lui donne pour vous plaire, c'est une
justice que toute l'armée lui rend; et vous pouvez compter que si cela
était autrement, je vous en avertirais. Je lui ai mandé qu'il ne pouvait
trop tôt se disposer à porter un corps de l'autre côté du Pô, et il m'a
répondu que c'était son intention et qu'il le ferait incessamment. J'at
tends à tout moment des nouvelles de la tranchée, qui doit avoir été
ouverte la nuit du 2 au 3, et je me mets en état de lui envoyer des
troupes en cas qu'il en ait besoin; nos retranchemens sont presque
finis par-tout, et je compte partir le 10 pour commencer ma visite de
l'Adige. Enfin fiez-vous à moi; Turin ne se peut sauver sans un miracle.

....

42.

LE MÊME AU MÊME.

16 juin.

Je suis toujours prêt d'obéir à Sa Majesté et d'aller où elle me croira
nécessaire pour le bien du service, n'ayant jamais eu en ma vie d'autre
volonté que la sienne; mais quand vous ne m'ordonneriez pas de sa part

de vous dire ce que je pense, je n'eusse pas manqué de le faire par l'attachement que j'ai pour elle, car ces conjonctures-ci sont d'une trop grande conséquence pour que ceux qui aiment autant que moi le roi et l'état cachent leurs véritables sentimens. Je connais parfaitement le maréchal de Marcin, pour l'avoir vu servir ici sous moi la première campagne ; il est rempli de courage, de bonne volonté, d'honneur et de probité ; mais je ne lui crois pas assez d'étendue ni de fermeté dans la tête pour le charger des affaires d'Italie. Ce que j'ai l'honneur de vous dire, Monsieur, est certain, et j'ai éprouvé plusieurs fois qu'on le fait changer de sentiment quand on veut, et qu'il est toujours de l'avis du dernier qui lui parle. Avec ce caractère très-opposé à celui que doit avoir un homme qui doit commander en chef et qui doit conduire les autres, j'ajouterai de plus que les difficultés de cette guerre sont si grandes, que tel homme qui gouvernerait bien les affaires ailleurs donnera du nez à terre ici. En un mot, il faut avoir une tête de fer pour qu'elle ne tourne pas à tous les embarras qu'il y a à essuyer ici tous les jours. Il est bien triste que Sa Majesté ait à soutenir une aussi grosse guerre, et qu'elle ait aussi peu de bons sujets. Cependant, si elle m'ordonne de quitter l'Italie, je ne connais que le maréchal de Berwick qui ait assez de hardiesse dans l'esprit pour se bien acquitter de tout ce qu'il y a à faire ; mais je ne puis m'empêcher de vous dire que c'est tout risquer de me tirer d'ici avant la prise de Turin, et dans le temps qu'il paraît que le prince Eugène se dispose d'entrer en action. Turin pris aplanit presque toutes les difficultés de cette guerre, et il y a apparence qu'il le sera avant que Marlborough ait pris une des places du roi en Flandre. Après la prise de Turin, le roi peut faire marcher 4o bataillons et 3o escadrons de l'armée de Piémont, ce qui restera étant suffisant pour faire une défensive contre M. de Savoie.........
.... Après cela, Monsieur, je ne puis m'empêcher de vous répéter encore que je crains tout pour l'Italie, si je suis obligé d'en partir avant la prise de Turin. Ce siége, jusqu'à présent, va à merveille ; nos affaires y sont dans la meilleure disposition du monde. Je vais mander à M. de la Feuillade de diligenter la prise de cette place autant qu'il le pourra, sans pour-

tant exposer ses troupes mal à propos; car il me paraît que, dans la conjoncture présente, quinze jours de plus ou de moins sont de la dernière conséquence. . . . .

Si je suis obligé d'aller en Flandre, je crois qu'il faut de toute nécessité que le roi envoie ici un prince de son sang. Il faut un nom en Italie ; il y est bien plus nécessaire encore que dans les autres pays : car il s'en faut beaucoup que les princes d'Italie aient les mêmes égards pour un maréchal de France que pour un prince; et quand le maréchal de France aurait des talens supérieurs à l'autre pour la guerre, il n'y servirait pourtant pas si utilement. . . . .

43.

M. DE CHAMILLART AU DUC DE LA FEUILLADE.

Du 19 juin 1706.

Les ennemis sont dans le plus grand mouvement pour secourir Turin, et tenteront à tout prix le passage de l'Adige. . . . . . . Quoiqu'il soit plus prudent de ne point presser une aussi grande entreprise que celle de Turin, il est néanmoins d'une si grande importance de prévenir les secours qui doivent arriver, pour ne point tomber dans la répétition de Barcelone, que je crois devoir vous dire, par le zèle que j'ai pour le service du roi, et par l'intérêt personnel que vous avez au succès du siége; que, lorsque vous aurez achevé votre course de l'autre côté du Pô, vous ne sauriez mener trop vivement les attaques; les plus grandes difficultés que vous trouverez seront par les mines. Le sieur Belly m'a assuré plusieurs fois que le terrain était fort aisé, et que l'on pourrait faire bien de l'ouvrage en peu de temps, etc.

44.

M. DE VENDOME A M. DE CHAMILLART.

Du camp de Rivoli, le 22 juin.

Je ne puis vous exprimer, Monsieur, la joie que m'a donnée l'aide-de-camp de M. de la Feuillade, qui vient d'arriver, en m'apprenant que non-seulement le pont est fait à Moncallier, mais que, non content de cela, M. de la Feuillade marche à Quérasque, où le duc de Savoie s'est retiré. Voilà, à mon gré, un des beaux mouvemens qui se puisse faire, et il serait à desirer que les affaires du roi eussent été menées par-tout avec le même courage et la même hauteur......

Trouvez bon que je vous fasse mon compliment de tout ce qu'a fait M. votre gendre depuis qu'il est arrivé devant Turin; car, sans le vouloir flatter, je vous dirai qu'on ne peut rien ajouter à la manière dont il s'est conduit. Je ne puis m'empêcher, en voyant tout ce qui se passe, de vous faire souvenir de toutes les choses que M. le maréchal de Vauban a dites sur le siége de Turin : il faut qu'il soit bien opiniâtre, s'il ne convient pas qu'il s'est trompé et qu'il n'a pas bien jugé de ce qui devait arriver.

Sa Majesté me paraît être inquiète de notre situation, au cas que les Vénitiens donnent aux ennemis passage dans leurs places. J'avoue que si cela arrivait, je me trouverais embarrassé, malgré les précautions que j'ai prises........ Je ne serais pas éloigné de croire qu'ils manqueraient de parole, si je n'espérais qu'en leur bonne foi; mais comme je suis le maître de noyer, quand bon me semblera, tout leur meilleur pays, je ne crois pas qu'il y ait rien à craindre; cependant je ne m'endors pas, etc...... Quand nous serions assez malheureux pour être forcés, le siége de Turin ne serait pas retardé pour cela; et vous pouvez assurer dès à présent Sa Majesté que, quoi qu'il puisse nous arriver, je ne demanderai pas de troupes à M. de la Feuillade; et quand les ennemis nous auraient gagné un combat, je vous réponds qu'ils ne chemineront pas, à beaucoup près, si vîte qu'ils ont fait en Flandre.

———

45.

M. D'HOUVILLE [1] A M. DE CHAMILLART.

23 juin 1706.

Toutes mes batteries seront achevées et prêtes à tirer demain matin.
Il y aura 60 pièces de 24, 3 de 12, 3 de 8, et 34 mortiers, dont 29
de 12 pouces et 5 de 9. M. le duc de la Feuillade a bien voulu me laisser
maître de ne tirer ces batteries que toutes à-la-fois : c'est la plus belle
ligne de feu que j'aie encore établie. Il n'y a pas une seule de ces batteries dont on ne doive attendre un très-grand effet, de la manière dont je
suis convenu avec les ingénieurs de les placer; et j'ai tout lieu d'espérer
que, travaillant ensemble de bonne intelligence comme nous sommes,
le roi sera bien servi, et qu'il ne se fera point de consommations ni de
dissipations mal à propos.

Je ne vous parle point du détail du siége, persuadé que vous en
êtes informé plus précisément par M. le duc de la Feuillade, qui est
certainement le meilleur ingénieur qu'il y ait ici, quoiqu'ils soient fort
capables, etc.

46.

M. DE LA FEUILLADE A M. DE CHAMILLART.

Turin, 25 juin 1706.

Je suis arrivé hier ici (à Turin, du camp de Bra), et j'ai trouvé
le siége en parfaitement bon état. Quoique les ennemis nous aient
hier opposé un feu de canon quasi égal au nôtre, nous avons cependant pris la supériorité, et j'espère qu'elle augmentera tous les jours
et qu'ils se tairont bientôt. Nous mettons demain nos mineurs en œuvre
à la droite et à la gauche, et ils nous promettent de nous loger sur le
chemin couvert en moins de trois semaines. Quand je serai dans cette

---

[1] Maréchal-de-camp commandant de l'artillerie.

situation , je commencerai à respirer et à ne plus craindre le secours
maritime dont on nous menace. Il serait encore plus sûr de chasser
M. de Savoie entièrement de son pays, et de dissiper sa cavalerie : c'est
à quoi je vais travailler avec toute la vivacité possible; et je vous réponds de réussir, pourvu que M. de Toralba marche de son côté à
Gènes avec du canon et toutes les forces qu'il pourra rassembler, et
qu'il offre au peuple de Mondovi toutes les conditions qu'ils desireront.
.... Il s'agit de détruire cette hydre promptement, sans
quoi il pourrait bien repousser quelque tête............... Je vous
demande M. de Vallière et les mineurs de......... dont je n'entends
point parler. Tâchez, s'il vous plaît, d'obtenir encore de M. le duc du
Maine un détachement de bombardiers de la compagnie de Saint-Marc,
qui est en Allemagne : vous n'avez qu'à le faire venir en poste.

47.

M. DE CHAMARANDE[1] A M. DE CHAMILLART.

3o juin.

Les ennemis ont fait diminuer leurs feux de canon, soit qu'une partie
ait été démontée, soit qu'ils songent à ménager la poudre. La consommation de la nôtre étant trop considérable, et voyant qu'il n'est pas
possible de ruiner entièrement les défenses des bastions, que les contre-
gardes couvrent, j'ai pris le parti de diminuer notre feu de canon et
de songer à avancer nos travaux, que je compte protéger particulièrement par nos bombes, par une grande quantité de pierres et par des
batteries à ricochet qui voient de revers les chemins couverts. Comme
on ne peut prendre cette place que par la sape et par la mine, il est essentiel de ménager notre poudre et nos munitions, pour n'en pas
manquer sur la fin du siége.

[1] Lieutenant général, qui commandait en l'absence de M. de la Feuillade.

48.

M. DE CHAMILLART A M. DE LA FEUILLADE.

Du 2 juillet 1706.

Il annonce que le maréchal de Marcin se rendra en Italie au lieu du maréchal de Villars; puis il ajoute :

Je suis tellement persuadé, mon cher gendre, que M. le duc de Savoie ne se laissera pas approcher d'assez près pour vous donner la satisfaction de battre sa cavalerie, que je regarde comme une chose inutile de vous faire faire attention que votre principal objet doit être le siége de Turin. Vous ne pouviez mieux faire que d'en éloigner ce prince et d'établir les contributions dans le reste de ses états qui n'y avaient point été assujettis; mais comme vous n'auriez plus à présent autre chose à faire qu'à courir les champs inutilement, le roi juge à propos qu'après avoir établi les postes que vous jugerez convenables pour empêcher la communication de l'autre côté du Pô avec Turin, vous vous rendiez au siége, et que vous le pressiez le plus vivement qu'il sera possible. Je vous en ai déjà fait sentir les raisons. Mgr le duc d'Orléans, qui sera jeudi au soir au plus tard devant Turin, vous les expliquera encore plus particulièrement.

49.

M. DE LA FERRIERE[1] A M. DE CHAMILLART.

4 juillet.

. . . . Les deux armées de Lombardie sont dans la même situation, à la réserve que les ennemis se sont un peu alongés sur l'Adige, tirant du côté d'Albaré. Ils ont toujours à la Ferrare des troupes qui peuvent donner une attaque aux lignes de Rivoli, et des

---

[1] On croit que M. de la Ferrière était intendant en Lombardie.

bateaux prêts pour jeter des ponts au-dessus et au-dessous de Vérone. Leur armée peut être à présent de 21,000 hommes de pied et de 7,000 chevaux.

Nous avons, Monseigneur, appris le changement de général. Toute l'armée voit partir avec regret M. le duc de Vendôme : il a le cœur et l'estime des soldats et des officiers; on ne peut rien ajouter à sa générosité et à son courage; il aime le roi et le royaume; il a le sens très-bon, et serait un capitaine accompli s'il était au pouvoir de son tempérament de refuser quelque chose et de châtier quelqu'un, s'il ne croyait pas si aisément ce qu'il souhaite, et s'il avait un peu plus de goût pour les détails.

Je me suis cru obligé de le dépeindre ici, sans dessein de l'offenser; car personne ne le respecte et ne le révère plus que moi : d'ailleurs on est persuadé que ce qui peut lui manquer sera aisément remplacé par quelque homme des talens de M. de Bezons, qui soit ami du prince, et qui veille sous lui avec activité et jugement aux besoins de l'armée et au maintien de la discipline militaire. Mais je crains que mon zèle ne me fasse tomber dans l'indécence : en tout cas, j'espère que vous pardonnerez à mes bonnes intentions, qui n'ont pour but que le service du roi et celui de vous rendre un compte exact de la vérité.

Si vous croyez, Monseigneur, que je sois suffisamment informé de ce pays-ci, et que vous vous soyez aperçu que je n'ai jamais dit faux sur la guerre ni sur la politique, j'ose vous prier très-humblement de vouloir mander à M. le duc d'Orléans et à M. de Villars d'avoir confiance en moi; cela pourra abréger les difficultés que tout homme qui arrive doit avoir de se mettre au fait sur un terrain si extraordinaire.

<hr>

50.

M. LE MARÉCHAL DE MARCIN AU ROI.

Strasbourg, le 5 juillet.

SIRE,

J'arrivai avec toute la diligence qui me fut possible, conformément aux ordres de Votre Majesté, le 3 de ce mois, à Lauterbourg [1], et j'y en reçus le lendemain 4, au matin, un autre de Sa Majesté pour passer à l'armée de Lombardie.

Je pars, accoutumé de me sacrifier pour obéir à ses volontés, sans aucun retour sur moi ni sur mes intérêts, pour m'y rendre le plus promptement que je pourrai; mais, quelque diligence que je puisse faire, il m'est impossible d'y être arrivé le 12 de ce mois, comme il est marqué dans la dépêche de Votre Majesté. Il ne me reste qu'à prier Dieu que ma santé, assez usée des fatigues continuelles que j'essuie depuis long-temps, et mes moyens qui sont nuls, répondent à ma bonne volonté: mais ce qui me fait une véritable peine, c'est la crainte que j'ai, avec beaucoup de raison, d'y être d'une très-médiocre utilité au service de Votre Majesté, n'ayant conservé nulle idée d'un pays que j'avais compté de ne retrouver jamais, et ignorant absolument, par cette raison, les dispositions qu'on y a faites. Il eût été bien à desirer, pour le service de Votre Majesté, que M. le duc de Vendôme, qui l'y sert si glorieusement depuis long-temps et qui en a une connaissance parfaite, eût pu achever son ouvrage.

Tout ce que je puis est de répondre à Votre Majesté de la continuation de mon zèle inviolable pour son service, qui n'exempte pas d'être capable de faire bien des fautes dans un pays que l'on ne connaît pas, dans une guerre qui paraît devenir très-difficile................. Je ne manquerai pas, étant arrivé à l'armée, de prendre l'ordre de M. le duc de Vendôme, comme Votre Majesté me l'ordonne: heureux d'avoir l'avantage d'être le premier à exécuter un ordre qu'elle témoigne souhaiter qui soit suivi, et de trouver cette occasion de procurer cet agrément à M. le duc de Vendôme, que j'honore infiniment.

J'ai l'honneur d'être, avec le plus profond respect,

Sire,

de Votre Majesté,

Le très-humble, très-obéissant et très-fidèle sujet et serviteur,

MARCIN.

---

[1] Ce maréchal avait d'abord eu l'ordre d'aller remplacer Villars à l'armée du Rhin; déjà, au commencement de la campagne, il avait quitté les bords du Rhin pour aller en Flandre.

51.

LE MÊME A M. DE CHAMILLART.

Le 5 juillet 1706.

Après avoir fait, Monsieur, toute la diligence qui a pu dépendre de moi pour me rendre en Alsace aussi promptement qu'il m'était ordonné, j'arrivai avant-hier soir, 3 de ce mois, à Lauterbourg, où je trouvai M. le maréchal de Villars, et où je reçus, le jour suivant, la dépêche du roi et votre lettre, l'une et l'autre datées du 1er de ce mois.

Malgré ma soumission aveugle aux volontés de Sa Majesté, je ne puis vous céler, Monsieur, ma surprise à la réception d'un ordre si peu attendu, et qui me jette dans tant d'embarras, dont il est inutile que je vous fasse le détail, puisque vous m'assurez, Monsieur, que vous voyez tout ce qu'il y a à voir dans le changement de ma destinée. Cela étant ainsi, il est impossible que vous n'y aperceviez pas beaucoup de circonstances désagréables, et ce n'est pas en vain que vous m'exhortez à la vertu dans cette occasion où elle n'est pas inutile ; mais trouvez bon que je vous dise, Monsieur, que vous ne m'en parlez que dans le sens de cette sentence latine, *est sua virtuti merces*, puisque mon état vous étant connu, et ne pouvant douter de l'embarras où je me trouve, vous me proposez, pour toute ressource, une route pour mon équipage, dont je vous remercie, Monsieur, ne pouvant être d'aucun usage dans la Suisse, par où je suis obligé de le faire passer, étant déjà avancé jusque auprès de Metz. Mais sans vous ennuyer, Monsieur, d'un petit détail domestique indigne de votre attention, je puis vous dire avec vérité qu'il m'en coûtera près de 20,000 francs de dérangement, tant pour mon voyage et celui de mon équipage, que pour rétablir en Italie tout ce que je suis obligé de perdre et de laisser de provisions et autres choses dans a route, par laquelle aucune voiture ne peut passer, et que, sans le secours de M. de la Houssaye, qui est depuis long-temps de mes amis et m'a fait prêter ici de l'argent, j'aurais été dans une impossibilité réelle d'exécuter le dernier ordre que j'ai reçu, avec de plus fortes et meil-

27.

leures raisons que la prétendue indisposition de M. le maréchal de Villars et le reste de ses frivoles représentations.

Ne croiriez-vous pas, Monsieur, une occasion telle que celle-ci favorable pour m'obtenir quelque secours du roi, et l'avantage d'être compris dans le nombre immense de pensions qu'il répand sur ses sujets avec tant de largesse que je me crois presque le seul de tous ceux qui ont l'honneur de le servir qui en soit exclu jusqu'à présent. J'ose vous assurer, Monsieur, que ce bienfait, si je l'obtenais, ne me serait point reproché par le public, et qu'il ne vous blâmerait point d'avoir bien voulu employer votre crédit pour me le procurer : je ne suis ni voleur ni importun; mais le défaut de ces deux bonnes qualités me conduit insensiblement à mourir banqueroutier, après avoir vécu en honnête homme, étant obligé chaque année, depuis cette guerre, de dépenser beaucoup plus que je ne touche du roi, sans que, de toute cette dépense, on m'en puisse reprocher la moindre partie pour mon plaisir.

Vous voilà assez importuné, Monsieur, de mes affaires particulières; il est temps de vous parler de celles de l'état.

Ce que vous me faites l'honneur de me mander par votre dernière lettre est suffisant pour me faire juger que celles de la guerre en Lombardie vont devenir non-seulement très-difficiles, mais très-douteuses et bien différentes des années précédentes, pendant lesquelles l'armée des ennemis était toujours inférieure à la nôtre, au lieu que j'apprends par votre lettre, Monsieur, qu'elle se fortifie très-considérablement, ce qui rend la garde d'une aussi grande étendue de retranchemens que ceux de l'Adige bien épineuse. Si l'on se tient ensemble, on ne garde que l'endroit où l'on est, et il est aisé de surprendre un passage dans un si grand espace de pays; et si l'on se sépare, on est faible par-tout, et l'ennemi, donnant de l'inquiétude en différens endroits, réussit ordinairement à en forcer un. Je ne puis parler jusqu'à cette heure qu'en termes généraux, ignorant la disposition qu'on a donnée à ce pays-là, dont je n'ai point l'idée présente; mais ce que je sais bien, c'est qu'il eût été fort à desirer, pour le bien du service du roi, que M. le duc de Vendôme, qui y fait la guerre si glorieusement depuis si long-temps et avec une connaissance parfaite, eût achevé son ouvrage.

Je suis convaincu de toutes les bonnes qualités que vous me mandez de Mgr le duc d'Orléans; mais il y a bien loin de là à celles qui sont nécessaires pour parvenir à être un grand général : vous me marquez cependant par votre lettre qu'il faut qu'il le soit; trouvez bon, Monsieur, que je vous dise que cette nécessité n'est pas toujours suffisante pour donner ce talent à ceux qui en ont besoin; et j'ai lieu de craindre, avec raison, de ne lui être que d'un bien faible secours, particulièrement dans un pays que je ne connais pas.

Je pars cependant, persuadé comme vous qu'on ne doit avoir d'autre volonté que celle de son maître, quoique je n'aie pas lieu de croire, par tout ce que je vois, qu'on fasse grand cas d'un mérite de cette espèce, qui a plus de solidité que de brillant.

Je ne suis pas effrayé des choses difficiles; mais je ne puis m'empêcher de trembler pour l'état, quand je considère la situation des affaires du roi en Italie, si l'entreprise commencée venait à manquer, qui dépend de la garde du passage de l'Adige; par ce que vous m'en laissez entrevoir dans votre lettre, Monsieur, je ne sais si l'on ne se serait point flatté. . . . .

. . . . Il ne tiendra pas à mon zèle, ni à mon amour pour la vérité, que les affaires n'aillent bien : mais avec ces qualités, qui ne laissent pas d'avoir leur mérite, on n'est pas exempt de faire des fautes; comment oser répondre d'être assez éclairé pour n'en pas laisser faire aux autres? Tout ce que vous peut promettre un homme de bien et d'honneur, c'est de faire de son mieux, sans répondre des événemens, qui sont dans la main de Dieu. . . . .

52.

M. DE CHAMARANDE A M. DE CHAMILLART.

Du 5 juillet 1706.

. . . . Il est très-fâcheux que l'on ait été si long-temps à mettre 60 pièces de canon en batterie, pour en retirer aussi peu d'utilité

et être obligé, pour ne pas consommer des munitions mal à propos et
perdre son temps inutilement, de les offusquer quatre ou cinq jours
après qu'elles ont été en état : je m'y suis déterminé dès le troisième jour,
que les ennemis nous saluèrent, le matin, de 60 pièces de canon, parce
que je m'aperçus qu'il se faisait un combat entre nos canonniers et ceux
des ennemis, et qu'il se consommait une infinité de poudre sans aucun
effet. On a travaillé depuis, avec toute la diligence possible, à faire une
parallèle devant celle où étaient placées nos batteries, laquelle, à ce
qu'on espère, pourra être achevée dans deux nuits ; car leur canon nous
empêche absolument de travailler de jour à la sape, et nous a fait abandonner le travail toutes les fois qu'on y a mis des sapeurs ; le nôtre ne
pouvant dorénavant nous servir de front, et n'en pouvant tirer d'usage
dans la suite qu'en prenant des revers. Ce siége ne ressemble point à tous
ceux que j'ai vus, et nous sommes bien heureux que la garnison n'ait pas
montré plus de vigueur ; il nous en coûterait plus cher, et nos travaux
ne seraient pas aussi avancés. Notre grand objet maintenant doit être de
combattre leurs mines et de cheminer sous terre ; ce qui emportera bien
du temps, ainsi que j'en puis juger par notre mineur qui est attaché
depuis le 25 au matin, et qui ne peut me répondre encore du temps
qu'il lui faudra pour faire jouer sa mine. Quoiqu'on dise beaucoup de
bien des sieurs Francard et Delorme, il serait nécessaire que le sieur de
Vallières se rendît ici, ne devant rien négliger à cet égard...........
.... M. de Villars-Lugein, ingénieur, fut blessé hier à la tête
légèrement d'une bombe ; je ne crois pas qu'il soit en état de servir de
quelques jours.

53.

M. DE CHAMILLART AU DUC DE LA FEUILLADE.

Du 6 juillet 1786.

.... J'apprends, mon cher gendre, par M. de Chamarande,
que vous faites le siége de Chérasque : quoique je sois persuadé de
l'avantage considérable que vous tireriez de vous rendre maître de cette

place et du château d'Asti, en cas que vous puissiez en venir à bout, trouvez bon que je vous dise qu'il n'est pas possible que le siége de Turin se conduise avec la même vivacité, quand vous n'y serez pas. Personne ne rend plus de justice que moi à M. de Chamarande; mais il y a une si grande différence à être commandé par un homme comme vous ou par un homme de son caractère, que je puis vous assurer que vous ferez plus en huit jours que lui en quinze. L'affaire capitale de l'état est celle dont vous êtes chargé, et de la prise de Turin dépend l'événement de la guerre d'Italie. Si vous n'aviez rien à craindre des secours étrangers, vous ne pourriez mieux faire que de vous rendre maître de toutes les avenues de Turin. Je vois par tant d'endroits et si sûrs que le prince Eugène et le duc de Savoie mettront le tout pour le tout pour secourir Turin, qu'il y a grande apparence qu'ils ne se sentent pas pressés. M. de Savoie a répondu au moins de deux mois : non-seulement je vois qu'il ne se trompe pas, mais j'appréhende que la prise de cette place ne devienne plus difficile que vous ne vous étiez imaginé, lorsque vous avez pris la résolution de l'attaquer par la citadelle. M. de Vauban mande à tous ses amis, et le dit à qui veut l'entendre, qu'il veut qu'on lui coupe le cou, si vous la prenez par l'endroit où vous l'avez attaquée. Je vois que les ingénieurs commencent à craindre les revers que l'ouvrage couronné prendra sur vos batteries, lorsqu'elles seront plus avancées. Tout bien considéré, je ne sais si, après avoir forcé M. de Savoie à sortir de Turin, vous être rendu maître de Montcallier et de Quiers, vous n'auriez pas employé plus utilement la petite armée que vous avez formée pour le siége de Chérasque et celui d'Asti, à attaquer les hauteurs des Capucins; je crois que vous en seriez présentement le maître, et que cette diversion aurait bien embarrassé les ennemis, quand même elle n'aurait pas produit entièrement son effet. Si vous croyez qu'il soit encore temps, et que mon idée ne soit pas ridicule, je vous dirai naturellement ce qui m'a passé par la tête; ce serait, lorsque vous aurez fini le siége de Chérasque, de faire revenir l'infanterie qui aura été employée au siége, sous prétexte de fortifier celle qui agit à celui de Turin, prendre le temps à-peu-près que vous pourriez faire attaquer le premier chemin couvert, faire toutes vos dispositions de jour pour cela, en sorte que l'attention

des ennemis les portât uniquement à rassembler toutes leurs forces de ce
côté-là, et que vous fissiez en même temps une autre disposition pour
attaquer la hauteur des Capucins. Peut-être seriez-vous assez heureux,
si ce mouvement était bien secret et inconnu aux ennemis, pour l'em-
porter d'emblée, ou du moins, si vous ne vous en rendiez pas entièrement le maître, pour occuper quelqu'une des hauteurs qui vous donnerait
grande facilité pour chasser les ennemis des Capucins. Je vous crois
trop au-dessus des discours du public, pour négliger des moyens dont
l'événement pourrait être plus prompt et plus sûr, et vous garantir par-
là des reproches que l'on vous fait de vous être laissé entraîner à votre
première idée : votre honneur est engagé à prendre Turin ; si vous vous
en rendez maître, toute la gloire sera pour vous. Si je pouvais être
une heure avec vous, je me trouverais bien soulagé. Je souhaite que
ma lettre fasse assez d'impression sur vous, et que vous soyez persuadé
que l'amitié que j'ai pour vous m'a déterminé à vous l'écrire autant
que l'intérêt de l'état.

Je sais que quelques-uns ont parlé à M. le duc d'Orléans pour
changer l'attaque et faire celle des Capucins. Je pense bien différem-
ment ; je crois que vous pouvez soutenir l'une et faire l'autre, et que
rien ne serait plus capable de faire manquer Turin que de déranger
vos projets. . . . .
. . . .

54.

M. DE CHAMARANDE A M. DE CHAMILLART.

Du 10 juillet 1706.

M. le duc d'Orléans arriva ici avant-hier au soir ; il alla visiter le lendemain le camp et la tranchée ; et ce matin il est allé promener de
l'autre côté du Pô, sur les hauteurs de la vigne de Madame royale,
d'où il a examiné le poste des Capucins, qu'il a jugé bien plus avantageux qu'il ne se l'était imaginé. S. A. R. m'a paru inquiète sur ce que

notre siége sera long, et la lenteur de nos mineurs; mais il est bien
dangereux de cheminer dorénavant sans qu'ils marchent sous terre avant
nous, et il le serait encore bien davantage de hasarder des coups de
main à des chemins couverts ou à des ouvrages qu'on sait certainement minés : en général, les troupes de cette armée n'ont qu'une tête,
qu'il faut non-seulement éviter de perdre, mais même de rebuter, ce qui
ne se peut qu'en donnant aux mines le temps d'agir. M. de Vallière arriva ici avant-hier, qui croit que le meilleur parti est d'ouvrir plusieurs
galeries à-la-fois, de les pousser en avant à dix ou douze toises le plus
qu'il sera possible, et de faire une mine à chacune, qu'on ferait jouer en
même temps : c'est le seul moyen sûr, mais qui sera d'autant plus long
que le terrain qu'on a trouvé jusqu'à présent est très-difficile à fouiller,
et qu'il faut le soutenir de demi-pied en demi-pied par des châssis; il faut
espérer qu'il sera plus facile quand on sera sur le glacis. Les ennemis ont
fait jouer aujourd'hui une mine à une de nos sapes, au rideau du marti-
net de laquelle on avait heureusement retiré les troupes : ainsi elle a été
sans effet. Nos mineurs promettent de faire sauter, dans quatre ou cinq
jours, les angles saillans de la demi-lune et du bastion de la droite de
notre attaque de l'avant-chemin couvert. S. A. R. a jugé à propos que
M. le duc de la Feuillade partît ce matin pour s'en aller à Saluces,
prendre le corps de troupes qu'il a laissé à M. d'Aubeterre, et poursuivre
M. de Savoie, qui s'est retiré vers la vallée de Lucerne, où il ras-
semble tous les Barbets. Je ne doute pas que M. le duc de la Feuillade
ne trouve moyen de l'attaquer avant cinq ou six jours, ou bien qu'il ne
s'en désiste entièrement pour venir suivre son siége. . . . .

55.

LE DUC D'ORLÉANS A M. DE CHAMILLART.

Du camp devant Turin, le 10 juillet 1706.

. . . . On a poussé, de la dernière parallèle, quatre demi-sapes sur
les angles saillans des quatre contre-gardes[1] de l'avant-chemin couvert,

---

[1] C'est sans doute des quatre flèches qu'il est question. (*Note de l'éditeur.*)

28

et on a commencé les mines au bout de ces demi-sapes. Comme, à la
droite, on avait commencé la mine de trop loin, on a été obligé de la
faire jouer lorsque les mineurs ont manqué d'air; et dans l'entonnoir
que la mine a fait, on en a commencé une nouvelle qui est déjà près
de la contre-garde; la mine qui part de la sape du centre n'est pas à
2 toises du dessous de la contre-garde; les deux autres, qui sont les
plus éloignées, en sont à 8 ou 10 toises; et comme le terrain se
trouve difficile et rempli de cailloux, on ne croit pas qu'elles puissent
être en état avant cinq ou six jours. Lorsque ces premières mines auront
fait sauter un petit terrain, on se logera sur l'avant-chemin couvert; il
faudra recommencer le même travail, et ouvrir encore des demi-sapes
et attacher des mineurs à 10 ou 12 toises des chemins couverts.
C'est l'unique moyen d'aller en sûreté contre les contre-mines des ennemis; et il serait dangereux de se loger autrement, de peur de perdre
beaucoup de soldats et de rebuter l'infanterie, où il y a une tête de
vieux soldats qui fait aller le reste, qu'il faut ménager. Cependant ce
travail est si long qu'on ne doit pas se flatter qu'on puisse mettre la
citadelle en état d'être emportée avant le 15 de septembre, pourvu
qu'il n'arrive aucun accident contraire. Cette longueur, qui paraît
comme insurmontable, a fait chercher tous les moyens qui pourraient
raccourcir le siége; on a poussé une sape sur la gauche, pour gagner la
tête de l'ouvrage à cornes de terre qui paraît sur le bastion de la communication de la citadelle à la ville. Mais quand on en serait le maître,
il serait fort douteux qu'on pût former par-là une attaque qui abrégeât
les choses................

Le duc d'Orléans expose ensuite qu'il est allé visiter les hauteurs des
Capucins; mais que les abords en sont très-difficiles, et que les communications des attaques avec celles de la ville, ainsi que le pont, seraient enfilées par le canon de la hauteur; que quand on pourrait
former de ce côté-là une nouvelle attaque à la ville, les 45 bataillons
qui sont au siége ne suffiraient pas pour la tranchée, puisque, pour
soutenir les attaques ordinaires, ils n'ont que trois nuits d'intervalle, et
commencent déjà à s'affaiblir, y ayant dans les hôpitaux plus de 900
blessés et 1,100 malades : de sorte qu'après avoir tout examiné avec

M. de la Feuillade et la plupart des officiers généraux, et avec tous les ingénieurs, qui sont très-divisés dans leurs avis sur ce qui se pourrait faire, il a fallu convenir qu'on était trop avancé pour faire de nouvelles entreprises.

56.

M. DE CHAMILLART A M. LE MARÉCHAL DE VAUBAN.

Du 15 juillet 1706.

.... Je ne vois encore rien de désespéré sur la prise de Turin. Je sais bien que c'est un ouvrage de longue discussion. Mgr le duc d'Orléans jugera par lui-même si ce qui a été fait jusqu'à présent donne lieu de se flatter de réussir à l'avenir. On lui a bien fait entendre, avant son départ, que cette place ne pourrait être prise par l'endroit où elle a été attaquée, qu'il n'y avait que par la hauteur des Capucins. Depuis la sortie de M. de Savoie, j'ai proposé à M. de la Feuillade de faire quelque tentative de ce côté-là avec l'infanterie qu'il a menée du côté de Montcallier, en dérobant une marche, et faisant tout ce qui serait possible pour surprendre quelques-unes des hauteurs. Pour ce qui est du reste de votre proposition, à moins d'avoir l'esprit prophétique, il ne m'est point permis de proposer au roi de ravager les maisons de la ville de Turin et d'en lever le siége. Cette démarche, bien loin de contribuer à donner une meilleure face aux affaires de Sa Majesté, les décréditerait autant en Italie qu'elles le sont ailleurs. Si vous pouviez me garantir que le prince Eugène ne passerait point l'Adige, et qu'il ne viendrait point un secours considérable à M. le duc de Savoie, je vous serais bien garant de la prise de Turin.

28.

57.

M. LE MARÉCHAL DE VAUBAN À M. DE CHAMILLART.

Dunkerque, le 23 juillet 1706.

. . . .

Vous m'avez dit un mot, en passant, de Turin; sans quoi je ne vous en parlerais plus. Faites-moi, s'il vous plaît, l'honneur de me croire une fois pour toutes : on ne prendra point Turin par où on l'attaque, supposé que ces gens-là fassent leur devoir, chose dont il me paraît qu'ils ne s'acquittent pas mal; vous auriez même bien de la peine à réussir présentement par les Capucins, parce que votre armée paraît désormais bien faible. La chicane des mines vous mènera jusqu'à la fin du monde, et ne vous sera bonne qu'à faire enterrer tout vif ce que vous avez de meilleur parmi vos troupes; car les ennemis étant les premiers postés, n'ont qu'à vous attendre : il est sûr que tous les avantages des mines sont pour eux. Je conviens qu'il y a beaucoup d'ignorance parmi les ingénieurs et les mineurs de ce pays-là; on ne peut guère mieux les connaître que moi : mais la grande faute du siége vient du mauvais et obstiné choix des attaques, qui ne devaient jamais être par là, et de la faiblesse de notre armée, par rapport à la grosse garnison qu'on devait s'attendre à trouver dans cette place. Je suis, Monsieur, toujours très-parfaitement,

Votre très-humble et très-obéissant serviteur.

58.

M. DE CHAMARANDE À M. DE CHAMILLART.

14 juillet 1706.

Le duc de la Feuillade renonce à faire le siége de Quérasque, de peur de consommer trop de poudre, et dans l'espérance de chasser le duc de Savoie de ses états; il ne s'est saisi de Mondovi, et n'a entrepris

le siége du fort de Cèves que pour fermer une porte au secours que
les ennemis pourraient envoyer par mer. Le duc de Savoie est à l'entrée
de la vallée de Lucerne, avec 2,000 chevaux. Dans quatre ou cinq
jours d'ici, le duc de la Feuillade aura attaqué le duc de Savoie, ou sera
de retour au siége.

.... M. le maréchal de Vauban aurait ici bien de la besogne; à plus
forte raison nos ingénieurs en doivent-ils sentir le poids, n'ayant ni ses
connaissances ni son autorité, pour faire servir avec toute la vivacité
qu'il faudrait. Cette place est parfaitement bonne; elle paraît munie au-
delà de tout ce qu'on peut imaginer, et il y a 23 bataillons dedans...... Il n'est pas possible de songer à aucun coup de main qu'on
n'ait auparavant fait jouer les mines sous les chemins couverts et sous
les ouvrages. Sans l'appréhension des mines, on serait en état de
se loger sur le chemin couvert de la place; au lieu qu'il se passera
encore quelques jours avant d'être solidement établi sur l'avant-chemin
couvert. Cet art de cheminer sous terre est peu connu de tous nos
ingénieurs; il demande du temps, avec quelque habileté qu'on l'exerce.
J'ai demandé à M. de Vallière un projet de la manière dont il entend
marcher sous les glacis et attaquer la citadelle, que j'aurai l'honneur
de vous envoyer quand il me l'aura remis.

59.

M. DE LA FEUILLADE A M. DE CHAMILLART.

Du 18 juillet 1706.

La longueur des mines nous désespère : cela ne met aucune incertitude dans la réussite; mais je sais combien le temps est précieux. La
désertion continue à être forte parmi les ennemis, toutes les fois
qu'ils ont osé faire des sorties. Il paraît beaucoup de mollesse dans
la garnison, mais la défense de l'art fait voir que celui qui est dedans
est fort intelligent, et qu'il a des gens capables pour l'aider. Je vais
presser les attaques, autant qu'il me sera possible; mais en voulant
avancer de certaines choses, on les reculerait.

Nous serons sûrement, dans quatre jours, maîtres de toutes les lunettes de l'avant-chemin couvert. Vallière vient de me parler, et m'a donné des espérances, quoique je l'aie fort prié de ne me point flatter. Vous savez que je vous ai toujours mandé que les mines étaient le seul obstacle qui m'empêcherait de vous parler affirmativement........ J'ai si fort anéanti la cavalerie de M. de Savoie, qu'en cas d'un besoin effectif j'ai encore 3o escadrons au service de M. le duc d'Orléans, pourvu que vous me répondiez qu'il ne viendra pas de secours maritime.

60.

M. DE CHAMILLART A M. DE CHAMARANDE.

Du 19 juillet.

J'ai reçu les lettres que vous avez pris la peine de m'écrire le 3o du mois passé, 7 et 1o du courant. M. de la Feuillade est fâché contre moi d'une lettre que je lui ai écrite. Vous savez la confiance avec laquelle je vous ai parlé avant votre départ; je continue de même dans cette occasion, et je vous prie de vouloir bien lui faire savoir que l'inquiétude commence à être grande sur l'événement du siége de Turin et le passage de l'Adige par le prince Eugène; qu'il n'y a qu'un seul homme qui puisse augmenter celle qui m'est naturelle pour une entreprise de cette importance dont il est chargé; qu'il paraît, par ce qui est parvenu au roi, que les ingénieurs, les officiers d'artillerie et les mineurs n'ont pas fait tout ce qu'ils devaient faire; il semble même que l'intelligence n'est pas aussi parfaite entre eux qu'il serait à desirer : il est pourtant bien difficile de réussir, si les mineurs ne sont pas concertés avec les officiers d'artillerie. Jusqu'à la sortie de M. de Savoie, le roi a été parfaitement content; mais depuis ce temps-là, il semble que Sa Majesté a regardé comme une chose assez peu utile, pour l'événement du siége, les mouvemens que M. de la Feuillade a faits à la poursuite de ce prince. Ce n'est pas manque de confiance sur ce qui peut avoir rapport à vous; mais le roi a regardé le siège de Turin comme le seul objet qui devait occuper M. de la Feuillade.

61.

M. DE LORRIÈRES D'ASTIER [1] A M. DE CHAMILLART.

Du 24 juillet 1706.

.......Le 21 à 9 heures, nos mines étant chargées à la droite et au centre, n'y en ayant pas à la gauche, on y mit le feu : le haut de l'entonnoir de celle de la droite fut à cinq toises des palissades; celle du centre enleva les palissades. Quatre bombes en l'air, pour signal, firent partir nos grenadiers, qui sautèrent par-dessus les palissades et marchèrent aux lunettes; les ennemis les abandonnèrent dans le moment, et se contentèrent de faire un feu très-médiocre de leurs ouvrages; le nôtre fut considérable : on s'y logea, en avant, dans celle de la droite et la gauche, et dans l'ouvrage à celle du centre; nous fîmes prisonniers un major allemand et quelques soldats, et nous n'avons perdu, dans cette attaque, qu'environ ce que nous perdons ordinairement.

Le logement de la droite étant le moins avancé, le 22, à 3 heures après midi, les ennemis ayant fait jouer une mine au boyau A, qui nous enterra quelques grenadiers, après son effet, ils sortirent sur la lunette et l'emportèrent. Pendant un gros quart d'heure, ils travaillèrent à renverser nos gabions; ensuite nous marchâmes pour les en chasser, ce qui fut exécuté avec vigueur; nous reprîmes notre logement, et, au moyen de 100 travailleurs armés, nous le rétablîmes : ils se présentèrent à la lunette de gauche, sans oser attaquer. Au jour, les logemens des lunettes furent en bon état; ils mirent le feu aux palissades de communication de celle de la droite, ce qui m'occupa fort pour empêcher qu'il ne prît par-tout. Au jour, je trouvai dans celle du centre le soupirail de leur grande galerie; j'en sondai, avec un plomb, la profondeur, que je trouvai de 30 pieds. Je fis d'abord avertir M. de Dreux, officier général de tranchée, et lui dis que ne pouvant, en façon aucune, nous rendre maîtres de cette galerie, mon sentiment était d'y jeter un

---

[1] L'un des principaux chefs de brigade des ingénieurs.

baril de poudre avec 2 ou 3 bombes, afin de la crever; on fit avertir M. de Vallière; M. Tardif, qui arriva ensuite, en rendit compte à M. de Chamarande. L'après-midi on exécuta ce que j'avais proposé; et en même temps, il joua un fourneau des ennemis, à côté de ladite lunette, qui ne fit aucun mal, les troupes ayant été retirées. On trouvera la même chose aux lunettes à droite et à gauche, si on veut se donner la peine de chercher.

Je voudrais aller plus vite que nous n'avons fait jusqu'à présent; ce qui est aisé, d'autant que si nous comptons sur nos mines, je crains qu'elles ne nous amusent comme elles ont fait, et qu'il ne faille ensuite prendre le parti de la vigueur.

62.

M. DE CHAMILLART A M. DE LA FEUILLADE.

Du 24 juillet 1706.

Le roi est fort aise que vous soyez revenu devant Turin. Vous aurez vu par vous-même combien ce siége a langui depuis quelque temps, et la supériorité que l'artillerie des ennemis a prise sur la nôtre. Si les attaques ne deviennent pas plus vives et ne font pas plus de chemin, vous n'aurez certainement pas la satisfaction de prendre cette place. J'ai trouvé un endroit, dans une de vos lettres, qui me donne lieu de croire que vous pourriez bien vous déterminer à prendre la ville par l'ouvrage à cornes. Si vous pouviez vous en rendre le maître, votre situation deviendrait bien différente; j'appréhende que celle dans laquelle se trouve Mgr le duc d'Orléans ne vous dérange entièrement. Sa Majesté m'ordonne de lui mander de vous laisser l'infanterie que vous avez, qui s'affaiblira de jour à autre, et qui sera à peine suffisante pour continuer ce siége.

63.

M. LORRIÈRES D'ASTIER A M. DE CHAMILLART.

Du 28 juillet.

.... Je monte ce soir la tranchée, et j'espère communiquer les trois lunettes.

J'ai eu l'honneur d'assurer à M. de la Feuillade qu'il ne fallait pas craindre les mines de l'avant-chemin couvert, qui nous ont amusés mal à propos et nos mineurs aussi, et qui nous amuseront encore si fort, que, si on les laisse agir, dans un mois ils ne nous placeront pas sur le chemin couvert, et ensuite il les faudra prendre l'épée à la main, ce que nous devons faire dès à présent; et quand nous y serons logés (ce qui n'est pas une difficulté, par le peu de vigueur des ennemis, et parce que nous en sommes fort près), avoir douze à quinze puits pour chercher en diligence les galeries des ennemis, et soit qu'on les trouve ou non, à-peu-près au niveau de l'eau, faire de gros fourneaux, pour remuer le terrain d'un bout à l'autre, afin d'y pouvoir placer sûrement notre canon. Je ne pense pas que les ennemis nous fassent sauter avant que notre canon y soit; mais quand ils le feraient, nous perdrons plus dans une nuit que par la plus grosse mine qu'ils puissent faire : à cette manière, nous gagnerons plus d'un mois et beaucoup de monde.......... Nous avons trop craint dès le commencement; l'effet qui s'ensuit est mauvais, d'autant qu'une manœuvre lente anime les ennemis et abat le courage de ceux qui la font. Il est sans difficulté que nous devrions être, il y a vingt jours, bien placés au chemin couvert; après quoi il y a bien de la besogne encore, les contre-gardes étant difficiles, non pas à prendre, mais à y rester et y placer du canon, qu'il faut de nécessité pour battre les bastions et ruiner les flancs opposés, à cause des grands souterrains qui sont dessous, au moyen desquels les ennemis peuvent faire plusieurs mines. Je ne sais guère d'autre expédient que de les aller chercher au moyen de nos mineurs, afin de les pouvoir rendre inutiles. Ils communiquent auxdits souterrains par le fossé et par une galerie qui passe par-dessous, venant du bastion..... Il nous en coûte jusqu'à présent 3,000 hommes tués ou blessés.

Nous avons commencé, la nuit dernière, à faire des canaux pour conduire les eaux, dont nous avons en quantité, aux trois lunettes, ayant découvert, à ma dernière tranchée, un des puits des grandes galeries des ennemis à celle du centre, dans le milieu revêtu, ayant un pied et demi de diamètre et 32 de profondeur ; on cherche, aux deux lunettes de droite et de gauche, les autres, qu'on trouvera sans difficulté. Si cet expédient nous réussit, comme je n'en doute pas, nous rendrons presque inutiles les trois galeries qui sont sous les arêtes des glacis, ayant, depuis le revêtement du fossé, environ 16 pieds de pente ; et quand elles seront pleines, l'eau sortira par les portes dans le fossé ; et s'ils les bouchent dans partie de leur longueur, comme le terrain est gravier, elles filtreront et se communiqueront dans tout le terrain, qu'elles rendront humide.

Plusieurs de nos pièces des anciennes batteries tirent, ainsi que nos ricochets et nos mortiers ; notre canon aurait fait effet et le ferait, si lesdites batteries étaient plus exhaussées que le terrain de 3 pieds : mais à peine y sont-elles de niveau, ce qui est cause que souvent le boulet passe par-dessus les ouvrages, qui jusqu'à présent sont peu dérangés.

Nous avons attaché quatre mineurs marqués au plan A, B, C, D, que je crois assez inutiles. On a tort de se persuader, quelque soin qu'on se donne, qu'on pourra éviter partie des mines des ennemis, eux ayant l'avantage d'un grand nombre de galeries maçonnées, au moyen desquelles ils nous écoutent et marchent à nous avec tout l'avantage possible ; et quand ils nous ont découverts et donné le camouflet, ils nous reculent pour plusieurs jours, et ces manœuvres alongent considérablement le siége.

64.

M. DE CHAMARANDE A M. DE CHAMILLART.

Du 29 juillet 1706.

.... On a toujours compté que cette place ne serait point secourue, et qu'elle durerait au moins trois mois ; mais on ignorait que le terrain fût aussi difficile à remuer, que les nouveaux ouvrages fussent aussi bons et aussi parfaits, et que les galeries de mines fussent aussi profondes. Si M. le duc de la Feuillade n'avait pas pris le parti d'embrasser le terrain qu'il a embrassé, qu'il n'eût pas assuré la droite et la gauche de ses lignes parallèles, et qu'il n'eût songé qu'à se porter en avant avec précipitation et sans perfectionner, il est à croire qu'une garnison de 23 bataillons, dont 17 qui sont à la solde de M. de Savoie et assez complets, et environ 4,000 chevaux, ne l'auraient pas souffert impunément. Après cela, Monseigneur, il ne faut pas croire que les hommes aient ici la même vigueur du corps, dans les grandes chaleurs, comme ils pourraient l'avoir dans un autre pays moins chaud, et qu'ils puissent faire les mêmes efforts pendant trois mois, qu'ils faisaient pendant quinze jours que duraient les anciens siéges. Ajoutez à cela que l'émulation était bien différente dans les troupes, dans l'artillerie et parmi les ingénieurs, de ce qu'elle est aujourd'hui....................

65.

M. DE LA FEUILLADE A M. DE CHAMILLART.

30 juillet.

.... Depuis la prise des trois lunettes, nous avons poussé nos sapes en avant, et fait une parallèle sur l'ancien glacis, où il ne manque que 20 toises qu'elle ne soit jointe...................... Elle s'étend depuis la capitale d'un bastion à l'autre, n'est éloignée que de 12 toises de l'angle saillant du chemin couvert de la demi-lune, et d'environ

18 de ceux de la droite et de la gauche; devant les bastions. Nous travaillons à dix puits dans ladite parallèle, pour marcher à ceux des ennemis. La sape de l'ouvrage à cornes n'est qu'à 8 toises de l'angle saillant de son chemin couvert. Mais comme cet ouvrage ne nous incommode nullement dans notre attaque, lui ayant imposé par une batterie de 9 pièces de canon qui l'a entièrement fait taire, nous pourrons bien laisser les choses en l'état où elles sont de ce côté, hors que nous ne trouvions à propos de fatiguer encore, par cette diversion, l'ennemi, qui est déjà très-faible.

66.

M. TARDIF [1] A M. DE CHAMILLART.

Du 31 juillet 1706.

Après avoir exposé qu'il aurait été préférable d'attaquer l'autre front de la citadelle, il continue :

Si on attend que les mines puissent procurer les logemens en avant, le mois sera à peine suffisant pour faire un logement sur le chemin couvert. Il faut exhausser les batteries et mieux pointer les pièces; s'attacher à ruiner les défenses, tant par le canon que par les bombes et les pierres; et on pourra, dans un jour, se rendre maître du chemin couvert, et s'établir, non pas sur les angles saillans, mais dans le chemin couvert même, où les mines seront moins à craindre. Les mines d'ailleurs ne doivent pas être un obstacle invincible; si une réussit, beaucoup d'autres font plus de peur que de mal : je l'ai connu à Verrue; je le connais encore ici, où, dans les lunettes que nous avons prises, les ennemis ont fait jouer plusieurs fourneaux, et hier encore, dans la lunette de gauche, où un soldat a été à demi enterré, et retiré ensuite sans mal. Tout cela, Monseigneur, m'a obligé de dire à M. le duc de la Feuillade que mon sentiment ne serait pas d'attendre que nos mines nous procurassent le logement du chemin couvert, ce qui ne pourrait

[1] Commandant des ingénieurs.

arriver que vers la fin de ce mois, pourvu même que les ennemis ne
se trouvassent pas en chemin. Notre dernière parallèle, qui est sur le
milieu du glacis, étant en état, ayant toutes ses banquettes faites, le
canon ayant abattu les défenses, nous pouvions entreprendre le logement du chemin couvert, et le faire, ainsi que je l'ai dit ci-devant, et en
même temps nos communications. Je ne crois pas le fossé des contre-
gardes revêtu : n'ayant à craindre que le feu des faces de la demi-
lune, que je suppose ruiné, peut-être trouverions-nous des dispositions
à nous loger sur les contre-gardes, qui, vraisemblablement, ayant été
long-temps battues, auront leur revêtement en désordre et des éboulés
au pied qui pourront nous en favoriser les accès. J'eus l'honneur de communiquer tout ce que dessus à M. le duc de la Feuillade, et de lui dire
que, le jour de l'attaque, il me semblait à propos d'en faire une fausse à
la montagne, dont les dispositions parussent aux ennemis pour la diversion; qu'il fallait attaquer, non-seulement le chemin couvert, mais
en même temps la lunette A [1], vis-à-vis les ouvrages de la ville, et le
cavalier B [2]. Ce qui autorise mon sentiment, c'est la perte que nous
avons faite en détail, aussi bien que les ennemis, qui ont leurs hôpitaux
pleins de blessés, beaucoup de morts et de désertion, ce qui les a affaiblis au point de ne pouvoir soutenir plusieurs attaques ensemble. Nous
entendons travailler dans notre lunette du centre, par un de leurs
puits que nous avons découvert; nous avons fait travailler à conduire
de l'eau dans ce puits, qui y entrera demain au plus tard; et si, par
hasard, la galerie de ce puits avait communication avec la galerie majeure, leurs mines pourraient être de nul effet.......

<hr>

67.

M. DE CHAMARANDE A M. DE CHAMILLART.

Du 4 août 1706.

J'ai cru inutile de vous envoyer un mémoire de M. de Vallière, qui

[1] La lunette de la porte Suzine. — [2] L'ouvrage à cornes.

demandait beaucoup de temps et quatre cents milliers de poudre. Selon toute apparence, les ennemis ne tireront qu'un médiocre parti de leurs mines. Il n'est pas possible que la quantité d'eau que l'on a commencé à jeter, depuis hier au matin, dans les puits que l'on a découverts à la lunette du centre, qui aboutit à ceux de leurs principales galeries ayant communication avec les autres, n'inonde une partie de leurs mines, puisque, après avoir coulé plusieurs heures, elle a rempli ledit puits, qui est profond de 27 pieds, jusqu'au niveau de la tranchée, et s'est ensuite écoulée dans un certain espace de temps qu'on a arrêté l'eau, ce qui ne se peut sans noyer une partie de leurs puits et de leurs galeries, et humecter la terre qui est aux environs. Si on est assez heureux de s'en garantir dans l'attaque du chemin couvert qu'il convient de hasarder, je ne crois pas que le corps de place puisse durer long-temps, n'ayant plus affaire qu'à un petit front, et n'en pouvant essuyer qu'un petit feu, particulièrement quand il se trouvera accablé de bombes et de pierres. Le parti que M. le duc de la Feuillade a pris, d'achever d'investir du côté des Capucins par 20 bataillons qu'il a placés sur ces hauteurs, doit encore vous rassurer, etc.

———

68.

LE COMTE DAUN AU PRINCE EUGÈNE.

(Traduit de l'allemand, par extraits.)

Du 4 août 1706.

Les troupes des ennemis, sur la montagne, consistent en 16 bataillons, avec un corps de miquelets (chasseurs de montagnes), et, au dire des prisonniers, ils n'attendent plus que 4 bataillons de renfort, pour attaquer les retranchemens.

En cas d'attaque, je crains un événement malheureux, parce que les troupes sont à peine suffisantes pour relever une garde.

Le chemin par lequel on pouvait jeter de la poudre dans la place est tout-à-fait intercepté.

Si l'on voulait se servir efficacement de l'artillerie, la poudre serait consommée en peu de jours ; si l'on discontinuait le feu, l'ennemi aurait établi, dans cinq ou six jours, ses batteries sur la contrescarpe, et en une couple de jours aurait enlevé les contre-gardes, dont les parapets ont été formés précipitamment avec de la terre mêlée de pierres, et fait brèche aux bastions, dont les maçonneries sont très-mauvaises.

69.

M. LORRIÈRES D'ASTIER A M. DE CHAMILLART.

Du 4 août.

.... Le principal objet (pour réussir dans l'entreprise du siége) était un ingénieur en chef capable d'un siége de l'importance de celui-ci, que j'ai toujours regardé comme le plus considérable et le plus difficile que le roi ait fait de son règne.....................

M. Tardif, chargé de ce fardeau, n'en est nullement capable, étant cent fois au-dessus de ses forces ; et parce que l'âge le met à notre tête, sans avoir beaucoup servi, on veut lui donner le soin de ce qui se passe. Dès l'année dernière, M. de Lapara en fit très-peu de cas ; M. le duc de la Feuillade eut peu de confiance en lui..... Ce mépris n'a fait qu'augmenter de jour en jour, et a donné occasion à bien des gens de dire leur sentiment, à tort et à travers, sur la conduite de notre siége, et de nous faire faire tantôt bien, tantôt mal. Notre corps entier, voyant le chef méprisé, qui d'ailleurs n'est ni aimé ni estimé d'aucun de nous, ayant des manières qui ne conviennent pas, est tombé dans le cas ordinaire, qui est de faire, ni par attachement ni par émulation, mais seulement ce qu'il ordonne, mal ou bien.

Le siége commencé, M. Villars-Lugein, le mérite duquel m'est inconnu, ayant servi en Espagne depuis la guerre, est venu en second, avec ordre de faire le détail sous M. Tardif ; ce qui nous a tous fâchés, nous ôtant un rang que nous avons gagné par cinq ans de fatigues et dans un continuel péril. Ses expéditions dernières sont Gibraltar et Barcelone, que les ingénieurs ici présens, dont trois brigadiers, assurent qu'il pouvait prendre huit jours avant l'arrivée du secours, s'il avait voulu croire ses camarades, en attaquant comme il fallait. Cependant, en considération de cette action, il vient d'être fait brigadier d'infanterie; parce que les mêmes ingénieurs ont représenté à M. Lepelletier sa faute, il lui a procuré cet honneur.

Je ne vois ici nulle intelligence; rien ne s'y fait avec l'accord que mérite une telle affaire; point ou peu d'émulation : chacun est endormi, et voudrait en voir la fin, quelle qu'elle pût être.

M. Tardif n'est pas en état de soutenir la fatigue de ce siége; à peine il y va une fois le jour; il est d'ailleurs d'une lenteur qui passe l'imagination. M. Villars-Lugein est à demi estropié d'une chute en Espagne, à laquelle il se cassa une jambe : voilà, Monseigneur, comme notre siége est mené.

Les chefs étant considérés comme les plus habiles, les autres ne sont pas consultés, outre que cette manœuvre ne causerait que de l'embarras, d'autant que nous conviendrions rarement de nos faits, les ignorans étant ordinairement entêtés. Cela est cause que M. le duc de la Feuillade est toute la journée à la tranchée, où il ordonne le plus souvent le travail, et où il est très-exposé et le sera encore plus à l'avenir, à cause des mines et pierres dont ils nous accablent. Tous ces inconvéniens, et plusieurs autres dont je ne fais pas mention comme inutiles, font que notre siége, commencé depuis plus de deux mois, est peu avancé, et qu'au lieu de n'en durer que trois au plus, il en durera quatre, s'il ne nous arrive quelque cas avantageux; et dans un mois il peut survenir bien des contre-temps : témoin Barcelone, qui a failli nous causer la perte de l'Espagne !

Je proposai, dès le commencement, à M. de la Feuillade, de ne pas craindre les mines jusqu'à l'avant-chemin couvert, l'assurant qu'elles ne nous feraient nul mal; nos chefs l'assurèrent du contraire : l'expérience lui a fait voir qui avait raison, me l'ayant avoué lui-même. Nos batteries, très-mal placées, que j'ai vues telles quand on les a commencées, nous ont aussi retardé : on pouvait, en les bien disposant, après avoir ruiné trois jours durant les défenses, les faire tirer à ricochet; et sûrement elles auraient empêché le rétablissement des parapets, sans

nous empêcher de cheminer en avant. J'ai encore proposé à M. le duc
de la Feuillade, à son retour de Lombardie, en ayant, pendant son
absence, fait convenir M. le comte de Chamarande, l'attaque du chemin
couvert, l'épée à la main, et lui ai amplement expliqué toutes les mesures qu'il fallait prendre pour réussir, auxquelles on travaille, étant à
présent persuadé qu'il n'y a pas de meilleur parti à prendre ; d'autant
que s'il comptait sur le succès des mines, dans un mois elles ne nous y
mettraient pas ; et ensuite il faudrait prendre le parti que je propose, qui
ne sera pas approuvé des généraux, si on demande leur avis, ni de nos
chefs, à moins qu'ils n'y consentent, à présent qu'ils voient M. le duc résolu : et d'ici à l'avenir, je suis d'avis qu'on agisse avec vigueur ; nous
gagnerons du temps, qui est précieux, et épargnerons bien du monde.
Nous avons affaire à gens peu capables et à une garnison peu vigoureuse,
à moins qu'elle ne change dans la suite . . . .
. . . .

On ne peut guère mieux témoigner le zèle que nous avons pour le
service qu'en nous faisant tuer, notre corps étant déjà fort en désordre.
Le sieur de Joinville, brigadier, tué ; le sieur de Sérette, n'ayant qu'un
bras, et l'os fêlé de l'autre, passe en France ; le sieur de Mus est passé
en France, malade ; le sieur de Montliben, blessé, va repasser en France,
n'étant pas en état de servir par son peu de santé, ayant d'ailleurs la vue
fort courte ; le sieur de Lengrune, blessé ; nous ne restons que 3 brigadiers ; 2 sous-brigadiers tués, et plusieurs autres : en sorte que de 48,
il en reste 25 en état de servir. M. Lepelletier a fait 8 brigades, de
6 ingénieurs chacune, au lieu de 10, et partie sont des ingénieurs reçus
cette année ou l'année dernière . . . .
. . . .

(Il expose ensuite qu'il sert depuis trente-deux ans, que M. Villars-
Lugein est moins ancien que lui, et demande à être fait brigadier d'infanterie, ou à quitter le corps du génie).

70.

LE PRINCE EUGÈNE AU DUC DE SAVOIE.

(Traduite de l'allemand.)

Du camp de Carpi, le 4 août 1706.

. . . .

La nuit du 2 au 3 août, l'ennemi abandonna avec précipitation la position qu'il avait prise derrière la Parmégiana, pour se retirer sur le Crostolo.

J'ai jugé à propos de faire attaquer Carpi, parce qu'il m'est à-peu-près impossible de pousser mon armée plus avant, sans avoir aucune place, même insignifiante, pour m'assurer du pain et me débarrasser de mes malades et de l'incroyable quantité de chariots et de bagages que les alliés traînent après eux.

Je ferai remarquer à votre altesse royale que c'est une toute autre chose de faire une marche semblable à celle que je vais entreprendre, avec une armée composée d'un si grand nombre de troupes étrangères de différens pays, que de l'exécuter comme l'a fait le comte de Stah-remberg, qui était maître de la Mirandole et de la Secchia, où il put laisser son bagage, ses traîneurs, et tout ce qui embarrassait sa marche.

Si les troupes auxiliaires étaient habituées à supporter la faim comme les troupes impériales, je n'aurais pas besoin de m'occuper autant de leur assurer du pain. Mais il faut que je m'avance entre les forteresses ennemies, sans savoir si je trouverai des subsistances, et convaincu cependant que les troupes auxiliaires ne feront plus un pas si elles manquent de pain un seul jour. Votre altesse royale sentira aisément qu'en de telles circonstances, je ne puis pas précipiter ma marche autant que je le desirerais.

Suivant les principes de la guerre, je devrais chasser aussi l'ennemi de Modène et des autres postes ; mais, pour ne pas m'arrêter plus long-temps, aussitôt que Carpi sera en mon pouvoir, et que j'aurai pris toutes les précautions nécessaires pour le pain et les bagages de l'armée, je ne perdrai plus un instant pour hâter mes mouvemens. Il serait nécessaire que je fusse informé de la coopération que je pourrai espérer de la part de votre altesse royale, quand je serai dans le pays de Stradella; sur-tout si l'ennemi a retiré du Piémont autant de troupes qu'on l'annonce, pour renforcer son armée de Lombardie.

Si les Hessois étaient arrivés, et que le corps du général Wetzel se trouvât par-là en état de prendre l'offensive et de marcher vers le bas Oglio, cette diversion favoriserait mes opérations, et faciliterait beaucoup la levée du siége de Turin.

Une bataille, en cas que le succès en fût heureux, produirait encore plus sûrement la délivrance de cette place; mais les chances favorables dépendent de circonstances qu'on ne saurait prévoir, et nous devons faire attention qu'un mauvais succès nous précipiterait dans des malheurs qui seraient sans remède. . . . .
. . . .

71.

M. DE LA FEUILLADE A M. DE CHAMILLART.

Du 6 août.

Les troupes de Sa Majesté ont emporté, hier à l'entrée de la nuit, le chemin couvert, et l'on y a établi un très-solide logement; le tout n'a coûté que 300 hommes. J'espère que le roi sera maître de Turin à la fin d'août, quand la garnison serait d'humeur à attendre la dernière extrémité: les contre-gardes ne sont rien, et nous aurons encore beaucoup d'autres facilités.

Notre investiture est présentement faite dans toutes les formes; nos postes des hauteurs sont inattaquables; et nous avons, en-deçà du Pô, sept pieds d'eau dans toutes nos lignes de circonvallation.

72.

M. LORRIÈRES D'ASTIER A M. DE CHAMILLART.

Du 7 août 1706.

Le siége me paraît à présent en assez bon train....... Les ennemis n'ont pas été plus mauvais à la défense de leur chemin couvert que j'avais eu l'honneur de vous le mander, et je compte qu'ils ne défendront pas mieux les ouvrages que nous voudrons leur prendre. A l'égard de leurs mines, nous ne devons plus y faire attention; seulement prendre les mesures nécessaires; ensuite il arrivera ce qu'il pourra....... Nous ne restons plus que 16 faisant le service, de 48. Comme il n'y avait aucun des matériaux nécessaires portés à midi, cette action n'ayant pas été secrète, les ennemis s'en étant aperçus, s'y préparèrent; et après avoir bordé leur chemin couvert d'un bout à l'autre, de goudrons allumés, nous reçurent en débouchant par un feu considérable de leurs ouvrages (n'ayant soutenu qu'un moment), qui dura une heure, nous mit fort en désordre, et par lequel nous avons perdu environ 400 hommes, tués ou blessés...............................

On va travailler ce soir à faire 2 batteries de 4 pièces chacune, aux faces de la demi-lune, qui, après avoir tiré deux jours, doivent nous mettre en état de nous loger sur l'angle; on fera aussi des descentes de fossé, en même temps. Mon sentiment est, pour l'avenir, de ne faire non plus d'attention à leurs mines que s'il n'y en avait pas; ils ont abandonné tout ce qui est derrière nous, et n'occupent que 8 à 10 toises en avant, sous le chemin couvert: on va les souffler dans la galerie F; ensuite nous ferons notre puits à 4 toises de la palissade; l'eau du puits G coule toujours, et, sans difficulté aucune, elle doit faire des merveilles.............................

Nous allons abandonner tous les puits qui sont dans la parallèle du glacis (si on m'avait cru ils n'auraient pas été commencés), et les placer à 4 toises de la palissade, encore mieux dans le chemin couvert. J'espère que nous rendrons par-là leurs galeries inutiles. Si nous faisons diligence, et que chacun fasse ce qu'il doit, nous mettrons ce siége en état de finir. Il y a un mineur, à la lunette de la ville, qui va son chemin, et on va commencer une descente de fossé, au chemin couvert du cavalier de l'ouvrage à cornes qui est à la gauche : j'ai examiné avec soin que ces ouvrages nous incommoderont peu, et point du tout si on veut les occuper par des bombes.

73.

LE COMTE DAUN AU DUC DE SAVOIE.

(Traduite de l'allemand.)

7 août 1706.

Aujourd'hui, à 7 heures, il nous est arrivé un grand malheur, les ennemis ayant fait sauter le retranchement de la galerie qui passe sous la contre-garde et sous le bastion Amédée. Ils s'étaient déjà emparés de cette galerie, il y a quelques jours, et nous ne pouvions nous en servir à cause de la fumée, qui la rendait inhabitable. A présent l'ennemi peut aller plus vîte que nous-mêmes à la contre-garde. Ce malheur nous est arrivé par suite de l'économie obligée de la poudre, et par le peu d'expérience des officiers d'artillerie. Je leur avais encore dit, ce matin, que cela nous arriverait, et ils m'avaient assuré que la chose était impossible. J'ai fait les dispositions nécessaires et mis des travailleurs, pour prévenir un plus grand mal.

74.

M. DE CHAMILLART A M. DE LA FEUILLADE.

7 août 1706.

J'ai reçu la lettre par laquelle vous me dites beaucoup de bien de M. le comte d'Estaing [1] : vous ne sauriez trop vous accoutumer à rendre

[1] A l'occasion de la prise du château d'Asti par cet officier général.

justice aux officiers de mérite et de distinction. Trouvez bon que je
vous dise en même temps que vous devez faire connaître les mauvais
sujets, également comme les bons; et que le parti qu'ont pris MM. les
généraux, depuis quelque temps, de ne rien dire ni des uns ni des autres,
pour ne faire tort à personne, doit mettre au désespoir tout ce qu'il y a
d'officiers qui ont du courage et qui cherchent à se faire valoir par de
bonnes actions . . . .

75.

LE PRINCE EUGÈNE AU DUC DE SAVOIE.

(Traduite de l'allemand.)

Du camp de Saint-Prosper, devant Roggio, le 10 août.

. . . .

Je suis arrivé hier devant Reggio[1]. Afin de hâter le plus possible la
délivrance de Turin, je laisserai derrière moi la Mirandole et Modène, quoique, suivant les règles de la guerre, je dusse m'en emparer avant de pénétrer davantage dans le pays. Mais, pour assurer au
moins ma communication, pour pouvoir me faire joindre par les remontes et les recrues qui doivent arriver encore d'Allemagne, pour
pouvoir laisser en arrière mes malades, enfin pour assurer la conser-
vation de mon armée, j'ai jugé nécessaire de prendre Carpi, ce dont je
vous ai donné encore d'autres raisons dans ma dernière lettre; il faut
aussi que je m'empare de Reggio : ensuite je poursuivrai ma marche,
sans perdre une minute. Cependant les événemens dépendent de la
conduite de l'ennemi; il se retranche, dans ce moment, à Guastalla ;

---

[1] L'armée avait campé le 7 au camp de Saint-Martin, près de Modène, où elle resta le 8
pour attendre son pain; le 9 elle se rendit au camp de Saint-Prosper. Les garnisons ennemies
de Modène et de la Mirandole furent observées par de forts détachemens de cavalerie. Carpi,
Correggio et Final de Modène furent occupés par des troupes : ces postes étaient destinés à
couvrir la communication de l'armée et à assurer l'arrivée des subsistances, de l'artillerie qui
était attendue de la Badia, et des autres transports. (Traduit du *Journal des opérations*.)

il a abandonné le Mincio, la rivière de Salo et le Val de Sabia, et réunit toutes ses troupes contre moi ; outre le dernier détachement tiré du Piémont, un deuxième détachement doit être encore en route pour venir le joindre. Votre altesse comprendra que je dois bien prendre mes mesures, de peur qu'il n'arrive un malheur qui perdrait mon armée et la ville de Turin en même temps, et par suite terminerait la guerre d'Italie. Je me suis tellement pressé jusqu'ici, qu'un grand nombre de mes soldats tombent malades par suite des chaleurs et de la marche.

Le retranchement de Stradella est rasé ; mais, d'après les derniers avis, l'ennemi doit travailler à un autre retranchement entre Alexandrie et Tortone ; et s'il s'y plaçait avec toutes ses forces, ce serait un obstacle difficile à surmonter. . . . .
. , ...

Le corps du général Wetzel est en mouvement ; quelques régimens hessois sont arrivés à Vérone, et les autres seront arrivés pour le 20 du mois. . . . . Si ce corps s'avance vers le bas Oglio, ou même plus avant, j'espère que l'ennemi sera assez occupé pour ne pas trop me gêner dans mes opérations.

Le comte Daun doit épargner la poudre, et en conserver suffisamment pour soutenir deux assauts. Si les ennemis abandonnent le Piémont (haut), son altesse peut revenir sur le Pô, et trouver une occasion favorable pour jeter de la poudre dans la ville ; on pourra y destiner tout ce qu'il y en a dans le pays abandonné par l'ennemi.

76.

M. DE CHAMILLART A M. DE LA FEUILLADE.

Du 13 août 1706.

(Il trouve que l'on n'emploie pas assez d'artillerie pour ruiner les défenses.)

. . . . . Je vois par expérience que nos ennemis, en quatre ou cinq

jours, ouvrent les places que l'on croit les meilleures. J'appréhende
qu'il ne vous revienne trop tôt que ce que je vous dis est vrai : nos canonniers sont mal habiles, et nos officiers d'artillerie se font présentement un mérite de faire durer long-temps un siége. Ceux des ennemis
tirent avec une justesse incroyable; il n'y a point de muraille qui ne
soit entièrement bouleversée en deux fois vingt-quatre heures, par la
grande quantité d'artillerie qu'ils emploient et qui tire jour et nuit sans
discontinuer. Il paraît, par vos dernières lettres et celles des ingénieurs,
que vous avez peu à craindre présentement de l'effet des mines . . .

<hr>

77.

LE COMTE DAUN AU DUC DE SAVOIE.

(Traduite de l'allemand.)

13 août.

Les ennemis travaillent sans interruption à leurs batteries sur la
contrescarpe : quatre embrasures sont achevées; les autres peuvent
l'être aujourd'hui ou demain. Ils pourront battre en brèche en même
temps la demi-lune, presque la moitié de la face des bastions et le
deuxième flanc de la courtine.

Votre altesse sait trop bien combien de temps il faut pour ouvrir
une brèche; celles-ci sont encore plus faciles à pratiquer qu'à l'ordinaire, parce que les contre-gardes sont en mauvaise terre, et le mur
de la citadelle peu solide.

D'après l'état[1] que je vous envoie de ce qui me reste de poudre, vous
pouvez calculer le temps que je puis encore me défendre. Je tiendrai certainement jusqu'à la dernière extrémité, dans l'espérance que le prince
Eugène arrivera encore à temps. Je ne puis pas assigner précisément le
terme de la défense, parce que je ne sais comment l'ennemi s'y prendra. Je ne consomme que la quantité de poudre à peine nécessaire,

____

[1] Cette quantité de poudre est de 4,711 rubbi. (Note du texte de la lettre.)

devant en conserver mille rubbi pour un assaut, et autant en réserve pour un second assaut ou pour un autre accident.

Si, malgré ma résolution de me défendre jusqu'à l'extrémité, Votre Altesse royale pense qu'il est de son intérêt que je fasse moi-même des propositions deux ou trois jours plus tôt, afin d'obtenir une capitulation honorable, elle doit me faire connaître là-dessus ses intentions.

La désertion ne discontinue pas, parce que les soldats craignent d'être faits prisonniers. Si Votre Altesse royale pouvait nous faire tenir plus souvent des nouvelles de sa position, cela encouragerait nos soldats. L'ennemi a fait passer de nouvelles troupes sur la montagne, sur laquelle il a élevé une ligne de retranchemens flanqués de redoutes.

Du 14.

Rien de nouveau aujourd'hui, si ce n'est que l'ennemi travaille sans discontinuer à l'achèvement de ses batteries, où l'on a aperçu ce matin deux nouvelles embrasures. La nuit passée, on a entendu distinctement conduire des canons. Je crois que le feu commencera demain. A une heure après midi, les ennemis ont commencé à faire feu avec 4 pièces contre la demi-face du bastion Saint-Maurice; je les ferais taire facilement, si les motifs connus de Votre Altesse ne m'empêchaient pas de riposter.

78.

M. DESGRIGNY [1] A M. DE CHAMILLART.

Du 14 août.

Vous me demandez si les ingénieurs et mineurs ne sont pas d'une parfaite intelligence, et ce que je pense de l'issue du siége. Il ne m'a pas paru de mésintelligence entre les ingénieurs et les mineurs; ce n'a pas été tout-à-fait de même entre M. le duc et les ingénieurs, que j'ai vus souvent de sentimens opposés. M. le duc de la Feuillade a toujours

---

[1] Intendant de l'armée.

31

condamné la proposition d'attaquer la ville en même temps que la citadelle par le côté du vallon. Quant à moi, je crois qu'il fallait s'assurer
de la ville avant de songer aux autres entreprises; notre cavalerie aurait suffi pour suivre le duc de Savoie........ .... Le duc de
la Feuillade, depuis son retour, a fait occuper les hauteurs, et tient par
ce moyen la ville investie : c'est le parti qu'il avait si bien pris avant la
course qu'il vient de faire. Il serait à souhaiter qu'on eût toujours gardé
ces postes ; les ennemis auraient été privés de quelques secours de poudre qu'ils ont reçus, ainsi que d'un nombre de mineurs et canonniers
qui sont entrés dans la place.

Il faut demeurer d'accord, sans aucune fade complaisance, que
M. le duc de la Feuillade a les grandes parties d'un général : c'est un des
hommes de France qui ont le plus de courage et d'esprit; il est infati-
gable et noble dans ses manières; il serait accompli, s'il s'en tenait à
ses premières vues, car personne n'imagine mieux que lui d'abord : sa
grande vivacité et l'envie qu'il a toujours de mieux faire le portent à
changer un peu trop souvent; cela fatigue et fait crier les troupes.
Comme il n'est pas encore entièrement au fait des menus détails, il lui arrive souvent de demander vingt choses à-la-fois, plus difficiles l'une que
l'autre, sans égard aux représentations, en vous fermant la bouche par
un ton élevé. Quelque peine que cela me fasse, en mon particulier, je
ne m'en plains pas ; car je connais son bon cœur, incapable de desser-
vir personne; il répare d'ailleurs ses vivacités par tant de manières
honnêtes ; mon respectueux attachement pour vous et pour lui m'y engage, joint à ce que le service du roi l'exige..................

Il m'ordonna, il y a deux jours, de remplacer sous Turin le pont qui
y était et que j'ai envoyé au bas Pô par les ordres de M. le duc d'Orléans, au nombre de 83 bateaux avec leurs agrès : ceci sera exécuté, et
j'aurai aujourd'hui un autre pont dans le même endroit.

Il avait souhaité que tous les malades et blessés restassent au camp;
la conjoncture présente nous oblige à les envoyer ailleurs : j'y travaille
aujourd'hui, et j'espère qu'avant huit ou dix jours il ne restera pas un
malade ni un blessé, de près de cinq mille.

79.

M. TARDIF A M. DE CHAMILLART.

Du 14 août 1706.

Je m'étais attendu de vous apprendre que nos batteries auraient commencé de ruiner les ouvrages ; mais elles ne sont pas encore achevées. Il est étonnant qu'ayant remis, il y a plus de sept jours, à MM. de l'artillerie, les boyaux pour les faire, ils ne les aient pas encore mises en état de tirer. M. de la Feuillade en est au désespoir ; et il me semble que si elles étaient faites aux frais du roi, on y apporterait plus de précaution et Sa Majesté serait mieux servie. Celles qu'on a précédemment faites ne l'ont pas été avec plus de diligence ; et l'on peut dire que cela a été un retardement bien préjudiciable au siége, qui est dans une telle disposition que, si l'artillerie faisait son devoir, cette affaire se terminerait avant ce mois.

80.

M. D'HOUVILLE A M. DE CHAMILLART.

Même date.

Les fourneaux des ennemis sont d'un médiocre effet : ils en ont fait jouer deux aujourd'hui sous deux batteries que j'ai fait faire ; ils ne m'ont dérangé, à la droite, qu'une pièce, et crevassé les terres à l'une et à l'autre, chose qui peut se réparer dans la nuit. Ces deux batteries battront, par les échappées des épaules des contre-gardes et de la demi-lune, celles des bastions par le pied, dont je vois au moins quinze toises ; je travaille à deux autres de cinq pièces, qui verront parfaitement les deux faces de la demi-lune, et battront de manière à la mettre promptement en brèche. Mais l'ouvrage le plus pressé, ce sont nos descentes de fossé ; j'espère que MM. les ingénieurs n'y perdront aucun temps , et que tout ira bien.

J'ai été d'une si grande économie sur le fait de nos munitions, que

31.

cela a fait dire à beaucoup de gens que l'artillerie était fort mal servie ; elle ne l'est jamais si bien que lorsque l'on empêche de tirer mal à propos. La longueur de ce siége me faisait appréhender de manquer de munitions : jusqu'à présent, il n'a pas manqué un clou ; j'espère que cela se soutiendra jusqu'à la fin.

81.

LE COMTE DAUN AU PRINCE EUGÈNE.

(Traduite de l'allemand.)

Turin, 14 août 1706.

L'ennemi a commencé aujourd'hui, à onze heures, à tirer de quelques pièces de sa batterie de brèche contre la citadelle, et il tirera certainement demain de toute la batterie, avec laquelle il peut battre non-seulement les contre-gardes et la demi-lune, mais encore la moitié des faces et le deuxième flanc de courtine des bastions Amédée et Saint-Maurice, ce à quoi je ne puis m'opposer, parce que je dois réserver des poudres pour la dernière extrémité, pour la défense des brèches et pour gagner le plus de temps possible. Je puis néanmoins assurer Votre Grandeur, non-seulement que je soutiendrai l'assaut, mais encore que je pousserai la défense jusqu'à l'extrémité.

82.

LE PRINCE EUGÈNE AU COMTE DAUN.

(Traduite de l'allemand.)

Cadé, cinq milles de Plaisance, le 20 août 1706.

. . . .

.. .. Je me réjouis aussi pour mon propre compte de votre admirable défense et de la gloire immortelle que vous avez acquise........... Je vais continuer ma marche sans aucun retard, afin d'arriver à temps pour votre délivrance. Que Votre Excellence en reçoive de moi l'assurance, et qu'elle la transmette en mon nom à la garnison assemblée, en lui montrant le présent écrit pour relever son courage et l'exciter à une courageuse résistance; elle n'a d'autre parti à prendre que de se défendre jusqu'à la dernière extrémité et jusqu'au dernier homme; car je marche jour et nuit à son secours avec toute mon armée, et il serait dommage qu'une garnison si valeureuse, et qui, par tant de preuves de bravoure et de fermeté, a acquis dans tout l'univers une gloire immortelle, tombât entre les mains de l'ennemi.

Pour conclusion, Votre Excellence peut être assurée de l'arrivée des secours et d'une prochaine délivrance; elle aura lieu, quoi qu'il en puisse coûter.

83.

LE PRINCE EUGÈNE AU DUC DE SAVOIE.

(Traduite de l'allemand.)

Du camp de Cadé, 20 août 1706.

. . . .

Je suis d'avis qu'il soit ordonné au comte Daun de se défendre jusqu'à la dernière extrémité, parce que j'espère pouvoir arriver à temps. Quand cela ne serait pas, le comte Daun obtiendrait toujours la même capitulation que s'il avait encore une coupure à défendre, car je ne doute pas que l'ennemi ne prenne mon approche en considération. Dans le cas, qui n'aura pas lieu, j'espère, où Turin serait obligé de capituler, l'ennemi ne pourrait pas s'y maintenir, en raison de l'arrivée de mon armée dans le voisinage. J'aurais voulu vous envoyer le détachement de quelques mille hommes que vous me demandez; mais pour que son secours fût efficace, il faudrait qu'il fût au moins de 10,000 hommes, et alors je prie Votre Grandeur de considérer que je ne pourrais plus faire tête à l'ennemi. Si j'eusse voulu me faire joindre par les Hessois, il m'aurait fallu les attendre pendant trois ou quatre semaines, au lieu que leurs dernières troupes pourront agir dans deux jours. C'est par ce motif que j'ai jugé d'autant plus convenable de les employer à faire diversion.

84.

M. LORRIÈRES D'ASTIER A M. DE CHAMILLART.

Du 21 août 1706.

Le plan ci-joint vous fera voir l'état de notre siége jusqu'à ce jour; il va en vérité très-lentement.............. Les ennemis se défendent mal, pour ne pas dire point du tout; avec cela nous avons été quinze jours à nous établir sur le chemin couvert, où nous n'avons encore nulle descente de fossé pour la demi-lune : elles seront peut-être commencées aujourd'hui; les six pour les contre-gardes sont presque finies. Nous avons eu tout le temps de chercher leurs mines au chemin couvert de la demi-lune; cependant il n'y a aucun mineur qui travaille pour cela, ce qui fait que je ne doute nullement qu'ils ne fassent sauter notre canon, ayant leurs galeries dessous................. Il y a aussi de la faute de l'artillerie, qui est très-paresseuse. M. le duc de la Feuillade a beaucoup grondé le général, avec bien de la justice; pour moi, je n'ai pas cru qu'elle fît mieux à ce siége qu'aux précédens.

85.

M. DE LA FEUILLADE A M. DE CHAMILLART.

Même date.

M. d'Houville fut blessé hier à mort. Je serais certainement incapable de me réjouir de la mort de mon plus grand ennemi; mais, dans une occasion aussi essentielle pour le service du roi, il m'est permis de me consoler aisément, puisque Turin en sera plus tôt pris. Quand j'aurai le plaisir de vous voir, je vous en dirai davantage. M. de Chantelou a

servi en chef les années précédentes, et vous devez le connaître
par tout le bien que je vous en ai dit; d'ailleurs il se trouve ici le plus
ancien, et n'est venu au siége que par attachement pour moi.......
...........Je vous demande en grâce qu'il puisse être en chef,
sans avoir à répondre au sieur Salières, qui est son ancien en Lombardie.........................

86.

M. TARDIF A M. DE CHAMILLART.

Du 24 août 1706.

Les batteries, particulièrement celles qui battent la demi-lune, n'ont
pas eu assez de plongée, ce qui a empêché qu'elles fissent une brèche praticable. M. le duc de la Feuillade a ordonné cette nuit qu'on les
raccommodât et même qu'on en relevât les plates-formes. Nous brûlerons
cette nuit les palissades qui sont dans le fossé des contre-gardes : il n'y a
que la coupure qu'ont les ennemis au milieu de la citadelle qui puisse
les engager à souffrir que nous nous logions sur les brèches du corps de
place.

87.

M. LE DUC DE LA FEUILLADE A M. DE CHAMILLART.

Du 27 août 1706.

Nous nous sommes logés cette nuit sur les contre-gardes, et nous
avons eu le malheur d'être chassés de la demi-lune, après en avoir été
les maîtres pendant quatre heures, parce que le logement en avait été
mal fait. Le pauvre Bertrand, qui en était chargé, ayant été blessé à
mort, et la plupart des officiers qui étaient dedans avec lui, ayant été
tués; nous avons perdu 250 hommes tués ou blessés. Les ennemis doivent avoir perdu considérablement; nos bombes, nos pierres et nos

ricochets ayant été servis au-delà de l'imagination; ils ont tenté deux fois de réattaquer les contre-gardes, et en ont été repoussés fort vivement.

Je suis fort affligé de rouvrir ma lettre pour vous donner la mauvaise nouvelle que les ennemis ont repris les contre-gardes, ou pour mieux dire, les capitaines de grenadiers, voyant qu'ils venaient pour les attaquer, se sont retirés dans le chemin couvert sans en avoir d'ordre : cette retraite s'est faite sans précipitation, et nous n'avons pas perdu 25 hommes tués ou blessés; les ennemis en ont perdu bien davantage par le grand feu du chemin couvert. J'arrivai trop tard pour y remédier, et je ne jugeai pas à propos de les faire réattaquer, M. le duc d'Orléans devant arriver demain, de qui je recevrai les ordres. Les batteries qui battaient les faces des bastions, que les ennemis nous ont fait sauter par leurs mines, seront rétablies dans deux jours; nous en aurons deux autres de quatre pièces pour battre la courtine. Je crois qu'il vaut mieux attendre ce temps-là, pour faire l'attaque en plein jour en toute sûreté. Il nous reste fort peu d'ingénieurs : la plus grande partie de ceux que nous avions au commencement du siége ont été tués ou blessés; il y en a plusieurs de malades; je vous supplie de vouloir bien dire à M. Lepelletier de nous en envoyer en toute diligence le plus grand nombre possible. L'infanterie du duc d'Orléans arriva le 28 à Chivas, où elle est venue de Guastalla en onze marches sans séjour.

88.

M. DE MAUROY[1] A M. DE CHAMILLART.

Du 28 août.

Le duc de la Feuillade fit attaquer la demi-lune le 26, à l'entrée de la nuit, et ordonna qu'aussitôt que les grenadiers se seraient rendus maîtres de la brèche, on attaquât en même temps les contre-gardes....

[1] Maréchal-de-camp.

Le logement de la demi-lune fut plus difficile; les ennemis firent un fort grand feu du réduit et des flancs des bastions. M. Bertrand, ingénieur, qui en conduisait le travail, fut blessé très-dangereusement en cinq ou six endroits; on soutint fort long-temps le travail sous un feu terrible qui dura plus de trois heures. Celui de nos bombes et de nos pierriers ne discontinua pas : nous perdîmes beaucoup de travailleurs, et l'épouvante s'y étant mise, ils l'abandonnèrent.

M. de la Feuillade était dans le dessein de faire attaquer la demi-lune une seconde fois; mais les ingénieurs ayant été d'avis qu'étant maîtres de deux contre-gardes, nous pouvions les soutenir sans avoir pris la demi-lune, il prit ce dernier parti et celui d'attacher le mineur à la demi-lune. Le 27, à huit heures du matin, les ennemis vinrent attaquer les deux contre-gardes; et soutenus du feu de la demi-lune, ils nous obligèrent de les abandonner, et mirent le feu aux logemens que nous y avions faits.

On travaille à réparer nos batteries du chemin couvert, et à mettre en état celles qui sont commencées dans les deux places d'armes.

89.

M. DE CHAMARANDE A M. DE CHAMILLART.

Du 3o août 1706.

..... Il est incompréhensible que l'on soit depuis vingt-cinq jours maître du chemin couvert, sans avoir fait un pas............... Si l'on avait été conduit seulement avec une médiocre capacité, on serait établi depuis le 20 sur la demi-lune et sur les contre-gardes, et tout le polygone de l'attaque serait du moins en brèche, si l'on n'en était point le maître. M. le duc de la Feuillade est bien à plaindre de n'avoir pas trouvé en cette occasion plus de capacité dans nos ingénieurs, dont il n'en reste presque plus en état de servir, ceux qui n'ont point été tués ou blessés étant tombés malades.

Le duc d'Orléans fit hier le tour de nos lignes; il a trouvé les hauteurs inattaquables. On travaille actuellement à perfectionner les endroits où nos lignes sont moins larges et moins profondes, sur lesquelles les ennemis ne peuvent prendre ni hauteur ni revers; il y a de l'apparence que S. A. R. les y attendra et continuera le siége.

90.

LE DUC D'ORLÉANS AU ROI.

Du 30 août 1706.

Depuis la prise du chemin couvert, le siége a peu avancé. . . . . . . Quand je suis arrivé (le 28), de neuf pièces de canon qu'on avait établies pour battre en brèche, il n'en restait que deux; on en mit hier deux autres en batterie, et l'on en promet pour demain quelques autres; on manque d'ingénieurs et d'officiers d'artillerie; et les maladies, la désertion et le siége ont diminué si considérablement l'infanterie, qu'on ne peut pas compter sur plus de 150 hommes par bataillon, et qu'on ne trouve plus dans ce qui reste la vivacité et la bonne volonté qui étaient dans les commencemens, et dont on aurait grand besoin. Nous tâcherons pourtant, avec du temps et avec le secours de l'infanterie que j'amène, d'assurer la prise de Turin, car je crois le secours difficile.

Du côté des montagnes, toutes les hauteurs sont si bien retranchées, que je prends le parti d'y attendre les ennemis et de les garder avec 30 bataillons.

Dans la plaine entre la Doire et le Pô, quoique les retranchemens ne soient pas aussi bons, on travaille à les rendre meilleurs, et les ennemis ne pouvant pas en même temps nous donner jalousie par la montagne et par ce côté, il sera facile d'y porter beaucoup de troupes.

Le pays entre la Doire et la Sture est si étroit, qu'ils ne peuvent pas y venir avec toute leur armée, ni même y faire passer un corps qui secoure la place.

S'ils viennent à Montcallier, qui est le seul endroit du côté du Pô d'un accès facile, et qu'ils se mettent à portée de pouvoir être attaqués,

je suis persuadé que le parti le plus sûr est de leur donner un combat,
et qu'on peut aller à eux, sans interrompre le siége; au hasard
pourtant, lorsque l'on aura dégarni tous les postes, qu'ils n'introduisent
un secours dans la place.

. . . . Ils font faire du pain à Pignerol, comme s'ils n'avaient
dessein que de nous couper la communication de Suze.

Nous avons pourvu aux subsistances de nos troupes, au cas que les
ennemis prennent ce parti; et n'y ayant de farines ici que pour jusqu'au 9, nous avons pris des mesures pour en faire venir du Milanais.

91.

M. LE MARÉCHAL DE MARCIN A M. DE CHAMILLART.

Du 3o août 1706.

. . . . . Le pauvre M. Tardif, qui conduit ce siége, et que je connais
de longue main, ayant servi sous moi, est bon et brave homme; mais
il n'est pas suffisant pour une telle entreprise, et il est bien plus
chargé qu'il ne peut porter, sans compter qu'il n'y a pas d'union entre
lui et les ingénieurs qui doivent servir sous lui. . . . . . . On est à-peu-
près dans la même situation à l'égard des officiers d'artillerie. M. le
duc de la Feuillade n'était pas satisfait de M. d'Houville, qui en était le
chef, et qui a été tué il y a quelques jours; le sieur de Chantelou,
qui lui avait succédé, et dont il paraissait plus content, fut trouvé hier
matin, dans son lit, mort d'apoplexie; le chevalier de Saint-Périer, qui
est présentement à sa place, est un fort bon sujet, mais le voilà resté
seul. . . . . . . (Il parle ensuite du parti à prendre à l'égard des lignes.)

Quelque envie qu'on puisse avoir de combattre, on n'est jamais
assuré d'y pouvoir contraindre les ennemis. . . . . . . Cette démarche
ne peut être faite qu'avec des forces suffisantes pour y réussir,
qu'on ne peut assembler sans dégarnir la meilleure partie des postes
de la circonvallation, et par-là donner moyen aux ennemis de jeter
du secours dans la place.

3₂

D'un autre côté, si l'on reste dans les lignes, quoiqu'elles soient séparées par des ponts et qu'elles ne soient pas également bonnes par-tout,
avec le soin que l'on prendra de les perfectionner, j'ai trop bonne
opinion de notre infanterie pour croire que les ennemis nous y forcent;
je doute même qu'ils osent nous y attaquer; ce qui n'empêche pas
qu'ils ne puissent nous donner de grandes incommodités pour les
subsistances. . . . .

92.

LE DUC D'ORLÉANS AU ROI.

Le 31 août 1706, à cinq heures de l'après-midi.

Il rend compte que le duc de la Feuillade a souhaité faire attaquer
ce dit jour la demi-lune et les contre-gardes; que, jugeant cette attaque
aussi mûre qu'on le lui avait assuré, puisqu'elle ne se faisait qu'après
une première tentative et vingt jours après la prise du chemin couvert,
il avait fourni, pour l'entreprendre, 11 compagnies de grenadiers;
qu'elles ont attaqué et emporté la demi-lune et les contre-gardes avec
toute la valeur possible, mais qu'elles n'ont pu s'y maintenir, faute de
communications; que cette attaque prématurée fait changer le siége
de face, parce que, ne pouvant plus espérer de se rendre maître de
ces ouvrages que par les mines, l'espérance de la prise de Turin est
fort reculée. Il ajoute que les retranchemens sont assez bons pour qu'on
n'ait pas à craindre d'être forcé ou surpris; mais que si les ennemis
ne le tentaient pas, ils feraient beaucoup plus de mal en coupant la
communication avec la France et le Milanais, et faisant des courses
jusque dans le Dauphiné.

. . . . . . Le seul remède (ajoute-t-il) serait de donner un combat: il est
vrai qu'on ne peut pas s'assurer que les ennemis l'acceptent; et comme
nous ne devons aller à eux qu'en force, il y aurait à craindre que,
lorsque tous nos postes seraient dégarnis, ils ne fissent entrer un secours dans Turin. Je persiste néanmoins à croire que le moyen le

plus sûr de remédier aux extrémités dans lesquelles nous allons tomber serait un combat, au cas que les ennemis s'exposent à le recevoir.

(Au reste, les conséquences de ces deux partis sont si grandes, qu'il demande un ordre précis de S. M.)

- - - - - -

93.

LE MÊME A M. DE CHAMILLART.

Du 31 août 1706, à cinq heures de l'après-midi.

Il vient de nous arriver un second malheur, à l'attaque de la demi-lune et des contre-gardes : elles ont été emportées avec une valeur étonnante ; mais il a été impossible de s'y loger. Cette nouvelle disgrace va nous jeter dans de grandes extrémités, si nous ne les prévenons pas par quelque parti prompt. Le seul que je connaisse serait un combat ; mais comme il peut être de conséquence, soit que nous le donnions ou que nous en cherchions seulement l'occasion, je supplie le roi de m'envoyer ses ordres...........................

Je ne crois pas qu'avec les ingénieurs qui sont ici on puisse venir à bout de Turin ; ainsi vous ne sauriez envoyer trop promptement tout ce que vous avez de meilleur dans ce métier.

- - - - - -

94.

AVIS PAR ÉCRIT DES OFFICIERS GÉNÉRAUX DE L'ARMÉE.

Je crois qu'on ne peut se porter au-delà des lignes sans donner lieu à l'ennemi de secourir Turin, et qu'il n'est pas possible de songer à lui donner bataille qu'au cas qu'il passât le Sangon à Millefleurs : encore y a-t-il assez de difficultés pour n'être pas assuré de le combattre avec avantage, se trouvant formé en bataille dans le temps que vous serez obligé de sortir de votre camp par les débouchés que vous aurez faits; ainsi je crois qu'il convient de rester dans nos lignes.

Signé CHAMARANDE.

Je suis du même avis que M. de Chamarande.

Signé le duc DE LA FEUILLADE.

L'armée du roi étant composée de 108 escadrons et de 97 bataillons, il me paraît que 100 escadrons ensemble pourraient observer les ennemis avec 9 bataillons, à la portée du siége et des lignes, et 88 bataillons et 8 escadrons continuer le siége, et garder les avenues les plus exposées au secours et du côté où l'armée ne serait pas [1].

Signé ALBERGOTTI.

Si l'on veut continuer le siége et garder la montagne au-dessus des Capucins, difficilement pourra-t-on marcher aux ennemis et les combattre avantageusement; si l'on abandonne le côté au-delà du Pô, les ennemis auront moyen de jeter du secours dans Turin et de rendre cette place en état de se défendre encore long-temps.

1er Septembre.

Signé SAINT-FRÉMOND.

L'avis de milord GALMOY est d'attendre les ennemis dans les lignes.

M. DE VIBRAYE dit que son sentiment est d'attendre les ennemis dans les lignes, attendu qu'étant obligé de laisser des troupes pour garder la montagne et la tranchée, on ne pourrait aller aux ennemis qu'avec désavantage.

D'ARÈNES pense de même.

Mon avis est que si les ennemis, ayant passé la............. et le Sangon, se trouvent entre Benasco et........., on sorte des lignes et on aille au-devant d'eux; en ce cas, peu de troupes suffisent pour la montagne, et les lignes d'en bas seront couvertes de l'armée.

Signé ESTAING.

---

[1] Les chiffres qui concernent le nombre des bataillons ont été surchargés dans la minute, et l'on peut lire aussi que 39 ou 40 *bataillons* doivent aller observer les ennemis (avec les 100 escadrons), et que 58 ou 57 *bataillons* doivent rester au siége. (*Note de l'éditeur.*)

Voulant prendre Turin, je suis persuadé qu'on ne doit point hasarder la bataille, à moins que l'ennemi ne s'établît entre ci et Casal, ou que les ennemis ne nous ôtassent la subsistance.

Signé DE S. MURSAY.

95.

M. TARDIF A M. DE CHAMILLART.

1ᵉʳ septembre 1706.

M. le duc de la Feuillade avait jugé à propos de faire attaquer la demi-lune, où il y avait des brèches que le canon, quoiqu'il eût tiré long-temps, n'avait pu rendre encore bien accessibles; on s'y était presque logé, ainsi que sur les contre-gardes, où nous étions très-bien établis: mais tout cela a été repris, savoir, la demi-lune par les grands feux d'artifice qu'ils ont jetés, et les contre-gardes, parce qu'il est resté si peu de grenadiers pour la garde de ces logemens, que le point du jour venant ils ont été forcés; on l'a tenté encore une seconde fois, mais en vain, voulant éviter d'y aller par mine, ce qui aurait été extrêmement long et ce que nous sommes obligés de faire. Je suis extrêmement mortifié, Monseigneur, de ce que cela n'ait pas réussi; mais nous avons été si peu aidés de notre canon, qui a laissé les défenses presque entières, que cela a beaucoup contribué à la perte de ces ouvrages, auxquels il faut de nécessité aller pied à pied en assurant nos batteries contre les fourneaux : elles devaient, placées comme elles sont, mettre presque toute la courtine en brèche, ainsi que la moitié des faces des bastions, du côté de l'épaule, ce qui devrait suffire pour nous mettre en état de finir cette grande entreprise.

96.

M. LORRIERES D'ASTIER A M. DE CHAMILLART.

Même date.

Pour la seconde fois, hier à deux heures après midi, nous atta
quâmes la demi-lune et les deux contre-gardes. J'étais chargé de la demi-
lune, qui était encore plus impraticable que la première fois; deux compagnies de grenadiers de Piémont et une irlandaise, pendant que celle
de Vendôme marcha à la traverse du fossé pour en chasser les ennemis,
marchèrent fort vigoureusement à la brèche, se jetèrent dans la demi-
lune et chassèrent les ennemis des traverses qui sont au bout des faces;
mais le canon à cartouches de la courtine et le feu d'un très-bon réduit
avec bon fossé bien revêtu, incommodèrent fort nos grenadiers.
Nous suivîmes avec les travailleurs par un chemin très-difficile dans
le fossé, que nous passâmes, malgré le canon à cartouches, et mon-
tâmes avec peine sur l'angle, où nous fûmes demi-heure à travailler, et
n'en descendîmes qu'après que nos grenadiers, malgré nos remon-
trances, eurent retourné dans les boyaux, fort affaiblis, et tous les
officiers tués ou blessés. M. le chevalier de Maulévrier, maréchal-de-
camp du jour, ayant monté avec nous l'épée à la main, me pria
d'aller rendre compte à M. de la Feuillade de ce qui s'était passé :
l'ayant d'abord rencontré, j'eus l'honneur de l'informer de tout; de
quoi il fut fort affligé, et m'ordonna d'aller à la contre-garde de la droite
pour tâcher de la soutenir. Après y avoir demeuré une demi-heure,
nos gens ayant plié, ainsi qu'à la gauche, nous fûmes forcés de les
abandonner toutes deux. Dans le même temps, les ennemis firent jouer
une mine très-considérable sous la place d'armes droite, qui incommoda fort deux compagnies de grenadiers; même chose arrivera à la
place d'armes gauche, si l'on n'y remédie par des puits.

M. le duc de la Feuillade, pénétré de douleur par deux pertes assez
considérables causées par la pure faute de M. Tardif, le gronda beaucoup et lui reprocha tous ces manquemens, et en même temps lui
ordonna de ne plus se mêler du siége. S. A. R. le duc d'Orléans m'en

chargeant et lui aussi, une heure après je le suppliai de laisser toujours agir M. Tardif, et que je ferais le détail sous lui, M. de Villars
ayant une contusion et d'ailleurs la fièvre, l'assurant que je lui dirais
les choses naturellement et qu'il verrait une manœuvre différente. Enfin
nous commençons aujourd'hui ce qui devait être fait depuis quarante
jours, si notre siége avait été conduit avec un peu de capacité.

.... Nous allons travailler à réparer le mal qui a été fait; et
comme le prince Eugène n'est pas en état, à ce qu'on assure, de nous
inquiéter, jespère que nous forcerons Turin à se rendre.

97.

DU ROI AU DUC D'ORLÉANS.

Du 6 septembre 1706.

Mon neveu, la lettre que j'ai reçue de vous, commencée le 3o du
mois passé et finie le 31, me fait connaître la situation embarrassante
dans laquelle vous vous trouvez par l'état du siége, le peu d'espérance
de prendre Turin aussi promptement que vous aviez lieu de le croire,
et le voisinage de l'armée ennemie à portée de vous attaquer dans vos
retranchemens ou d'entreprendre ailleurs tout ce qu'elle voudra; vous
me demandez des ordres sur ce que vous devez faire, et me représentez
en même temps que vous croyez que le seul remède pour prévenir
les maux dont vous êtes menacé si vous continuez le siége, serait de
donner un combat. Quoique je sois persuadé comme vous que l'événement en pourrait être heureux, j'ai cru néanmoins que, dans la
situation des affaires générales, il serait plus prudent de ne s'y pas
commettre sans y être absolument forcé; et il m'a paru que le seul bon
parti à prendre et le plus sage serait de vous donner une armée
composée de celle que vous avez amenée de Lombardie et de ce que vous
croiriez devoir prendre de celle de Piémont, vous rendre de beaucoup
supérieur aux ennemis, les tenir d'assez près pour qu'ils soient dans
la nécessité de se séparer faute de subsistances et dans un pays qui en

33

produit peu, n'ayant point de magasins; prendre tous les avantages que vous pourrez sur eux sans vous commettre, et songer uniquement à conserver ce qui me reste d'infanterie et empêcher les ennemis de prendre aucun établissement dans les terres de la domination d'Espagne qui ont été jusqu'à présent occupées par nos troupes. En prenant ce parti, qui me paraît forcé, il n'est pas possible de continuer le siége de Turin : je pourrais dès à présent vous donner un ordre positif de le lever, si je croyais que vous en eussiez besoin; ce que je vous mande vous autorise suffisamment pour faire ce que vous croirez le plus convenable au bien de mon service; et si vous levez le siége, comme je n'ai pas lieu d'en douter, vous prendrez des mesures pour retirer avec une entière sûreté les vivres, l'artillerie et les munitions; vous les ferez transporter à Pavie ou dans telle autre place que vous voudrez choisir, dans laquelle vous les croirez en sûreté, et ferez en sorte qu'il ne paraisse aucune précipitation dans les mouvemens qui se feront, et qu'ils ne ressemblent point à une déroute. Pour ce qui regarde le reste de votre campagne, c'est à vous à la conduire le mieux que vous pourrez, en prenant conseil du maréchal de Marcin et de ceux qui ont le plus de connaissance du pays où vous êtes, pour y avoir fait la guerre depuis long-temps. Et la présente n'étant etc.

98.

M. DE CHAMILLART A M. DE LA FEUILLADE.

Du 6 septembre 1706.

C'est tout dire, mon cher gendre, en comparant votre état au mien. Vous êtes bien à plaindre et encore plus malheureux de n'avoir pas été mieux secondé dans l'entreprise importante dont vous vous êtes chargé : il est bien tard pour vous rappeler les commencemens du siége de Turin; mais si dès ce temps vous aviez fait attention à mes lettres, vous auriez bien connu que le siége n'allait pas aussi vîte qu'il devait aller, et vous m'en auriez mandé les raisons; je me serais em-

ployé pour y remédier. Ce qui vient de se passer à l'attaque du 31,
le peu d'infanterie qui nous reste, l'armée des ennemis à portée de vous
attaquer, ou du moins, si Mgr le duc d'Orléans se fortifie et se retranche
de manière à ne le pouvoir être, en état de prendre tel parti qu'elle
voudra, même d'entrer dans le Milanais sans que rien puisse l'empêcher
d'y prendre des établissemens, la perte certaine du reste de l'infanterie
de l'armée de Mgr le duc d'Orléans, si vous continuez le siége : tous ces
différens objets, qui ont fait les réflexions de S. M., l'ont enfin déterminée à mander à Mgr le duc d'Orléans que, tout bien pesé, elle était
persuadée que le parti le plus prudent était celui de lever le siége, de
se donner une armée dont la supériorité en imposât à celle des ennemis, les empêchât de rien entreprendre, et de prendre des mesures pour retirer sans précipitation les vivres, l'artillerie, les munitions et les mettre à Pavie ou ailleurs, dans un dépôt assuré, en attendant une occasion plus favorable pour s'en servir. C'est dans de pareilles
occasions qu'il faut se sacrifier pour l'intérêt de l'état. Votre gloire en
souffrira ; vos envieux triompheront ; les ennemis de mon poste plus
que de ma personne me chargeront autant qu'ils pourront : je serai
sensible à votre douleur, affligé de la peine du roi et des suites fâcheuses
que cette résolution peut avoir sur les affaires d'Italie : mais, n'ayant
rien à me reprocher personnellement, je me saurai soutenir en me
résignant à la providence, comme j'ai fait dans toutes les tribulations
qui me sont arrivées depuis que je suis en place. Heureux ceux qui n'y
sont pas et qui ne les ont jamais connues ! Faites voir, mon cher gendre,
dans tout ce qui se va faire contre vous, que vous êtes encore plus
grand dans l'adversité que dans la prospérité : s'il ne tenait qu'à donner
mon sang pour vous épargner une partie de votre juste douleur, je le
prodiguerais de bon cœur.

33.

99.

Mgr LE DUC D'ORLÉANS AU ROI.

Du camp devant Turin, 6 septembre 1706.

J'ai l'honneur de répéter à Votre Majesté ce que j'ai déjà eu l'honneur de lui mander, qui est que le siége de Turin ne va point, faute d'ingénieurs et d'artilleurs, et que je ne connais d'autre remède à tout cela qu'un combat, qu'on ne peut pas douter de gagner par la supériorité des troupes en valeur et en nombre. Mais ces messieurs, que, par leurs lumières et leur expérience, je dois beaucoup plus croire que moi-même, y trouvent tant d'inconvéniens, et si importans, qu'il ne convient pas, dans mon noviciat de commandement, de prendre sur mon avis seul une chose de cette conséquence. Je m'en rapporte donc, Sire, à eux, aussi bien que des inconvéniens qui se trouvent dans l'un et dans l'autre parti; et si nous étions assez heureux pour que les ennemis nous attaquassent, ce que je n'ose espérer ni craindre, je tâcherais seulement de ne pas donner, de ma personne, de mauvais exemples aux troupes de Votre Majesté.

Je suis, avec un très-profond respect,

Sire,

De Votre Majesté,

Le très-humble et très-obéissant sujet et serviteur,

PHILIPPE D'ORLÉANS.

100.

Mgr LE DUC D'ORLÉANS A M. DE CHAMILLART.

Pignerol, le 8 septembre 1706.

Il vient de nous arriver un malheur, Monsieur, qui a été bien prévu. J'ai cette consolation, quoique très-faible, qu'il est public qu'on l'aurait évité, si l'on avait suivi mes avis. J'ai proposé de le prévenir, en allant attendre les ennemis aux Stradelles ou au Tanaro, et vous avez pu voir, par la lettre interceptée du prince Eugène à M. le duc de Savoie [1], que s'il nous y avait su en force, il n'aurait pas tenté de pénétrer. En dernier lieu, lorsque les ennemis ont passé le Pô, j'ai proposé de leur donner un combat; et enfin, lorsque nous avons eu avis qu'ils passaient la Doire, j'ai voulu lever tous nos quartiers pour les aller attaquer avec toutes nos troupes, ou garnir les retranchemens avec toutes nos troupes, de manière qu'ils n'y pussent pas mordre. Je fus piqué de la résistance que je trouvai sur cela dans M. le maréchal, et je l'assurai que vous étiez si vertueux, que, si je vous avais dit mes raisons comme à lui, vous auriez conseillé à M. le duc de la Feuillade de lever les quartiers. Je n'entrerai dans aucun détail avec vous sur cette question, parce que je crains la fièvre, et que je vous enverrai incessamment Nancré, qui vous expliquera tout, etc.

101.

LE MÊME AU ROI.

Pignerol, le 8 septembre 1706.

Je dépêche un courrier à Votre Majesté pour lui donner avis que les ennemis ont secouru Turin. Ils attaquèrent hier, à dix heures du matin, les lignes entre la Doire et la Sture; elles étaient telles qu'on les avait pu faire en vingt-quatre heures, car il n'y en avait pas lorsque j'arrivai à l'armée. Comme nous ne pûmes mettre derrière qu'une ligne d'infanterie, parce que l'on n'avait pas jugé à propos, la veille, de dégarnir les postes de la montagne comme je l'avais souhaité, ils les forcèrent dans le centre, et séparèrent la ligne en deux. Le bon exemple ne put rien faire sur l'infanterie, qui plia, et encore moins sur une partie de la cavalerie qui la soutenait. M. le maréchal de Marcin fut blessé à mort vers le milieu de l'action. J'avais reçu, au commencement, un coup à

[1] Lettre n° 75, du 10 août.

la hanche, que je dissimulai ; vers la fin, un second au bras gauche, qui me mit hors de combat et m'obligea de m'aller faire panser.

En quittant, je laissai mes ordres à Saint-Frémont pour retirer les troupes, et passai le Pô dans ma chaise, avec une escorte d'infanterie et de cavalerie, pour aller à Asti nous assurer le chemin d'Alexandrie ; mais ayant su que les ennemis occupaient Montcallier et Quiers, je vins ici, où j'attends des nouvelles de Saint-Frémont et d'Albergotti, pour les joindre d'abord que je pourrai monter à cheval, ou souffrir la chaise avec moins de douleur, ce que j'espère sous peu de jours......

Je suis bien malheureux que, dans la seule chose que Votre Majesté m'a fait l'honneur de me confier, mes avis aient été si peu suivis. Lorsque les ennemis eurent passé le Pô, je voulus marcher à eux avec toutes nos troupes ; et quoique ce parti fût comme sûr, on ne voulut jamais s'y rendre. Depuis que nous avons eu avis qu'ils passaient la Doire, j'ai voulu avec tant d'opiniâtreté qu'on dégarnît les hauteurs pour donner un combat aux ennemis, entre la Doire et la Sture, avec toutes nos forces, ou mettre nos retranchemens en sûreté contre tous leurs efforts, que M. le maréchal de Marcin fut obligé de me dire, pour m'en empêcher, que je n'avais pas le pouvoir de lever les troupes du siége, et qu'il fallait attendre les ordres de Votre Majesté ; et j'en témoignai sur-le-champ ma douleur à Votre Majesté par une lettre qu'il se chargea lui-même avant-hier de lui envoyer par un courrier qu'il voulait dépêcher. Je suis bien affligé que l'événement ait fait voir que j'aurais mieux fait de moins déférer au conseil d'autrui.

Je suis, avec un profond respect,

Sire,

De Votre Majesté,

Le très-humble et très-obéissant sujet et serviteur,

PHILIPPE D'ORLÉANS.

102.

M. LE MARÉCHAL DE MARCIN AU ROI.

Du 8 septembre 1706.

Sire,

Je profite des derniers momens de ma vie, que j'ai employée jusqu'à la fin au service de Votre Majesté, pour la supplier très-humblement d'avoir la bonté de faire attention à la prière que M. de Chamillart lui fera de ma part et pour le repos de ma conscience, en faveur des créanciers qui m'ont aidé à faire cette campagne et la précédente. J'ose espérer, Sire, que Votre Majesté aura la bonté de m'accorder cette dernière grâce, après m'en avoir fait tant d'autres pendant ma vie. Je vais mourir comme j'ai vécu, avec le plus profond respect et tous les sentimens que peut avoir,

Sire,

De Votre Majesté,

Le plus humble, le plus obéissant et le plus fidèle sujet.

Signé MARCIN.

103.

M. DUQUESNAY[1] A M. DE CHAMILLART.

Turin, du 9 septembre.

J'ai l'honneur de vous envoyer la lettre[2] que feu M. le maréchal de Marcin me dicta la pénultième nuit, deux heures avant de mourir. Je vous assure que ce sont ses sentimens et ses propres paroles. Vous avez su qu'il fut blessé d'un coup de mousquet au travers du corps, au malheureux combat d'avant-hier, en animant les troupes du roi, et en les maintenant sur les retranchemens, qui ne furent forcés qu'après qu'il

---

[1] Secrétaire de M. de Marcin. — [2] Celle qui précède (102).

eut été emporté; son cheval avait déjà eu un coup de mousquet. Quand je lui témoignai ma douleur de ce qu'il avait mis sa personne dans un danger si évident, il m'a dit qu'il l'avait cru nécessaire, et qu'en effet, tant qu'il y avait été, les troupes s'étaient maintenues sans perdre de terrain. Je ne dois pas vous dire, Monseigneur, que le roi perd un sujet tout à sa Majesté, sans retour d'aucune vue sur lui-même; vous le savez mieux que moi. Il m'a honoré de sa confiance pendant sa santé, et me l'a continuée jusqu'au dernier soupir, qu'il a rendu en héros chrétien. Je suis chargé d'exécuter ses volontés, pour quoi il m'a dit d'avoir recours, s'il est besoin, à la justice et à la bonté du roi : elles consistent en partie à distribuer tout son équipage, même sa vaisselle, à ses domestiques, qu'il a appelés ses premiers créanciers; cette distribution faite de son vivant doit être exécutée, même dans le cours de la justice judiciaire. Il a eu la bonté de me recommander à vous, Monseigneur, en particulier, pour ce qui pourra m'être encore dû.

104.

M. DE FRÉMONT [1] A M. DE CHAMILLART.

Pignerol, 10 septembre 1706.

. . . . Le 7, à la petite pointe du jour, je fus reconnaître les ennemis qui décampaient de la Vénerie, et qui se disposaient pour venir à nous; j'en envoyai donner avis à M. le maréchal de Marcin, qui n'était pas du tout persuadé que les ennemis osassent nous attaquer entre la Doire Suzine et la Sture, ce qui fut cause qu'on ne mit pas assez d'infanterie pour garder le nouveau retranchement, qui n'était pas même achevé entre la Doire et la Sture, où les impériaux, sur trois colonnes d'infanterie soutenues de canon, nous attaquèrent. Mᵍʳ le duc d'Orléans et M. le maréchal de Marcin étaient ensemble, et moi auprès d'eux, à l'attaque du centre, où les ennemis, après un grand feu, avaient

---

[1] Lieutenant général.

monté sur le retranchement. S. A. R., à la tête d'un escadron de carabiniers, les rechassa ; tout allait bien de notre côté, lorsqu'on vint nous
avertir que la droite, où étaient MM. d'Estaing, de Villiers et Senne-
tère, avait été forcée. S. A. R., voyant qu'il n'y avait plus moyen de rétablir les affaires, alla se faire panser de ses blessures, aussi bien que
M. le maréchal de Marcin, et m'ordonnèrent, en partant, de ramasser
ce que je que pourrais de troupes, et d'en faire l'arrière-garde. Il resta
auprès de moi M. le chevalier de Luxembourg, qui me fut d'un grand
secours, pour faire avec bien de l'ordre une des plus belles arrière-
gardes qu'on ait jamais vues. En repassant les défilés du château de Lucente et les deux ponts dessus la Doire, je fis retirer à bras tout le canon qui était dans les redoutes de Lucente, et ensuite fis rompre les
deux ponts et m'allai mettre en bataille, en me rapprochant des troupes
que M. de Chamarande avait rassemblées le long d'un ravin. Je fis en
même temps évacuer les hôpitaux de l'armée et le parc d'artillerie, où il
y avait 45 pièces de canon de campagne............. ....

.... A l'entrée de la nuit, je reçus trois ordres l'un après l'autre : le premier, de me rendre dans les retranchemens ; le deuxième, de continuer
ma marche pour passer le pont du haut Pô, et entrer dans la plaine de
Villeneuve d'Asti ; mais comme M. d'Arènes manda que Montcallier
était occupé par les ennemis, sous le feu desquels il fallait passer, on fit
entendre à M. le duc d'Orléans de changer de résolution, et de prendre
le parti de s'en venir ici ; et mon troisième me fut apporté sur les dix
heures du soir, de suivre l'armée avec mon arrière-garde. (Il explique
ensuite qu'il attendit les troupes de la rive droite.)...............

Je ne pus arriver ici que le 8, à deux heures après midi, où je trouvai
Mgr le duc d'Orléans bien fâché de s'être retiré si loin, et de n'avoir pas
forcé ledit château de Montcallier pour s'ouvrir un passage vers Valence
ou Alexandrie, et de se voir ici sans aucune subsistance. On a fouillé les
maisons de Pignerol, et l'on n'a pas trouvé soixante sacs de farine, ce
qui fait qu'il n'a pas été possible d'oser entreprendre de faire six à sept
grandes journées de marche pour aller gagner le Tanaro et Alexandrie,
et que d'ailleurs l'armée de M. le duc de la Feuillade, affaiblie par un
long siége, accablée de maladies, jointe à l'armée de Lombardie, le tout

34

ensemble ne faisant que 17 à 18,000 hommes de pied et 4,000 chevaux, la moitié des équipages des troupes perdus aussi bien que les chevaux de dix régimens de dragons, pas un caisson ni un mulet resté à MM. des vivres, point d'argent chez le trésorier ; toutes ces raisons, Monseigneur, ont obligé S. A. R. à marcher dans quelque vallée de la Savoie, pour s'approcher des vivres et rétablir les troupes........ en conservant la tête des passages de la Pérouse, Suze et du Val d'Aoste, dans l'espérance de pouvoir rentrer dans le Piémont ou dans le Milanais; ce qui sera toujours une chose des plus difficiles.............. Dix bataillons seulement de plus nous auraient donné l'avantage que les ennemis ont eu sur nous, et Turin aurait été pris.

105.

Mᵍʳ LE DUC D'ORLÉANS AU ROI.

Du 14 septembre 1706.

.... Je suis bien fâché de ne pas avoir reçu ces ordres (lettre du roi du 6 septembre) assez tôt pour désabuser ceux qui s'y opposaient avec tant d'opiniâtreté, et principalement M. le maréchal de Marcin, qui, ne pouvant plus résister à mes raisons, la veille du combat, fut réduit à me dire que je n'avais pas le pouvoir de faire lever le siége; ce qui m'obligea d'écrire à Votre Majesté la lettre ci-jointe, qu'il se chargea de lui envoyer (celle du 6), et que son secrétaire m'a rapportée depuis sa mort, et de le prier de disposer entièrement de l'armée, jusqu'à ce que j'eusse reçu les ordres de Votre Majesté, ne voulant pas qu'on m'imputât ce qui pourrait arriver jusqu'à ce temps-là.........

. . . .

Je trouvai, au bout du pont (du Pô), d'Arènes, lieutenant général, qui m'arrêta en me disant que les ennemis occupaient Montcallier et Quiers ; et sur ce que je dis que c'étaient apparemment des paysans et de la milice, qu'il fallait chasser, il me dit qu'il y avait un corps de

troupes réglées, parmi lesquelles était le régiment de la Croix-blanche,
et que le duc de Savoie y était en personne, ce qui n'était pourtant pas
vrai[1]; et ayant ajouté qu'il fallait s'assurer si cela était vrai, il me représenta un officier qui me dit en venir, et y avoir vu les troupes.....
.... (Il ajoute qu'il
croyait trouver des vivres à Pignerol, parce qu'on supposait que le duc
de Savoie y avait établi des magasins; que si ce parti qu'il a pris est
un bien, il n'en revendiquera pas l'honneur et le mérite; mais qu'il
aurait tenté le passage, si on ne l'avait pas convaincu que cela était impossible sans vivres, presque sans cavalerie, etc.)..............
.... J'ai fait faire, aux intendans et
aux gens des vivres, des projets pour les approvisionnemens et les
réparations nécessaires pour rentrer en Italie; et quoiqu'ils me laissent
peu d'espérance de réussir, je les envoie à Votre Majesté par Rolivau,
maréchal-des-logis de l'armée de Lombardie, homme sage, et qui m'a
paru servir Votre Majesté avec un véritable zèle. Je l'ai chargé aussi des
états de l'infanterie et de la cavalerie; en l'état où elles sont présentement, et je lui ai ordonné de ne pas dissimuler l'abattement des
troupes, causé, dans ce qui reste du siége de Turin, par les fatigues
et par les maladies, et dans les troupes de Lombardie, par la perte de
leurs équipages[2].

Dans cette triste situation, il ne me reste qu'à attendre les résolutions

---

[1] Le duc de Savoie n'y était pas et ne pouvait pas y être, puisqu'il avait combattu avec le
prince Eugène; mais le régiment de la Croix-blanche pouvait bien s'y trouver effectivement,
puisqu'il faisait précédemment partie du petit nombre de troupes réglées qu'avait avec lui le
comte de Santena. (*Note de l'éditeur.*)

[2] A cette lettre se trouve joint un état, par bataillon, de toute l'infanterie de l'armée à
son arrivée à Pignerol, le 8 septembre. D'après cet état, rapporté ci-après (119), la force totale des 97 bataillons était de 20,959 hommes. Sur ce nombre, il y avait 1,952 malades dans
19 bataillons seulement, forts ensemble de 8,392 hommes. On n'a pas de données sur le
nombre de malades qui se trouvaient dans les autres bataillons; mais en supposant qu'il ait
été proportionnellement le même, il en résulterait que, sur les 20,759 hommes d'infanterie,
il y aurait eu 4,800 malades.

Une note jointe à cet état annonce que depuis on a abandonné plus de 600 malades à
Pignerol et plus de 200 à la Pérouse, et que les uns et les autres ont été faits prisonniers.
(*Note de l'éditeur.*)

et les ordres de Votre Majesté, que je suis prêt à exécuter en quelque état
où je me trouve, n'ayant d'autre regret, dans le malheur qui m'est arrivé,
que celui de n'avoir pas versé tout mon sang pour la gloire et la satisfaction de Votre Majesté. . . . .

106.

M. DE SAINT-FRÉMONT A M. DE CHAMILLART.

Fenestrelle, le 15 septembre 1706.

. . . . Vous serez surpris d'apprendre que M. le maréchal de Marcin
n'a jamais pu se déterminer à prendre un parti solide, et c'est ce qui a
tout gâté. On ne doit pas, par l'événement malheureux de ce qui est
arrivé devant Turin, juger de la capacité de Son Altesse royale ; elle a
le génie de la guerre, démêlant à merveille le bon d'avec le mauvais :
voulant toujours rassembler ses forces pour aller combattre les ennemis entre la Doire et la Sture, M. le maréchal seul s'y opposa la veille
du combat.

107.

ORDRE DE BATAILLE DE LA CAVALERIE A L'AFFAIRE DE TURIN.

Brigade Bissy. . . . . 7 esc^ns.	Colonel-général.	3.	Soutint la retraite quand les ennemis eurent forcé les lignes.	
	Bissy.	2.		
	Saint-Germain.	2.		
Brigade Simiane. . 5 esc^ns.	Dauphin.	3.	Observa la garnison pendant l'action, et fit l'arrière-garde de la droite.	
	Simiane.	2.		
Brigade Bonneval. . 7 esc^ns.	Cuirassiers.	3.	Formait la droite de la cavalerie, appuyée à la Sture, derrière le régiment de la marine ; souffrit beaucoup.	
	La Bretoche.	2.		
	La Vaupallière. . . .	2.		

19 esc^ns.

19 esc^ns.

Brigade		Régiment		Observations
Brigade Bonnelle..	7 esc^ns.	Royal-Roussillon... 3. Sully............. 2. Chézy........... 2.		Chassa d'abord les ennemis; mais elle fut chargée sur le flanc droit, à cause du vide laissé par la retraite d'un bataillon.
Brigade Bouzols...	6 esc^ns.	Bertillac......... 2. Bouzols.......... 2. Marcillac........ 2.		Cette brigade resta à son poste, et se retira avec la droite, quand les ennemis eurent forcé les retranchemens. Un de ses escadrons chargea avec la brigade Bonnelle.
Brigade Kerkado..	8 esc^ns.	Dauphin étranger.. 3. Marteville........ 2. Villeroy.......... 3.		Resta pendant l'action derrière le centre de la ligne d'infanterie, où elle souffrit beaucoup, par la proximité où elle en était.
Brigade Rouvroy..	4 esc^ns.	Carabiniers....... 4.		Chassa les ennemis, qui avaient forcé un bataillon, et les poursuivit jusqu'à cent pas des retranchemens.
Brigade Coulanges.	5 esc^ns.	Anjou........... 3. Coulanges....... 2.		Cette brigade était à la gauche des carabiniers; le lendemain elle faisait l'arrière-garde, fut chargée par les ennemis, et souffrit beaucoup.
Brigade St-Micaud.	5 esc^ns.	Figarois.......... 2. Bourbon......... 3.		Était tout-à-fait à la gauche, derrière les dragons, qui appuyaient à Lucento; elle fit l'arrière-garde de la gauche.

54 esc^ns.

Les officiers généraux de la droite étaient, M. d'Estaing, lieutenant général, puis MM. de Villiers, Senneterre, de la Bretonnière, maréchaux-de-camp, qui furent pris; M. Desclos, commandant la cavalerie de l'armée de Lombardie, est perdu; au centre, était M. de Murçay, qui est prisonnier, et sous lui M. de Broglie; à la gauche, M. de Saint-Frémont et M. de Ruffey ; la droite ayant été forcée faute de troupes, la cavalerie se rallia à la brigade de Château-Morand, et l'infanterie au retranchement de contrevallation qui était à notre gauche, et où arrivait M. de Muret avec 2 ou 3 bataillons : c'était un faible secours pour rechasser les ennemis ; cependant la cavalerie et l'infanterie étaient disposées à recharger, si le feu avait commencé à Lucento ; mais les ennemis, après avoir forcé la droite, replièrent la gauche après plusieurs combats, parce qu'elle n'avait pas assez de troupes pour rétablir les affaires, Son Altesse royale ayant reçu deux blessures, etc.........

. . . .

108.

M. DE SAINT-FRÉMONT A M. DE CHAMILLART.

Du camp d'Oulx.

Après plusieurs réflexions, les gens les plus sensés conviennent présentement que l'armée, dans l'état qu'elle est, n'aurait pas pu, chargée d'une infinité de blessés et de malades, presque entièrement sans équipages, sans pain ni munitions de guerre, passer le pont du haut Pô pour aller essuyer le feu de Montcallier, et entrer dans la plaine de Villeneuve d'Ast, pour ne pouvoir arriver qu'en six jours de marche à Alexandrie ; les soldats se seraient débandés en chemin faisant, pour chercher des vivres. D'ailleurs il faut considérer que l'armée impériale aurait passé les ponts du bas Pô, dont ils furent maîtres après le combat ; qu'elle se serait jointe à 8 ou 10,000 paysans armés dans les montagnes, et que tout cela étant en force, et de beaucoup supérieur en cavalerie, n'aurait pas manqué de nous venir attaquer dans la plaine de Villeneuve d'Ast, ou du moins de se placer entre Asti et le Tanaro, pour nous ôter les moyens de gagner Alexandrie..................

109.

M. DE CHAMILLART A Mʳ LE DUC D'ORLÉANS.

18 septembre.

...p n'y a pas moyen de soutenir le Milanais, si
on ut pas gagner Valence ou Asti. Si les dix ré-
gimens de dragons, qui sù sont retirés à pied, n'avaient pas abandonné
leurs chevaux, rien ne pourrait vous en empêcher ; la supériorité de la
cavalerie des ennemis peut y faire un obstacle............

M. de Vendôme propose de gagner Suze, de Pignerol, en passant par
Giavenne ; de là, en suivant toujours le bord des montagnes, à Ivrée,
et de soutenir la Doire-Baltée, et s'avancer ensuite du côté de Novarre
et de Valence.................... Si le prince Eugène marche en
Milanais, M. de Médavy sera bien embarrassé ; mais rien n'empêchera
l'armée qui est à Pignerol de s'avancer.

110.

M. DE MAUROY A M. DE CHAMILLART.

Ouix, 18 septembre.

M. le duc de la Feuillade et M. le maréchal de Marcin n'ont pas
voulu dégarnir la montagne, de peur qu'on ne jetât par-là du secours
dans Turin. M. de la Feuillade a toujours soutenu que le côté d'entre
la Doire et la Sture était impraticable. Son Altesse royale néanmoins,
voyant qu'ils étaient postés vis-à-vis cet endroit, à une lieue de là, commença à y faire tracer 1,200 toises de retranchemens, le 5 au soir ; ils
n'étaient encore qu'à moitié faits, quand, à 6 heures du matin, on vint
l'avertir que les ennemis marchaient à nous en bataille. M. le maréchal
de Marcin ne pouvait encore se persuader que leur véritable dessein
fût de nous attaquer. Son Altesse royale disposa le mieux qu'elle put

le peu de troupes qu'elle avait, et envoya ordre aux plus prochaines de s'avancer en diligence; mais elles ne purent arriver assez tôt.

Il serait à souhaiter que toutes nos troupes eussent imité les carabiniers.

111.

M. DE CHAMILLART A Mgr LE DUC D'ORLÉANS.

22 septembre.

(Qu'il faut faire sa jonction avec le corps du Milanais; qu'il a sans doute fait renforcer les garnisons d'Ivrée et du fort de Bard; qu'il faut un homme sûr, et qui ne sache point se rendre, dans le château de Bard. A cette lettre est joint un ordre formel du roi au duc d'Orléans de rentrer sur-le-champ en Italie.)

112.

LE MÊME A M. D'ALBERGOTTI.

23 septembre.

Je ne puis m'empêcher de vous dire, à l'occasion de ce qui s'est passé la journée du 7, qu'il me semble, puisque Mgr le duc d'Orléans a bien voulu demander conseil à tous MM. les officiers généraux, qu'ils auraient pu s'expliquer d'une manière différente de ce que j'ai vu. Si j'avais l'honneur d'être général, je serais bien fâché qu'on ne me parlât pas plus fortement et d'une manière plus convenable au bien du service du roi. Sa Majesté est bien à plaindre, de voir que chacun est bien plus occupé de raisons particulières que du bien de son service. Il y avait au siége de Turin, et dans le corps de troupes qui a été amené par Son Altesse royale, plus de forces qu'il n'en fallait de moitié pour finir la guerre d'Italie, battre M. de Savoie et le prince Eugène, et prendre ensuite Turin, qui aurait ouvert ses portes trois jours après, au

plus tard, quand même les ennemis y auraient jeté la moitié de leur
armée ; on savait qu'il n'y avait plus de poudre dans la place. Ce premier
événement, quoique des plus funestes, n'a rien de comparable au
parti que l'on a pris de se retirer à Pignerol après avoir levé le siége,
au lieu de passer le Pô, ainsi que Mᵍʳ le duc d'Orléans l'avait résolu :
je ne sais qui a contribué à le déterminer à un parti contraire ; mais il
doit se le reprocher toute sa vie....................

113.

M. RANCHIN A M. DE CHAMILLART.

Turin, le 24 septembre.

Le sieur Ranchin, qui commandait à Bard, annonce la reddition de
ce poste. Cet officier expose qu'il s'est défendu pendant neuf jours, avec
80 hommes, contre 4,000 ; qu'il a demandé plusieurs fois inutilement
des troupes de renfort, qui lui auraient été nécessaires pour occuper
Bard et les montagnes qui le dominent, ce qui est indispensable pour
la garde du passage ; que le château, quoique inaccessible en apparence,
peut être abordé par plusieurs sentiers qui conduisent jusqu'au pied
des murailles et jusqu'à la porte, et qu'il n'a ni fossé ni pont-levis, de
manière qu'on peut venir escalader et saper les murailles et attacher
le pétard ; enfin, que ne pouvant plus tenir le bas, il manquait d'eau,
parce que celle des deux citernes était corrompue.

114.

M. DE LEVILLE A M. DE CHAMILLART.

Du 20 septembre.

Cet officier rend compte de la reddition de la place de Chivas, qu'il
commandait, à la tête de 2 bataillons et de 100 hommes détachés. Il

n'y avait que 17 boulets dans la place ; la brèche du dernier siége n'était
fermée que par des palissades ; les courtines étaient en ruine, au point
qu'on pouvait les gravir facilement, et toutes les munitions avaient été
conduites à Turin : néanmoins il a tenu sept jours.

<hr>

115.

Mgr LE DUC D'ORLÉANS A M. DE CHAMILLART.

Oulx, le 21 septembre.

...... Je suis plus touché de l'intérêt du roi que du mien, ou
plutôt je n'ai d'autre intérêt que le sien, et j'ai lieu d'être piqué que
des sentimens qu'on lui a attribués, et qu'il n'a jamais eus, aient été la
cause de notre perte.

D'abord que j'eus reçu votre lettre du 6, je parlai à M. de la Feuillade avec tendresse et avec confiance ; et depuis ce temps-là, je n'ai pas
séparé son malheur du mien, et je souhaite d'avoir des consolations
que je puisse partager avec lui............... (Il ajoute que beaucoup d'officiers, sur-tout ceux qui ont perdu leurs équipages, veulent
absolument partir ; qu'il faut prendre des mesures pour les arrêter à
Lyon, au Pont-Saint-Esprit, etc.)

<hr>

116.

M. LE DUC DE LA FEUILLADE AU ROI.

Césane, le 26 septembre.

Sire,

Dans les événemens fâcheux, on a peine à développer la vérité. Votre
Majesté sera informée dans la suite si je suis coupable ou malheureux ;
il ne m'est permis, en attendant ce temps de consolation, que de l'as-

surer de mes véritables sentimens. J'ai cru, Sire, après le fatal dénouement du siége de Turin, n'avoir de parti à prendre que de passer le
reste de mes jours dans la douleur et dans l'obscurité ; j'en avais écrit à
M. de Chamillart en ces termes, en le priant même de porter à Votre
Majesté la démission du gouvernement de Dauphiné, et de lui demander 24,000 fr. de pension comme une nouvelle grâce. M. de Chamillart
me marqua, dans sa réponse, qu'une pareille résolution lui mettrait le
poignard dans le cœur, et que je me ressouvinsse de l'amitié tendre que
je lui avais promise et de celle qu'il m'avait toujours témoignée. J'avoue,
Sire, à Votre Majesté, que ces seules paroles me touchèrent sensible-
ment, et m'auraient peut-être décidé après quelques réflexions ; mais
l'article de sa lettre qui m'a déterminé dans l'instant est l'idée qu'il m'y
a donnée que je montrerais à Votre Majesté de l'ingratitude en ne la
servant plus, et qu'il était de mon devoir de demander à la servir à mon
rang d'ancienneté de lieutenant général. Je n'ai eu, Sire, d'incertitude
depuis ce moment que sur la manière par laquelle je pourrais montrer
à Votre Majesté plus de zèle. (Il annonce ensuite qu'avec l'approbation du duc d'Orléans, il va se rendre près de M. de Médavy, à l'armée
de Lombardie.)

117.

M. DE MURET A M. DE CHAMILLART.

Oulx, le 27 septembre.

Il écrit qu'après avoir passé le bas Pô, à la fin de la bataille, il avait
résolu, avec M. d'Albergotti, de se reployer sur Chivas, et qu'il avait
même fait prendre cette direction aux équipages, ce qui a été la vraie
cause de leur perte.

. . . . Que le meilleur expédient serait de faire passer par
mer une vingtaine de bataillons dans le Milanais, qu'on ferait marcher
vers Toulon pour les embarquer, sous prétexte de les mettre en quartiers d'hiver en Provence.

35.

. . . . Les gens qui nous ont mandé que Montcallier était occupé par les ennemis (le 7), l'ont conjecturé ; car ils n'en ont eu aucune certitude, n'y ayant point envoyé : mais à parler naturellement, la tête avait tourné à la plupart , et les autres avaient envie de se sauver et mettre en sûreté leur argent, ce qui a fait qu'ils ont fait retourner Mgr le duc d'Orléans, qui avait d'abord pris le bon parti.

118.

M. DE CHAMARANDE A M. DE CHAMILLART.

Césane, le 29 septembre

. . . . A l'égard du reproche que le public lui a fait (à M. de la Feuillade) , de n'avoir pas retranché le seul endroit par où les ennemis ont attaqué nos lignes, il ne l'a pas fait pendant un temps faute de troupes ; et quand il en a eu, ces mêmes troupes n'ont pas voulu employer leurs bras. Elles ont agi en général de même aux tranchées de Turin ; et l'indolence de l'officier, comme la mollesse et la mauvaise volonté du soldat pour les travaux qui s'y sont faits, passe toute expression ; ce qui est d'autant plus étonnant qu'ils ont tous été très-bien payés. Il n'est pas juste d'attribuer le malheur qui est arrivé à ceux qui ont été d'avis de rester dans les lignes, parce que, si l'on avait fait une disposition et que l'on eût pris le parti que l'on devait naturellement prendre, on aurait combattu avec tout l'avantage qu'on aurait pu desirer. Il n'y a, pour prouver ce que j'avance, qu'à concilier les temps.

Les ennemis attaquèrent le convoi le 5 au matin , prirent le château de Pianèze le même soir, et passèrent une partie de leur armée le même jour ; le reste acheva de passer le lendemain 6 , et alla camper ledit jour à la hauteur de la Vénerie. Nos lignes furent attaquées le 7, à neuf heures du matin : on ne devait pas ignorer naturellement que toute l'armée ennemie ne fût passée entre la Doire et la Sture ; il était encore moins naturel de penser qu'elle fût séparée par des rivières, n'étant point retranchée et étant inférieure à la nôtre. Pourquoi faut-il, Monseigneur, que l'on ait laissé toutes les hauteurs au-delà du Pô garnies de troupes, et pareillement nos lignes du Pô à la Doire ; comme si l'on avait pu nous y attaquer, et n'avoir précisément dégarni que la partie de la circonval- lation devant laquelle l'armée ennemie a été campée ou en bataille pendant vingt-quatre heures. Enfin, je crois qu'il n'y avait pas plus de 16 à 17 bataillons placés dans les lignes, quand les ennemis les ont attaquées ; le reste des troupes qui ont pu charger ne sont arrivées qu'essoufflées, et comme les ennemis avaient forcé notre droite et pénétré dans nos retranchemens, après en avoir été repoussés deux fois. Tout le monde convient que, si l'on avait seulement eu 8 ou 10 ba- taillons de plus, les ennemis n'auraient jamais pénétré, et auraient été contraints de se retirer après la troisième charge, avec une perte consi- dérable. S. A. R. est bien à plaindre de n'avoir pas suivi son premier mouvement, qui était de porter, dès la veille, un corps d'infanterie de ce côté, dès qu'elle vit les ennemis maîtres du château de Pianèze, et qu'elle sut qu'une partie de leur armée avait passé la Doire. Comme on ne pouvait se mettre en force pour sortir des lignes, sans abandon- ner la circonvallation et sans que Turin ne fût secouru, et qu'il était fort incertain de prendre son temps assez juste pour obliger ou engager M. le duc de Savoie à livrer bataille, tous les officiers généraux, à la réserve, je crois, d'un seul qui proposait de prendre 40 bataillons et toute la cavalerie pour aller au-devant de M. le duc de Savoie, furent d'avis de rester dans les lignes, dans lesquelles naturellement on ne devait point être battu, si l'on s'était servi des troupes comme on le devait.

119.

ÉTAT DE LA FORCE DES RÉGIMENS D'INFANTERIE A PIGNEROL,
LE 8 SEPTEMBRE.

ARMÉE DE PIÉMONT.

Régimens.	Bataillons.	Soldats présens et effectifs.
Rouergue	2	320.
Normandie	3	805.
Royal-la-Marine	2	676.
Vaudreuil	2	400.
Sauzey	2	355.
Cordes	1	120.
Châteauneuf	1	270.
Flandre	2	244.
Touraine	2	447.
Berry	1	206.
Lyonnais	2	394.
Royal-Comtois	2	229.
Cambrésis	1	220.
La Reine	3	779.
Gassion	1	148.
Froulay	1	100.
Périgord	1	142.
Terneau	1	140.
Meneu	1	135.
Bavarois	1	250.
Beauce	1	164.
Lafare	1	62.
Vaisseaux	3	468.
Marcilly	1	126.
Louvignyes (espagnol)	2	239.
Beauvoisis	1	304.
Orléanais	2	250.
Bugey	1	131.
	44	8,124

Régimens.	Bataillons.	Soldats présens et effectifs.
	44	8,124.
La Marche	2	437.
Hainault	2	287.
Besançon	1	92.
Dauphin	3	150.
Montmorency	1	120.
Tournaisis	2	360.
Tessé	2	401.
Brie	2	300.
Bresse	1	140.
Royal-artillerie	2	350.
Damas	1	160.
La Feuillade	2	550.
Fusiliers de Montagne	//	200.
Total pour l'armée de Piémont	65	11,641.

ARMÉE DE LOMBARDIE.

Régimens.	Bataillons.	Soldats présens et effectifs.
Piémont	3	819.
Galmoy	1	278.
Figeral	1	302.
Crouy	1	216.
La Marine	3	725.
Dillon	1	380.
Anjou	2	713.
Angoumois	1	331.
Auvergne	2	440.
Louvigny	2	518.
Vendôme	1	350.
Berwick	1	200.
Bourck	1	240.
Gâtinais	1	334.
Lafare	1	300.
Lafère	1	186.
Bassigny	1	193.
Bretagne	1	450.
Durfort	2	601.
Perche	1	336.
	28	7,912.

Régimens.	Bataillons.	Soldats présens et effectifs.
	28	7,912.
Quercy	1	295.
Miromesnil	1	302.
Bourgogne	2	609.
Total pour l'armée de Lombardie	32	9,118.

RÉCAPITULATION.

	Bataillons.	Soldats présens et effectifs.
ARMÉE DE PIÉMONT	65	11,641.
ARMÉE DE LOMBARDIE	32	9,118.
Total général	97	[1]20,759.

[1] Cet état ne comprenant pas les officiers, qui pouvaient être au nombre d'environ 2,000, il en résulte qu'il a été commis une erreur de 2,000 hommes dans l'évaluation des pertes de l'armée française dans les journées du 7 et du 8 septembre, page 102. On a corrigé cette erreur dans un errata qui se trouve à la fin de la troisième partie. (*Note de l'éditeur.*)

FIN.

TABLE DES MATIÈRES.

36

Pages.

36.

Pages.

TROISIÈME PARTIE.

QUATRIÈME PARTIE.

DOCUMENS ORIGINAUX ET PIÈCES JUSTIFICATIVES.

[1] et [2] Voir les additions et rectifications à la fin de la troisième partie

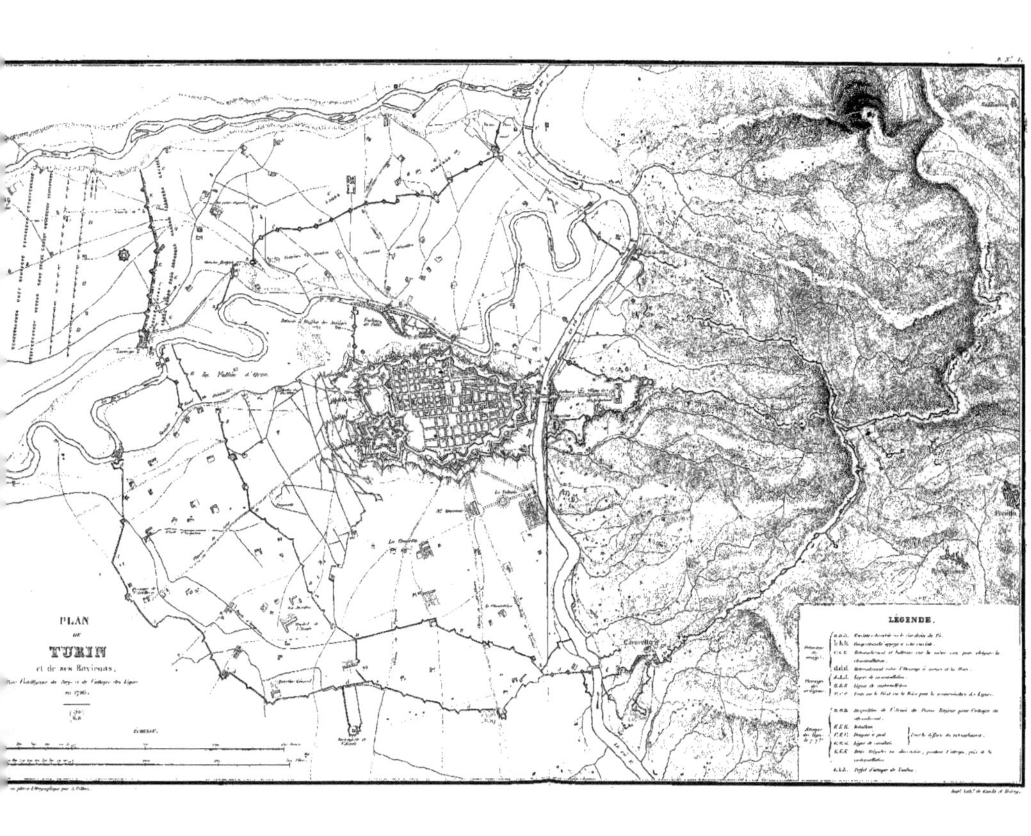
PLAN
DE
TURIN
et de ses Environs.
LÉGENDE.
ÉCHELLE.
Cavoretto.

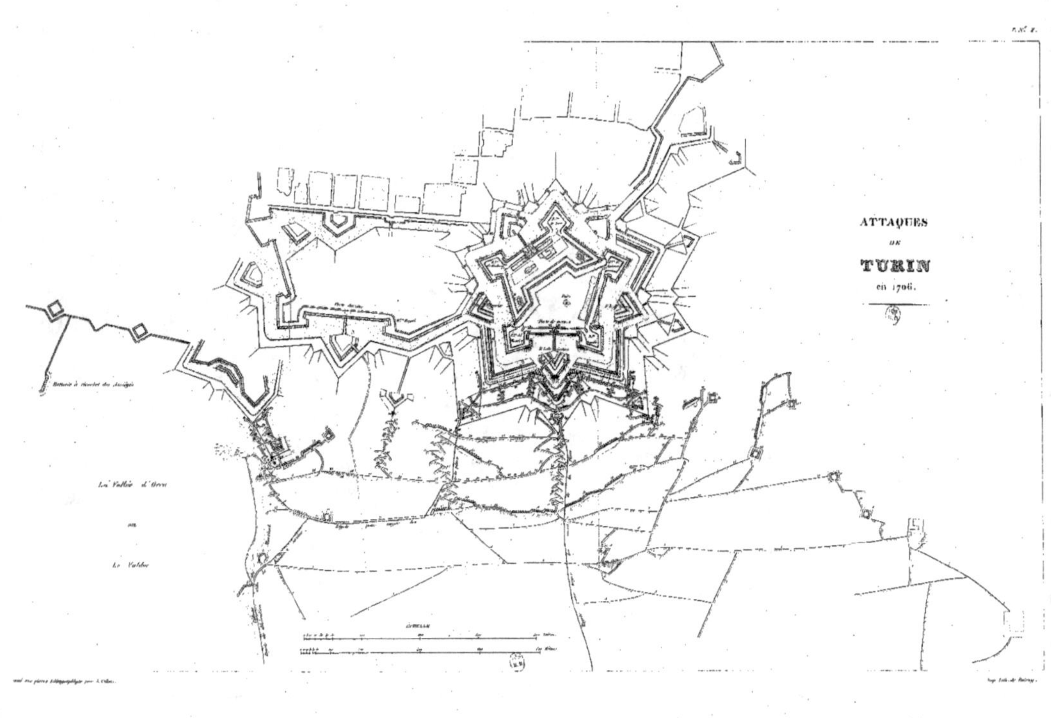

ATTAQUES
DE
TURIN
en 1706.
La Vallée d'Orco
ou
Le Valdoc
Batterie à ricochet des Assiégés
ÉCHELLE

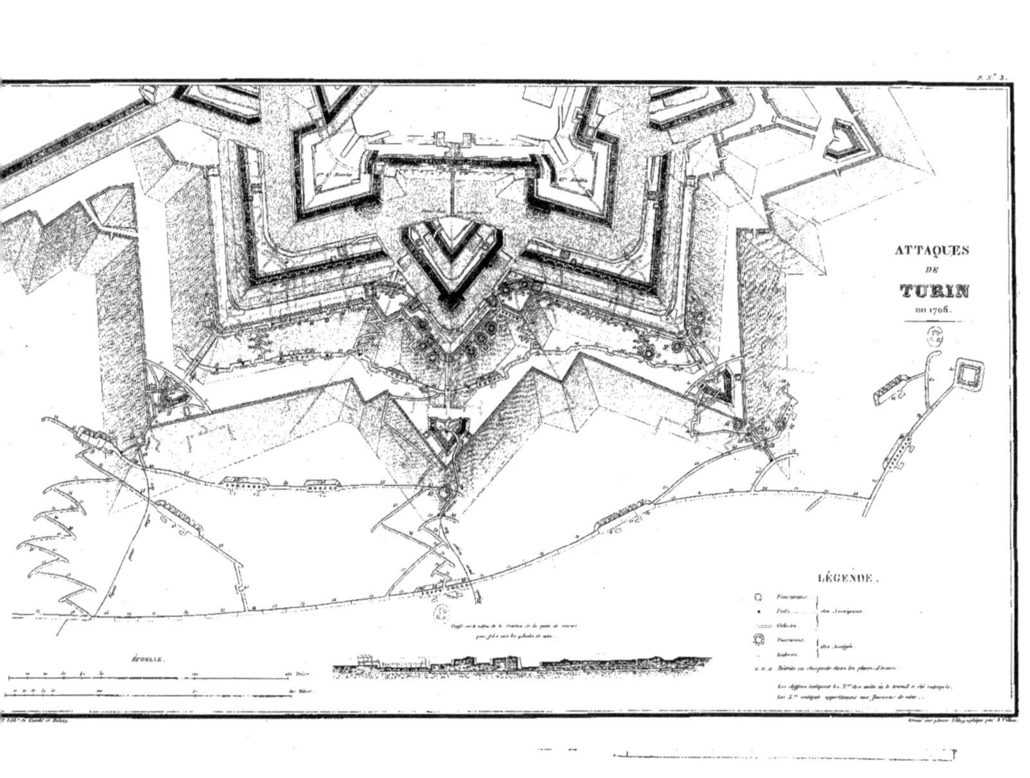

ATTAQUES
DE
TURIN
en 1706.
LÉGENDE.
ÉCHELLE.